现代职业素养

主　编　吴吉明　　王凤英
副主编　何燕勤　　彭　静
　　　　黄善伟　　黄丽玲

北京理工大学出版社
BEIJING INSTITUTE OF TECHNOLOGY PRESS

图书在版编目（CIP）数据

现代职业素养/吴吉明，王凤英主编 . —北京：北京理工大学出版社，2018.9
（2025.7 重印）

ISBN 978 – 7 – 5682 – 6155 – 5

Ⅰ.①现…　Ⅱ.①吴…②王…　Ⅲ.①职业道德 – 高等学校 – 教材　Ⅳ.①B822.9

中国版本图书馆 CIP 数据核字（2018）第 203601 号

出版发行／北京理工大学出版社有限责任公司

社　　　址／北京市海淀区中关村南大街 5 号

邮　　　编／100081

电　　　话／（010）68914775（总编室）

　　　　　　（010）82562903（教材售后服务热线）

　　　　　　（010）68944723（其他图书服务热线）

网　　　址／http：//www. bitpress. com. cn

经　　　销／全国各地新华书店

印　　　刷／三河市天利华印刷装订有限公司

开　　　本／787 毫米 ×1092 毫米　1/16

印　　　张／12

字　　　数／276 千字

版　　　次／2018 年 9 月第 1 版　2025 年 7 月第 4 次印刷

定　　　价／32.00 元

责任编辑／徐春英

文案编辑／徐春英

责任校对／周瑞红

责任印制／施胜娟

前　言

职业素养的养成，是一定的职业要求和规范在从业者个体身上的内化，是从业者生理和心理结构及潜能向着一定社会职业对人的行为要求与规范的定向发展与开发，是一个动态过程。职业素养不像职业素质那样相对的稳定与固化，强调的是从业者所具有的内在的相对稳定的身心特性。对大学生选择职业有影响的素质中，有先天的，如符合某一职业的体能，也有后天的，如技术和经验等，而职业道德和职业心理素质等则是后天形成的，这些通过后天职业生活形成的适应岗位需要的素质，就是职业素养。从业者的职业素养决定了单位的未来发展，也决定了从业者自身的未来发展。是否具备职业化的意识、道德、态度和职业化的技能、知识与行为，直接决定了单位和从业者自身发展的潜力大小和成功与否。因此，对大学生来说，"现代职业素养"这门课程的开设就显得越来越迫切和必要。

本教材是职业院校普遍开设的公共课"大学生职业素养""社交礼仪""创新思维和创业管理"所需教材，是依据《中共中央国务院关于深化教育改革全面推进素质教育的决定》的要求撰写的，教材整体设计是将职业教育贯穿于人才培养全过程。职业素养作为学生综合素质的重要组成部分，越来越受到用人单位的关注。严峻的就业形势，对大学生的职业素养提出了更高的要求。本教材旨在帮助大学生正确理解职业素养在自己职业生涯发展中的作用，实现职业素养的提升，做好各项准备工作，毕业后能直接上岗并胜任工作，成为增强企业核心竞争力的重要人才。

本教材主要内容包括绪论、职业素养、职业意识、职业道德、自我管理素养、沟通能力、礼仪素养、解决问题素养、团队合作素养、创新能力素养十个部分。

本教材由福建船政交通职业学院吴吉明、王凤英担任主编，福州软件职业技术学院何燕勤、彭静、黄丽玲、黄善伟担任副主编。

本教材在编写过程中得到了很多专家学者及兄弟院校的大力支持，参考借鉴了很多国内外优秀教材和文献，在此向文献的作者、专家致以诚挚的谢意。

由于编者水平有限，书中难免有不足之处，敬请读者批评指正。

编　者

目 录

一、职业素养概论

现在社会，一个人要想融入社会生活、成为一个社会人，首先要融入社会分工体系、成为一个职业人，而一个人要融入社会分工体系、成为一个职业人，必须符合社会分工体系不断专业化、职业化的要求，即职业生活对参与其中的人的作业素质的基本要求。因此，良好的职业素养就成为每个职业人进入职业生活必不可少的基本素养，职业素养提升成为每个职业人在职业生活中的必修课。这正是"现代职业素养"这门公共必修课程的意义和价值之所在。

开展职业素养提升教育与学习，首先要从理论认识上明确何谓职业素养。

在阅读相关教材、资料时，我们经常发现一个有意思的现象：人们经常用"职业素质"的概念来理解"职业素养"一词。这在研究"职业素养"的论文的英文对中译文中比较常见。以"职业素养"为关键词检索其英译词，我们能够找到诸如 professional、attainment、professional accomplishment、quality、vocational accomplishment、career quality、occupation cultivated manners and professional attitude 等词汇。这些英译词都无一例外地用"职业素质"来理解"职业素养"。

中英文对译的相互参照，可以从语言逻辑的内在结构上帮助我们正确理解概念，以及概论所指向的事物及其特征。对于"职业素养"这一概论，我们理解为它所指向的是：职业人进入职业生活和在职业生活中必须具备的职业素质的养成。因此，职业素养是一个英语意境下的"－ing"的进行时态。我们认为，"职业素养"一词的英译词应该是 professional quality cultivating，即"职业素养的养成"。

因此，所谓的职业素养，就是职业生活对职业人所要求的职业素质的养成，是由涵盖职业认识与选择、职业意识、职业价值观、职业道德、职业能力、职业心理等方面的职业素质的养成教育过程及可以量化的状态。因此可以说，职业素养是一个立足当前、展望未来的范畴，是一个指向未来的"－ing"时态范畴，世界著名的人力资源公司 Hay Group 认为，职业素养是那些以提高绩效为目的的知识、技巧、价值观、道德操守、特质、能力等素质的养成。这与我们对职业素养的理解是一致的。

如果将职业素养状态进行量化，就要引入"职商"这一概念，其对应的英译为 Career Quotient，简称 CQ。所谓 CQ 指的是上述的职业素养中各种职业素质的养成、可以数据量化的指标状态。当然，这需要建立起相应的量表测评体系。在职业生活中，我们从职业生活的要求出发，可以透过具体的测试量表检测自我的"职商"水平，进而有针对性地提升自身职业素质养成的水平，使自己更好地胜任职业岗位工作、适应职业发展的要求。这一过程就是职业素养提升。

二、提升职业素养的目的

大学生为什么要提升职业素养？这主要源于大学生作为未来社会生产的主要生产力来源和社会生活的主要成员的特性，即大学生是社会主义建设事业的宝贵人才资源和重要生力军。大学生受教育的水平决定着国家、社会的未来发展前景。作为未来社会生产的主要生产力来源，大学生是社会经济结构主要的劳动力来源，是社会分工体系的主要参与者。未来经济社会的发展前景就取决于高校对大学生的知识、能力与素质的培养水平，特别是职业素质的培养水平。

当前，我国正处在加快建设小康社会、促进经济结构调整和增长方式转变的关键时期，迫切需要大量高素质的劳动者。如何采取积极有效的措施促使大学生顺利就业、成功胜任职业岗位工作和适应职业发展的要求？这对高校大学生职业发展与就业指导工作提出了更高、更急迫的要求，培养和提升大学生就业、从业的职业素质、知识储备和技能水平，成为高校职业发展和就业指导工作的主要任务。"职业素养提升"与"职业生涯与发展规划""就业指导"一起构成了高校大学生职业发展与就业指导的课程体系，成为实现这一主要任务必不可少的重要一环。

2007 年 12 月 28 日，教育部办公厅下发的《关于印发〈大学生职业发展与就业指导课程教学要求〉的通知》（教高厅〔2007〕7 号）文件明确提出：大学生职业发展与就业指导课程教学既强调职业在人生发展中的重要地位，又关注学生的全面发展和终身发展。从态度层面引导大学生树立职业生涯发展的自主意识、积极正确的人生观、价值观和就业观念——正确认识个人发展和国家需要、社会发展一致性，确立正确的职业意识，形成个人的生涯发展和社会发展积极努力的职业态度；从知识层面指导大学生认识职业、职业发展的特点及自身的职业特征，了解就业的形势、政策与法规等基本知识；从技能层面帮助大学生掌握自我探索、求职就业、生涯决策、职场适应与发展等诸多技能，帮助学生提高诸如职场礼仪、沟通表达、问题解决、自我管理和人际交往等各种通用技能。

就业是民生之本、安国之策，是经济社会发展、社会文明进步的关键，是劳动者的谋生手段，是公民融入社会分工体系、实现个人价值、服务社会的一种途径。可以说就业是个人安身立命之道，职业是个人安身立命之所。而对于大学生来说，就是个人自我全面发展与价值实现的途径之一。因此，如果一个人要进入社会分工体系、投入社会生产生活实践，自然就需要选择一份力所能及的、适合的职业，在职业生活中实现自己的人生追求。那么要想顺利地实现自己的人生追求，首要的、最基本的就是要顺利地就业，然后才是在职业生活中出色地胜任职业岗位职责、实现自身的人生追求。但是，要想做到顺利就业、出色地胜任职业岗位职责，大学生在大学学习期间就要加强职业素质的培养与提升，为顺利进入职业生活做好充分准备。进入职业生活之后，就更应该有针对性地、不断地提升自身的职业素养。

三、需要提升哪些职业素养

目前，我国主管大学生就业教育的部门并未对大学生职业素养提升的课程内容做出具体界定，对职业素养提升课程教学所涉及的理论、观点、认识还没有形成较为权威的意见。各相关院校开展职业素养提升教学基本上是"摸着石头过河"，主要依据的只是教育部的相关政策。因此，我们根据前述对职业素养概念的理解，认为大学生需要提升以下八个方面的职业素养。

第一，职业认识：是对什么职业、职业生活需要什么样的素养、如何选择合适的职业等方面展开的对职业的认识、对自我的认识与对职业选择等问题的理解。

第二，职业意识：是指对职业生活中所必须具备的相关的主体观念意识的自觉，体现在某一特定职业实践应该具备的主体观念意识及一般职业实践应该具备的主体观念意识的自觉。多侧重于一般职业实践应该具备的主体观念意识的自觉。

第三，职业价值观：是指围绕职业生活所形成的关于职业对个人、社会的价值的认识与评判，以及对这些价值观念的自觉。

第四，职业道德：是人们在职业生活中形成的具有特定职业特征的道德观念、行为规范和伦理关系，在职业生活中体现为对这些道德观念、行为规范、伦理关系的自觉遵守和践行。

第五，职场礼仪：是指在职业生活中必备的仪容礼仪、办公礼仪及职场通信礼仪等礼仪规范，以及对这些礼仪规范的认知、理解与运用。

第六，职场法律：是指围绕某一特定职业所涉及的相关的法律规范以及职业生活所涉及的通用的法律规范。对职业素养提升而言，是对职业法律规范认识、理解、遵守和运用。

第七，职业能力：是指顺利完成特定职业实践活动的能力以及围绕某一职业实践所展开的通用能力。在这方面的职业素养提升表现为职业技能的培养和提高。

第八，职业心理：是指围绕职业生活实践中存在的或可能出现的心理问题以及对这些问题的自主调适与解决。

四、如何提升职业素养

职业素养的提升离不开个人的先天的生理技术来建立"空中楼阁"，但也不能只是束缚于先天的基础而不敢有所突破。中国古人既讲"绘事后素"，也喜欢讲"锦上添花"，这对职业素养提升来讲，就是既强调在良好的素质养成的基础上不断提升职业素质养成的水平，也强调可以在未经训练的情况下培养人的职业素质、描绘出丰富多彩的人生画卷。可见，职业素养提升必须基于职业素质的养成才可以展开，职业素质的养成首先立足于职业素质。因此，要提升职业素养，根本上就是养成即提升职业素质、职业认知、职业意识、职业价值观、职业道德、职业能力、职业心理等知识、技能、素质及操守。

职业素养的提升离不开实践主体与客体在社会实践活动中的交互作用，更离不开实践主体的主观意识能动性对外部客观世界的能动作用。因此，大学生要提升职业素养首先要积极参与社会生产、生活的实践活动，在实践中积极发挥自身的主观能动性，形成正确的职业认识、健全的职业意识、正确的职业价值观念、优秀的职业技能及良好的职业道德、职业法律和职业心理。

影响职业素养的因素很多，主要有受教育程度、实践经验、家庭社会环境、职业经历、个人生理和心理条件等。因此，职业素养提升对于大学生而言，则要求大学生要通过课程的学习，在相关的知识、技能和素质等方面对职业认识、职业意识、职业价值观、职业礼仪、职业道德、职业法律、职业能力和职业心理等方面形成理论认识、价值认同、经验积累和实践智慧。因此，知识的学习、规范的遵循、技能的训练、素质的养成可促进职业素养的提升。

第一章

职业素养

学习目标

知识目标：

1. 掌握职业的含义、分类及其基本特征。
2. 掌握职业素养的内涵。
3. 了解职业素养提升的实现办法。

技能目标：

1. 了解自身所具备和不具备的职业素养意识。
2. 掌握职业素养的基本要素。

第一节 职业概述

导入案例

　　小刘是复旦大学法学院的毕业生，目前从事律师职业。年底高中同学聚会遇见室友小潘，小潘问他现在从事什么工作？小刘回答："律师。"

　　讨论："律师"是职业还是工作？二者如何区分？

一、职业的含义

　　在现实生活中，人们要生存，总要从事一定的职业活动以获得生活资料。但是人们很容易产生一种误区，即经常把职业与工作混为一谈。但事实上，职业与工作还是有很大区别的。

　　什么是职业？美国社会学家塞尔兹认为，职业是一个人为了生活需要不断取得收入而连续从事的具有市场价值的特殊活动。这种活动决定着从事它的那个人的社会地位。

　　近代以来，我国很多学者就"职业"一词从词义上进行了解释："职"，是指职位、职责，包含着权利与责任的意思；"业"是指行业、事业，包含着独立工作、从事事业的意思。这种观点认为职业即"责任和业务"，职业的外延包括三方面的内容：有工作、有收入、有工作时间限度。由此可见，职业不同于工作，它更多的是指一种事业。

《现代汉语词典》将职业解释为："个人在社会中所从事的作为主要生活来源的工作。"

《中华人民共和国职业分类大典》明确规定了职业的五个要素：一是职业名称；二是职业活动的工作对象、内容、劳动方式和场所；三是特定的职业资格和能力；四是职业所提供的各种报酬；五是在工作中建立的各种人际关系。

综上所述，所谓职业，是指人们为了生存和发展而参与的社会分工，利用专门的知识和技能创造物质财富、精神财富，获得合理报酬，满足物质生活、精神生活的社会活动。它至少包括两个方面的含义：首先，职业体现了专业的分工，没有高度的专业分工，也就不会有现代意义上的职业观念，职业化意味着要专门从事某项事务；其次，它体现了一种精神追求，职业发展的过程也是个人价值不断实现的过程，职业要求个人对它有忠诚度。

二、职业的特征

（一）社会性

在人类社会初期，并未有职业可言。随着社会的不断进步，人类在长期生产活动中产生了劳动分工，职业也由此产生和发展。也就是说，职业存在于社会分工之中，人们的社会角色是不一样的，一定的社会分工或社会角色的持续出现，也就形成了职业。职业作为人类在生产劳动过程中的分工现象，它体现的是劳动力与劳动资料直接的结合关系，其实也体现出劳动者之间的关系，而劳动产品的交换体现了不同职业直接的劳动交换关系。这种劳动过程中结成的人与人之间的关系无疑是社会性的，他们之间的劳动交换反映的是不同职业之间的等价关系，反映了职业活动及其职业劳动成果的社会属性。

（二）规范性

职业的规范性包含两层含义：一是指职业内部操作的规范性；二是指职业道德的规范性。在劳动过程中，不同的职业都有一定的操作规范性，这是保证职业活动的专业性要求。当不同职业在对外展现其服务时，还存在一个伦理范畴的规范性，即职业活动必须符合国家法律规定和社会伦理道德准则。这两种规范性构成了职业规范的内涵与外延。

（三）功利性

职业的功利性也叫职业的经济性，是指职业作为人们赖以谋生的手段，劳动者在承担职业岗位职责并完成工作任务的过程中索要经济报酬，这既是社会、企业及用人部门对劳动者付出劳动的回报和代价，也是维持家庭和社会稳定的基础。职业活动既满足职业者自己的需要，同时也满足社会的需要。只有把职业的个人功利性与社会功利性相结合，职业活动才具有生命力和意义。

（四）技术性

职业的技术性是指不同的职业都有相应的职业技术要求，每一种职业往往都表现出相应的技术要求。要求从业人员具备一定的专业技能知识，包括较长时间的专业知识学习或技能培训。

（五）时代性

职业的时代性是指由于科技的发展，人们的生活习惯、方式等因素的变化导致职业打上那个时代的"烙印"。

（六）稳定性

职业产生后，总是保持相对稳定，不会因为社会形态的不同和更替而改变。当然，这种稳定性是相对的，随着现代化的快速发展，特别是科学技术的日新月异，一些新的职业顺应时代的需要产生，而原有的职业或在时代的大发展中屹然挺立，或被时代的潮流淹没。

（七）群体性

职业的存在常常和一定数量的从业人员密切相关。凡是达不到一定从业人员数量的劳动，都不能称其为职业。群体性不仅仅表现为一定的从业人员数量，更重要的是一定数量的从业人员所从事的不同工序、工艺流程表现出来的协作关系，以及由此而产生的人际关系。从业者由于处于同一企业、同一车间或同一部门，他们总会形成语言、习惯、利益、目的等方面的共同特征，从而使群体成员产生群体认同感。

总之，职业的特征与人类的需求和职业结构相关，强调社会分工；与职业的内在属性相关，强调利用专门的知识和技能；与社会伦理相关，强调创造物质财富和精神财富，获得合理报酬；与个人生活相关，强调物质生活来源，并满足精神生活需求。

三、职业与事业

（一）事业的内涵

事业是人们所从事的，具有一定目标、规模和系统的对社会发展有影响的经常活动。简单地说，就是做了自己喜欢的事情，同时又帮助了他人，这就是事业。

（二）职业与事业的关系

（1）职业是解决最基本的生产需要；事业更多偏向于精神层面。

（2）职业是阶段性的；事业是终身性的。

（3）职业是作为一个人的谋生手段；事业是自觉的，由奋斗目标和进取心促成的，是愿意为之奋斗一生的一种"职业"。

四、职业的分类

（一）职业分类的概念

职业是随着人类社会进步与劳动分工而产生和发展起来的，它是社会生产力发展和科技进步的结果。随着职业的发展变化，社会形成与之相适应的管理体系，在客观上促进了职业分类的产生和发展。

所谓职业分类，是指采用一定的标准和方法，依据一定的分类原则，对从业人员所从事的各种专门化的社会职业所进行的全面、系统的划分与分类。职业分类的目的是将社会上复杂、数以万计的现行工作类型划分成类系有别、规范统一、井然有序的层次或类别。

我国是世界上最早出现职业分类的国家。《春秋·谷梁传》就写道："古者有四民，有士民，有商民，有农民，有工民。"文章论述了我国古代不同职业的分工和职责，并有着非常精细的分类和详尽的描述。古时，职业有很强的世袭性，甚至产生了以职业作为直接姓氏的现象，如师、贾、陶、桑等，反映人民当时对职业的认同感和归属感。

当今世界上经济发达国家都分外重视职业分类的问题研究，因为职业分类不仅仅是形成产业结构概念和进行产业结构、产业组织及产业政策研究的前提，同时也是对劳动者及劳动进行分类管理、分级管理及系统管理的需要。

（二）职业分类的特征

1. 产业性

世界各国将产业主要划分为三类：第一产业包括农业、林业、畜牧业和渔业；第二产业包括工业和建筑业，工业包括采掘业、制造业等；第三产业是流通和服务业。在传统农业社会，农业人口比重最大；在工业化社会，工业领域中的职业数量和就业人口显著增加；在经济、科技高发达的社会，第三产业的职业数量和就业人口显著增加。

2. 行业性

行业是根据生产工作单位所生产的物品或提供服务的不同而划分的，主要按企业、事业单位机关团体和个体从业人员所从事的生产或其他社会经济活动的性质的同一性来分类。可以说，行业表示的是人们所在的工作单位的性质。

3. 职位性

所谓职位是一定的职权和相应的责任的集合体。职权和责任是组成职位的两个基本要素，职权相同、责任一致，就是同一职位。在职业分类中的每一种职业都含有职位的特性。例如，大学教师这种职业包含有助教、讲师、副教授、教授等职位；再如，国家机关公务员包括科级、处级、厅（局）级、省（部）级等职位。

4. 组群性

无论以何种依据分类，职业都带有组群特点。如科学研究人员中包含哲学研究人员、社会学研究人员、经济学研究人员、理学研究人员、工学研究人员、医学研究人员等，再如咨询服务事业包括科技咨询工作者、心理咨询工作者、职业咨询工作者等。

5. 时空性

随着社会的发展和进步，职业变化迅速，除了弃旧更新外，同一种职业的活动内容和方式也不断变化，所以职业的分类带有明显的时代性。在职业数量较少的时期，职业与行业是同义语，但现在职业与行业是既有联系又有区别的两个概念，在职业分类中，行业一般作为职业的门类。空间上，职业种类分布有区域、城乡、行业之间或者国别上的差别。

（三）职业分类的内容

1. 国际职业分类

根据西方国家的一些学者提出的理论，国际上职业一般分为以下三种类型。

第一，按脑力劳动和体力劳动的性质、层次进行分类。按这种分类方法，工作人员可被划分为白领工作人员和蓝领工作人员两大类。白领工作人员包括：专业性和技术性的工作，农场以外的经理和行政管理人员、销售人员、办公室人员。蓝领工作人员包括：手工艺及类似工种的工人、非运输的技工、运输装置机工人、农场以外的工人、服务性行业工人。这种分类方法明显地表现职业的等级性。

第二，按心理的个别差异进行分类。这种分类方法根据美国著名的职业指导专家霍兰创立的"人格—职业"类型匹配理论,把人格类型划分为六种,即现实型、研究型、艺术型、社会型、企业型和常规型,与这六种人格类型相对应的是六种职业类型。

第三,依据各个职业的主要职责或"从事的工作"进行分类。这种分类方法较为普遍,以两种代表示例。其一是国际标准职业分类。国际标准职业分类把职业由粗至细分为四个层次,即 8 个大类、83 个小类、284 个细类、1 506 个职业项目,总共列出职业 1 881 个。其中 8 个大类是:①专家、技术人员及有关工作者;②政府官员和企业经理;③事务工作者和有关工作者;④销售工作者;⑤服务工作者;⑥农业、牧业、林业工作者及渔民、猎人;⑦生产和有关工作者、运输设备操作者和劳动者;⑧不能按职业分类的劳动者。这种分类方法便于提高国际职业统计资料的可比性和进行国际交流。其二是加拿大《职业岗位分类词典》的分类。它把分属于国民经济中主要行业的职业划分为 23 个主类,组类下分 81 个子类、489 个细类、7 200 多个职业。此种分类对每种职业都有定义,逐一说明了各种职业的内容及从业人员在受教育程度、职业培训、能力倾向、兴趣、性格及体质等方面的要求,有较大的参考价值。

2. 我国的职业分类

参照国际标准和方法,1986 年,我国国家统计局和国家标准局首次颁布了中华人民共和国国家标准《职业分类与代码》(GB/T 6565—1986),并启动了编制国家统一职业分类标准的宏大工程。这次颁布的《职业分类与代码》将全国职业分为 8 个大类、63 个中类、303 个小类。1992 年,原国家劳动部会同国务院各行业部委组织编制了《中华人民共和国工种分类目录》,这个目录根据管理工种的需要,按照生产劳动的性质和工艺技术的特点,将当时我国近万个工种归并为分属 46 个大类的 4 700 多个工种,初步建立起行业齐全、层次分明、内容比较完整、结构比较合理的工作分类体系,为进一步做好职业分类工作奠定了坚实基础。

20 世纪 90 年代中期,随着社会主义市场经济体制的逐步建立和科学技术的迅猛发展,我国的社会经济领域发生了重大变革,这对人力资源管理提出了新的要求。为此,国家提出要制定各种职业的资格标准和录用标准,实行学历文凭和职业资格两种证书制度。

《中华人民共和国劳动法》明确规定:"国家确定职业分类,对规定的职业制定职业技能标准,实行职业资格证书制度。"根据社会经济发展的需要,1995 年 2 月,劳动和社会保障部、国家统计局和国家质量技术监督局联合中央各部委共同成立了国家职业分类大典和职业资格工作委员会,组织社会各界上千名专家,经过四年的艰苦努力,于 1998 年 12 月编制完成了《中华人民共和国职业分类大典》,并于 1999 年 5 月正式颁布实施。

《中华人民共和国职业分类大典》将我国职业归为 8 个大类、66 个中类、413 个小类、1 838 个细类(职业)。这是我国第一部对职业科学分类的权威性文献。由于它的编制与国家标准《职业分类与代码》(GB/T 6565—1986)的修订同步进行,相互完全兼容,因此,它本身就代表着国家标准。

《中华人民共和国职业分类大典》的重要贡献在于,它在广泛借鉴国际先进经验(特别是《国际标准职业分类》ISCO—1988)和深入分析我国社会职业构成的基础上,突破了过去行业管理机构为主体,以归口部门、单位甚至用工资形式来划分职业的传统模式,采用了以从业人员工资性质的同一性作为职业划分标准的新原则,并对各个职业的定义、工作活动的内容和形式及工作活动的范围等做了具体描述,体现了作业活动本身固有的社会性、目的性、规范性、稳定性和群体性的特征。《中华人民共和国职业分类大典》科学地、客观地、全面地反映了当前我国社会的职业构成，填补了我国长期以来在国家统一职业分类领域存在的空白，具有深远的意义，应用领域广泛。

为保证各地劳动力市场使用的职业分类与代码的科学性和规范性，有利于劳动力市场信息联网，劳动和社会保障部在主持编纂《中华人民共和国职业分类大典》的同时，根据重新修订的职业分类国际标准《职业分类与代码》（GB/T 6565—1999）和《中华人民共和国职业分类大典》，制定了《劳动力市场职业分类与代码》（LB 501—1999），并于 2002 年对其进行了修改。修改后的《劳动力市场职业分类与代码》（LB 501—2002）将职业分为 6 大类、56 个中类、236 个小类、17 个细类。

（四）职业分类的意义

职业分类对于国家合理开发、利用和综合管理劳动力，提高劳动者的素质，促进民族兴旺和国家昌盛意义重大。

（1）同一性质的工作，往往具有共同的特点和规律。把性质相同的职业归为一类，与国家对职工队伍进行分类管理，根据不同的职业特点和工作要求，采取相应的录用、调配、考核、培训、奖惩等管理方法，使管理更具有针对性。

（2）职业分类分别确定了各个职业的工作责任、履行责任及完成工作所需要的职业素质，为实行岗位责任制提供了依据。

（3）职业分类有助于建立合理的职业结构和职工配制体系。

（4）职业分类是对职工进行考核和智力开发的重要依据。考核就是要考查职工能否胜任他所承担的职业工作及是否完成了他应完成的工作任务。这就需要制定出考查标准，对各个职业岗位工作任务的质量、数量提出要求，而这些都是职业分类的基础，具备了从业条件，才能完成。职业分类中规定的各个职业岗位的责任和工作人员的从业条件，不仅是考核的基础，同时也是进行培训的重要依据。

（5）对于高职教育来说，科学的职业分类为国家职业教育培训事业确定了目标和方向，我国近年来相继通过的《劳动法》和《职业教育法》等从立法高度明确规定了国家确定职业分类，并以此指导职业教育培训工作和职业资格证书制度建设。这充分表明，职业分类在国家人力资源开发体系中具有重要的基础性地位。

（6）职业分类也使大学生能及早了解社会职业领域的总体状况，增强大学生的职业意识，促使大学生有意识、有计划、有目的、有针对性地不断提高职业素质。

五、我国职业的发展情况

（一）我国职业发展的特点

在社会发展的进程中，我国的职业是动态发展的。从总体上看，我国职业的发展呈现出以下八种特点：

1. 社会职业种类越来越多，职业出现的频率逐渐加快

随着社会生产力的发展、社会分工的细化，职业的种类越来越多，现在的职业已远远超过"三百六十行"。据有关资料显示，职业总和在隋朝有 100 个左右，在宋朝达到 220 个左右，在明朝增至 300 多个。中华人民共和国成立后，全国各种职业的总和已发展到 10 000种左右。改革开放以来，由于体制的改革，以及经济结构、产业结构的变化，传统的职业种

类逐渐消亡，由于体制的改革，以及经济结构、产业结构的变化，传统的职业种类逐渐消亡，新职业不断涌现。据统计，现在每年平均有 600 多种新职业产生，同时有 500 多种传统职业被淘汰。例如，随着电话、传真、电子计算机技术的发展，诸如电报员、电报投递员等传统职业不复存在，铅字打字员、票证管理员等职业正逐步消失；汽车进入家庭，使司机这个职业开始局限于驾驶大型运输车辆；而计算机出现以后，有了操作员、程序员、计算机销售员、维修员等多种职业岗位；近年来，物流师、心理咨询师、项目管理师、舞台灯光师、茶艺师等各种新兴职业也在不断涌现。

2. 职业分工由简单到精细

以农业为例，早期农业是指种植业，随着生产力的发展，现代的种植业又可细分为粮食作物种植业、经济作物种植业、蔬菜瓜果种植业、果树种植业等。再如建筑业，从原始的土建这一单一的职业发展到现在的建筑设计、土建、装修装潢等一系列的职业。

3. 社会职业结构变迁的速度越来越快

从农业革命到工业革命经历了数千年，工业革命到新的产业革命用了 200 多年，而电子行业从产生到发展成为一个主要行业，只用了几十年。

4. 职业活动的内容不断更新

在不同的时代，同一职业的活动内容发生了变化。例如，设计院的工程师以前设计图纸时，使用图板、丁字尺、画笔，而现在运用 CAD 软件。再如，邮政业古代靠骑马传送邮件，而现在除了用飞机、火车、汽车等交通工具传送邮件外，还使用电话、网络、传真等手段传送信息。

5. 脑力劳动职业增加

随着教育、文化、科学技术等的发展，脑力劳动者和专业技术人员在总劳动人口中所占的比重在不断增大。

6. 职业的专业化越来越强

若不具备一定的专业能力，达不到专业要求，则不能从事该职业。

7. 职业活动自由化

职业活动自由化表现在三个方面：首先，职业活动场所自由化，如网上办公。其次，职业活动时间自由化，如记者、律师、设计师等，他们没有严格的上下班时间限制，只要完成一定的工作任务即可。最后，自由职业者，如自由撰稿人、作家等，他们没有具体的工作单位，以完成某项工作、任务的形式来履行职业职责。

8. 第三产业的职业数量大幅度增加

随着科技水平的提高，第三产业的职业数量大幅度增加，在发达国家其就业人数已超过全体就业人数的 50%。第三产业所具有的就业容量大、流动性大及弹性高的特点，将会吸引更多的高职院校毕业生从事第三产业的职业。

（二）21 世纪职业发展的趋势

职业发展是和经济发展紧密联系在一起的。21 世纪是知识经济的时代，随着高科技和信息技术的迅猛发展，整个世界将发生深刻的变革，那些能够充分发挥个人才能和可以创造更大人生价值的职业将备受青睐，成为职业发展的一大趋势。

从世界范围来讲，随着高科技的发展，21 世纪的产业将更加信息化和知识化，知识成为一种再生性的战略资源。知识密集型的产业必将以其高产值、高回报、高效益成为 21 世纪的主导产业，相关的职业也将成为吸纳劳动力最多和人们在择业时首选的职业。这些产业包括新兴的信息产业、通信产业、咨询产业、智能产业等。

在我国，随着改革的不断深化，我国的经济结构将会在21世纪进行很大的调整。第三产业，尤其是第三产业的主导产业信息业将会不断增长，从而促使我国的职业结构发生重大的变化。我国将会在21世纪，经历三次人口职业结构的转变：第一次是在21世纪的前30年，我国职业人口的结构从第一产业转变为第二产业、第三产业；第二次是从2031年到2050年，我国职业人口的结构将从第二产业转变为第三产业；第三次是在21世纪的后50年，我国职业人口结构将实现向第三产业特别是第三产业中的知识产业的转变。

第二节　职业素养内涵、分类及基本要素

导入案例 ///

上海德聚仁合人力资源有限公司的某部门主管在一次校园专场招聘会上，面试一名某名校应届本科毕业生，该学生笔试和口语能力都非常优秀。部门主管在面试最后不经意地问他："如果你被录用可能安排在区域经理助理的岗位，但是你的户口能否进上海，还需要再进一步争取努力，你愿意吗？"最终，该学生犹豫片刻后回答说："我先回去和家人商量后再给回复。"

讨论：你认为上海德聚仁合人力资源有限公司是否会录用他？为什么？

一、职业素养的内涵

职业素养是指人类在社会活动中需要遵守的行为规范，是职业内在的规范和要求，是在职业过程中表现出来的综合素质。简单地说，就是个体职业行为的总和构成了自身的职业素养，职业素养是内涵，个体行为是外在表象。它是衡量个人能否胜任所处岗位、体现个人在职场中能否适应的智慧和素养。

职业素养是个很大的概念，专业是第一位的，但是除了专业，敬业和道德也是必备的，尤其体现在职业生涯中的是职业素养；体现在个人日常生活中的就是个人的品格素质与道德修养。

二、职业素养的分类

职业素养大体可分为两个类别：显性职业素养和隐性职业素养。"素质冰山"理论认为，个体的素质就像水中漂浮的一座冰山，水上部分的知识、技能仅仅代表表层的特征，不能区分绩效优劣；水下部分的动机、个性、自我意识才是决定人的行为，鉴别绩效优秀者和一般者的关键因素。大学生的职业素养也可以看成是一座冰山，冰山浮在水面以上的只有1/8（如图1-1所示），它代表大学生的形象、资质、知识、职业行为和职业技能等方面，是人们看得见的、显性的职业素养，这些可以通过各种学历证书、职业证书来证明，或者通过专业考试来验证。而冰山隐藏在水面以下的部分占整体的7/8，它代表大学生的职业意识、职业道德、职业作风和职业态度等方面，是人们看不见的、隐性的职业素养。显性职业素养和隐性职业素养共同构成了所应具备的全部职业素养。由此可见，大部分的职业素养是

人们看不见的，但正是这 7/8 的隐性职业素养决定、支撑着外在的显性职业素养，显性职业素养是隐性职业素养的外在表现。

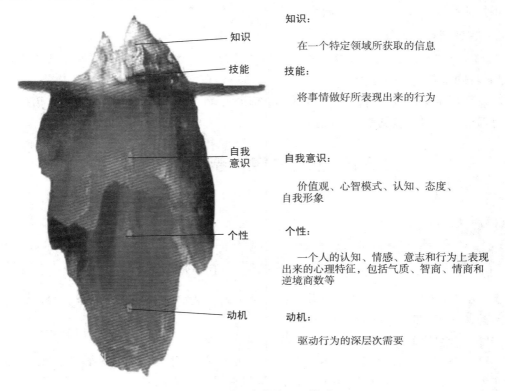

知识：

　　在一个特定领域所获取的信息

技能：

　　将事情做好所表现出来的行为

自我意识：

　　价值观、心智模式、认知、态度、自我形象

个性：

　　一个人的认知、情感、意志和行为上表现出来的心理特征，包括气质、智商、情商和逆境商数等

动机：

　　驱动行为的深层次需要

图 1 – 1　职业素养的冰山模型

三、职业素养的基本要素

（一）职业信念

　　"职业信念"是职业素养的核心。那么良好的职业素养包含哪些职业信念呢？应该包含良好的职业道德、正面积极的职业心态和正确的职业价值观意识，这是一个成功职业人必须具备的核心素养。良好的职业信念应该由爱岗、敬业、忠诚、奉献、正面、乐观、用心、开放、合作及始终如一等这些关键词组成。

（二）职业知识技能

　　"职业知识技能"是做好一个职业应该具备的专业知识和能力。俗话说"三百六十行，行行出状元"，没有过硬的专业知识，没有精湛的职业技能，就无法把一件事情做好，就更不可能成为"状元"了。

　　所以要把一件事情做好还必须坚持不断地关注行业的发展动态及未来的趋势走向；要有良好的沟通协调能力，懂得上传下达，左右协调，从而做到事半功倍；要有高效的执行力。研究发现：一个企业的成功 30% 靠战略，60% 靠企业各层的执行力，只有 10% 的其他因素。中国人在世界上都是出了名的"聪明而有智慧"，中国人不缺少战略家，缺少的是执行者。执行能力也是每个成功职场人必须修炼的一种基本职业技能，如职场礼仪、时间管理及情绪管控等。

不同职业有不同职业的知识技能，每个行业有每个行业的知识技能。总之，学习提升职业知识技能是为了让我们把事情做得更好。

（三）职业行为习惯

"职业行为习惯"，职业素养就是在职场上通过长时间的学习—改变—形成而最后变成习惯的一种职场综合素质。

心念可以调整，技能可以提升。要让正确的心念、良好的技能发挥作用就需要不断练习、练习、再练习，直到成为习惯。

第三节 职业素养的培养方向及意义

导入案例 ////

V – Back 主题餐厅——追梦人首创业

主人公马旭履历：礼宾部行李员、礼宾部领班、礼宾部主管、宾客服务经理，自主创业，成为沈阳 V – Back 主题餐厅经理。

马旭，营口职业技术学院中文系 2009 级旅游管理专业学生。

2011 年 5 月—2012 年 1 月，在金泰珑悦海景大酒店顶岗实习。不积跬步，无以至千里；不积小流，无以成江海。马旭用他的实际行动实践着他的人生格言。

2012 年 1—5 月，马旭没有毕业就在金泰珑悦海景大酒店做了礼宾部行李员，负责酒店客人的行李服务、雨伞服务、礼宾车服务以及报纸服务，并且完成一系列的委托代办以及前厅部的接待工作。马旭的细心、耐心、热心很快就得到了领导和同事们的一致好评。

2012 年 5 月—2015 年 5 月，马旭在职场上又向前迈了一步，他入职营口五矿豪生大酒店，做了礼宾部领班。之后凭借着自己不懈的努力，先后升任礼宾部主管、宾客服务经理。他是一个极具亲和力的经理，代表酒店管理层，对外处理日常的宾客关系、投诉和意见，平衡酒店各部门人际关系，并保持与宾客的良好关系；对内负责维护酒店的正常秩序与安全，处理酒店内发生的紧急事件，并帮助协调酒店各部门之间的运作，同时，协助前厅部经理对前厅部所辖各岗位员工进行指导和管理，把工作做得极为出色。然而，马旭最终还是离开了营口五矿豪生大酒店。尽管营口五矿豪生大酒店的领导层非常看好他，他升职的空间也很大，但是，马旭是一个追梦的人，他不会放弃自己的追求。

2015 年 5 月至今，他在沈阳自主创业，成立了 V – Back 主题餐厅，圆了自己的第一个创业梦想。他运用在学校所学的专业知识以及几年的餐饮酒店工作经验，把餐厅经营得很好。期待、相信他会加快自己的脚步，向更高的目标挺进。

讨论：是什么让马旭在职场中能够越走越远？

一、如何培养学生职业素养

近几年，大学毕业生的就业已经成为比较重要的社会问题，也可以说是一个难题。对于很多毕业生来说，先不说找到好工作，即便是找到一份工作就已经比较困难了。高校把毕业生的就业率作为考察学校教育效果的一大指标：毕业生就业率的高低直接影响到学校的声誉，同时也会影响到学校的招生及培养计划。而从社会的角度来看，很多企业又在叹息"招不到合适的人"。很多事实表明，这种现象的存在与学生的职业素养难以满足企业的要求有关。"满足社会需要"是高等教育的目的之一。既然社会需要具有较高的职业素养的毕业生，那么，高校教育应该把培养大学生的职业素养作为其重要目标之一。同时，高校也不是关起门来办教育，社会、企业也应该尽力与高校合作，共同培养大学生的职业素养。

二、职业素养在工作中的地位

《一生成就看职商》的作者吴甘霖回首自己从职场惨败者到走上成功之道的过程，再总结比尔·盖茨、李嘉诚等著名人物的成功经历，并进一步分析所看到的众多职场人士的成功与失败，得到了一个宝贵的理念：一个人，能力和专业知识固然重要，但是，在职场要成功，最关键的并不在于他的能力与专业知识，而在于他所具有的职业素养。一个人在职场中能否成功取决于其"职商"，而职商由以下 10 大职业素养构成，如表 1-1 所示。

表 1-1 十大职业素养

序号	职业素养	解释
1	主动	从要求我做转变到我要求做
2	责任	敢于担当，勇于挑重担
3	发展	与工作需求紧密结合
4	敬业	善待你的工作，工作才能善待你
5	品格	小赢靠智商，大赢靠品德
6	执行	落到实地，坚决完成任务
7	协作	互帮互助，在团队中实现自我
8	形象	我们就是单位的最好宣传
9	智慧	有想法更要有办法
10	绩效	不重苦劳重功劳

工作中需要知识，但更需要智慧，而最终起到关键作用的就是素养。缺少这些关键的素养，一个人将一生庸庸碌碌，与成功无缘。拥有这些素养，会少走很多弯路，以最快的速度走向成功。

前面已经提到，很多企业之所以招不到满意的员工是由于找不到具备良好职业素养的毕业生，可见，企业已经把职业素养作为招聘员工的重要指标。如成都大翰咨询公司在招聘新人时，要综合考查毕业生的 5 个方面：专业素质、职业素养、协作能力、心理素质和身体素质。其中，身体素质是最基本的，好身体是工作的物质基础；职业素养、协作能力和心理素质是最重要和必需的，而专业素质则是锦上添花的。职业素养可以通过个体在工作中的行为来表现，而这些行为以个体的知识、技能、价值观、态度、意志等为基础。良好的职业素养是企业员工必须具有的，也是个人事业成功的基础，是大学生进入企业的"金钥匙"。

三、职业素养培养的意义

（一）职业素养培养对人成长的意义

从个人的角度来看，培养职业素养最直接的意义在于能大大提高学生的就业竞争力。适者生存，个人缺乏良好的职业素养，就很难取得突出的工作业绩，更谈不上建功立业。

职业素养中的职业道德，属于人生观和价值观的范畴，其重要内涵是爱岗敬业、诚实守信。随着大众化高等教育的发展，用人单位对人才的选择余地渐宽，超越学历之外的劳动力职业素养问题逐渐为用人单位所关注。

现在很多人缺乏对所投身职业的基本素养的了解，还不懂得学历与职业之间经常存在不对称的关系。当一个人的职业素养与工作技能不能满足用人单位的要求时，就业难的问题就难以避免。一方面，大学生感叹就业难；另一方面，许多用人单位也在抱怨招一个合适的新员工难。多数企业在招聘一些重要岗位时，更多考虑的是为企业输入所需人才，实现合理配置以实现企业长足发展。因此，应聘人员的职业素养尤其是道德品质就成为一个重要的录用标准。如果学生既具有一定的专业水准，又能够表现出良好的职业素养，就有被录用的可能。但现实是不容乐观的，大多数毕业生的基本职业能力普遍达不到企业的要求，学生在校的时候更多地专注于技能的养成而忽视了基本工作能力，但这恰是职场中很重要的素质。企业对这些新员工评价低，大部分原因是其工作态度差，而非工作业绩和业务能力欠缺。大学毕业生在供需见面会上的自主择业过程中，职业素养好的学生往往受招聘单位的欢迎，比较容易就业，而职业素养差的学生可能难以就业。在求职过程中，部分学生专业水平较低，不能通过专业测试；部分学生能顺利通过专业测试，但因不善沟通、不注重细节、不讲诚信等职业素养的欠缺，最终失去就业机会。

（二）职业素养培养可以提高企业在市场上的竞争力

从企业角度来看，唯有聚集具备较高职业素养的人员才能实现生存与发展的目的，他们可以帮助企业节省成本、提高效率，从而提高企业在市场的竞争力。

（三）职业素养培养直接影响着国家经济的发展

从国家的角度看，国民职业素养直接影响着国家经济的发展。正因如此，职业素养教育才显得尤为重要。当前大学生群体中，有相当一部分学生对自己要求不严格，职业素养缺失，从而导致就业状况不理想。因此，着力培养大学生的职业素养已成为当前高校教育的一个迫切的社会任务。因此，需要高职院校深入实际，不断探索，重视学生职业素养的培养，为社会培养合格有用的人才，为我国社会主义经济的稳步发展做出贡献。

第四节　职业素养提升的办法

导入案例 ////

崔曜烨，大连航运职业技术学院经济管理系 2013 届国际邮轮乘务专业毕业生。在校期间，经常帮助同学，辅助老师工作，渐渐锻炼了自己的能力。2014 年 11 月 20 日开始在博鳌亚洲论坛大酒店客房部实习，工作努力，认真负责，表现出色，特别是在综合素质管理能力方面得到领导们的好评，并获得"优秀实习生"称号。2016年6月至2016年7月在天津海邮酒店餐饮部实习，由于工作出色，且经常帮助领导分担工作，得到上级的肯定。实习结束后，即将在美国皇家加勒比邮轮工作。她从助理服务员做起，希望通过自己的努力得到更大的提升。她十分感谢母校对她的悉心栽培，母校提供了很多优秀的实习机会和面试机会，让她能在更好的平台施展自己的才华，在世界的舞台上展示自己。

　　讨论：崔曜烨为什么能够得到上级领导的肯定？

　　职业素养的培养应该着眼于整座"冰山"，并以培养显性职业素养为基础，重点培养隐性职业素养。当然，这个培养过程不是学校、学生、社会企业哪一方能够单独完成的，而应该由三方共同协作，实现"三方共赢"。

一、自我培养层面

　　作为职业素养培养主体的大学生，在大学期间应该学会自我培养。

（一）培养职业意识

　　雷恩·吉尔森说："个人花在影响自己未来命运的工作选择上的精力，竟比花在购买穿了一年就会扔掉的衣服上的心思要少得多，这是一件多么奇怪的事情，尤其是当他未来的幸福和富足要全部依赖于这份工作时。"很多高中毕业生在跨进大学校门之时就认为已经完成了学习任务，可以在大学里尽情地"享受"了。这正是他们在就业时感到压力的根源。清华大学的樊富珉教授认为，中国有69%～80%的大学生对未来职业没有规划、就业时容易感到压力。中国社会调查所最近完成的一项在校大学生心理健康状况调查显示，75%的大学生认为压力主要来源于社会就业；50%的大学生对于自己毕业后的发展前途感到迷茫，没有目标；41.7%的大学生表示目前没考虑太多；只有8.3%的人对自己的未来有明确的目标并且充满信心。培养职业意识就是要对自己的未来有规划。因此，大学期间，每个大学生应明确：我是个什么样的人？我将来想做什么？我能做什么？环境能支持我做什么？着重解决一个问题，就是认识自己的个性特征，包括自己的气质、性格和能力，以及自己的个性倾向，包括兴趣动机、需要、价值观等，据此来确定自己的个性是否与理想的职业相符。对自己的优势和不足有一个比较客观的认识，结合环境如市场需要、社会资源等确定自己的发展方向和职业选择范围，明确职业发展目标。

（二）显性职业素养的培养

　　配合学校的培养任务，完成知识、技能等显性职业素养的培养。职业行为和职业技能等显性职业素养比较容易通过教育和培训获得。学校的教学及各专业的培养方案是针对社会需要和专业需要所制定的，旨在使学生获得系统化的基础知识及专业知识，加强学生对专业的认知和知识的运用，并使学生获得学习能力、培养学习习惯。因此，大学生应该积极配合学校的培养方案，认真完成学习任务，尽可能利用学校的教育资源，包括教师、图书馆等获得知识和技能，作为将来职业需要的储备。

（三）隐性职业素养的培养

　　有意识地培养职业道德、职业态度、职业作风等方面的隐性职业素养是大学生职业素养培养的核心内容。核心职业素养体现在很多方面，如独立性、责任心、敬业精神、团队意识、职业操守等。事实表明，很多大学生在这些方面存在不足。有记者调查发现，缺乏独立性、会抢风头、不愿下基层吃苦等表现容易断送大学生的前程。而喜欢抢风头的人被认为没有团队合作精神，用人单位也不喜欢。如今，很多大学生生长在"6＋1"的独生子女家庭，因此，在独立性、承担责任、与人分享等方面都不够好，相反他们爱出风头、容易受伤。因此，大学生应该有意识地在学校的学习和生活中主动培养独立性、学会分享感恩、勇于承担责任，不要把错误和责任都归咎于他人。自己摔倒了，不能怪路不好，要先检讨自己，承认自己的错误和不足。

大学生职业素养的自我培养应该加强自我修养，在思想、情操、意志、体魄等方面进行自我锻炼。同时，还要培养良好的心理素质，增强应对压力和挫折的能力，善于从逆境中寻找转机。

二、学校培养层面

职业素养整体综合素质的体现，学校应该从以下五个方面着手加强对学生职业素养的培养。

（一）把职业素养的培养纳入培养的系统工程

从高中毕业生进入大学校门的那一天起，学校就应该使他们明白高校与社会的关系、学习与职业的关系、自己与职业的关系。全面培养大学生的显性职业素养和隐性职业素养，并把隐性职业素养作为重点培养。

（二）构建科学的培养体系

如以就业指导部门为基础成立学生职业发展中心，并开设相应的课程，及时向学生提供职业教育和实际的职业指导，最好是配合提供相关的社会资源。另外，深入了解学生需要，改进教学方法，提升学生对专业学习的兴趣，满足学生对本专业各门课程的求知需求，尽可能向学生提供正确、新颖的学科信息。

（三）形成正确的职业培养意识

帮助学生树立人生观和价值观，养成良好的学习和生活理念，帮助学生认识社会、观察社会，并结合学生自身的实际情况，初步形成正确的职业意识和理性的从业观念。

（四）明确专业技能的重要性

要在课堂教学中，尤其是专业学科教育中加强引导，专业课的学习将直接影响学生将来的就业或进一步从事研究工作。新生从入学开始，如果能懂得专业课的重要性，就可以在未来四年的大学学习期间做到有的放矢，围绕专业课，逐步了解并热爱自己的专业，为未来工作奠定坚实的基础。通过专业知识的学习研究，使学生养成好学上进的优良品质，最终形成良好的职业素养。

（五）树立良好的职业理想

指导学生设计职业生涯规划，培养学生的职业理想。职业生涯规划是指个人和组织相结合，在对个人职业生涯的主客观条件进行测定、分析、总结研究的基础上，对个人的兴趣爱好、能力、特长、经历及不足等各方面进行综合分析与权衡，结合时代特点，根据个人的职业倾向，确定其最佳的职业奋斗目标，并为实现这一目标做出行之有效的安排。美国的戴维·坎贝尔说过："目标之所以有用，仅仅是因为它能帮助我们从现在走向未来。"职业生涯规划的目的就是要对自己的未来有规划。职业规划的过程，也是认识自我、分析自我、要求自我的过程，学生根据自身的个性设计职业生涯规划，明确职业发展目标，筹划未来，为自己选择一条真正适合自己的发展道路，最终实现职业理想。

三、社会资源与大学生职业素养的培养

大学生职业素养的培养不能仅仅依靠学校和学生本身，社会资源的支持也很重要。很多企业都想把毕业生直接投入"使用"，但是却发现很困难。企业界也逐渐认识到，要想获得职业素养较好的大学毕业生，企业也应该参与到大学生的培养中来。企业可以通过以下方式来进行：

（1）企业与学校联合培养大学生，提供实习基地以及科研实验基地。

（2）企业家、专业人士走进高校，直接提供实践知识、宣传企业文化。

（3）完善社会培训机制，让社会培训机构走入高校对大学生进行专业的入职培训以及职业素质拓展训练等。

总之，大学生职业素养的培养是目前高等教育的重要任务之一，而这一任务的进行，需要学生、学校及社会三方面的协同配合努力才能有效。

知识拓展

知识拓展一

美国学者莱尔·M·斯潘塞和塞尼·M·斯潘塞博士从特征的角度提出了"素质冰山"模型。素质冰山模型把个体素质形象地描述为漂浮在洋面上的冰山，其中知识和技能是属于裸露在洋面上的表层部分，这部分是对任职者基础素质的要求，但它不能把表现优异者与表现平平者区别开来，这一部分也称为基准性素质，基准性素质是容易被测量和观察的，因而也是容易被模仿的；换言之，知识和技能可以通过有针对性地培训习得。内驱力、社会动机、个性品质、自我形象、态度等属于潜藏于水下的深层部分的素质，这部分称为鉴别性素质。它是区分绩效优异者与平平者的关键因素；职位越高，鉴别性素质的作用比例就越大。相对于知识和技能而言，鉴别性素质不容易被观察和测量，也难以改变和评价，这部分素质很难通过后天的培训得以形成。

知识拓展二

增强职业意识　提升人才情商

当前社会上有一个很突出的"两张皮"现象：一方面是大学毕业生就业难；另一方面是企业高技能人才严重短缺。为解决这个矛盾，就要增强高职院校学生的职业意识，通过多种教育渠道，提升他们的情商。这就要求高职院校从社会需求出发，加快构建以培养"上岗能力、迁移能力、个性发展能力"为目标、以"职业素养、知识结构、职业能力"为要素的高技能人才培养模式，培养高素质的职业人、合格的社会公民。这是帮助大学毕业生实现"个人梦"、进而为"中国梦"做出贡献的现实路径。

为此，这些年来我们始终着眼于培养学生的职业能力，注重学生情商的培育和提升，并对此进行了积极探索，取得了可喜的成果。

1. 构建职业意识和情商培养的载体。

构建系统的职业素质课程体系。实施职业素质基本课程，以增强素质教育的全面性、系统性、针对性。实施职业素质拓展课程，坚持科学与人文素质教育并重，本着"学以致用、服务社会、锻炼自我、提高素质"的宗旨，按照"大型活动届次化、精品化；中型活动系部化、特色化；小型活动社团化、经常化；品牌活动班级化、普及化"的活动思路，提高学生综合职业素质。开展职业素质实践和职场文化教育课程，促进与强化学生珍重和忠实于自己的职业，树立职业自豪感和责任感、扎扎实实为社会做贡献的敬业与和谐精神。

在专业教育中渗透职业意识和情商教育。在专业知识教育课堂中，注意有机地渗透情感心理品质的培养和教育。引导学生了解科学发现和发明的历史以及科学家奋斗的故事。在学习专业课程中引导学生回味科学的美，引导学生掌握科学的思维方法。在实验、实训课中培养学生经受挫折、百折不挠的顽强毅力和团队精神。

开展丰富多彩的大学生主题活动。如开展技能节、科技创新节、文化艺术节、心育文化节、公寓文化节，新生活动月、读书活动月、志愿服务月、社团文化月，建筑文化宣传周、心理健康宣传周、科普宣传周等，培养学生的服务意识、创新意识、学习意识、主动参与意识、协调能力和团队合作精神。

精心培育校园文化品牌。多年来我们致力建设鲁班文化、心育教育系列、定向体育文化等省级校园文化品牌，借以培育学生吃苦耐劳、勇于实践、锲而不舍、敬业创新的精神；帮助学生树立正确的自我意识、良好的性格特征，养成情绪乐观稳定的良好心理习惯；培养学生独立分析解决问题和良好判断、迅速反应、果断行动以及逻辑思维能力；培养公平竞争、团结协作的道德风尚，使他们成为具有健全人格的德智体全面发展的大学生。

2. 建立职业意识和情商培养的阵地，将校园文化和企业文化相融合。

通过成立素质拓展中心，建立学生创业园区，设立仿真实训基地等，借鉴和吸纳优秀企业的价值观、经营理念、企业精神，把创新意识、诚信观念、竞争意识、质量意识、效率意识、服务理念以及敬业创业精神渗透到学生培养的全过程，将校园文化和企业文化有机融合，使学校培养理念与企业文化观念有机结合；打破以往单纯灌输的模式，让学生切身感受企业的经营理念和行为方式，从而缩短职业院校课程与社会工作的距离，最终落实培养企业所需的应用型高职人才这一根本目标。

3. 实践实训的教学和职业意识养成与情商培养相结合。

职业意识是职业人在一定的职业环境和实践活动中逐步形成的，以职业技能培养作为职业意识教育的载体。在实践实训的过程中，首先，引导学生注意提高职业道德素养。如敬业爱岗、诚实守信、吃苦耐劳、团结协作、精益求精、开拓创新、遵纪守法、严谨自律、安全意识、服务意识、奉献精神等，学生只有在"职场"环境中才能切身体会到什么是职业道德，使他们把职业道德规范形成习惯，并内化为自身的道德修养。其次，引导学生养成良好职业行为习惯和职业意识。如规范意识和标准意识，养成严格遵守操作规范和工作标准的良好行为习惯；树立安全意识，掌握安全常识和技巧等。再次，注意培养学生正确的职业价值观。最后，注意培养学生集体主义和团结协作的精神。

本章小结

对大学生而言，"人对行"是实现自己对社会的贡献和个人对社会价值的前提和条件，专业或职业与个人的适配能开发个人深厚的潜力和无穷的智慧，能给人带来工作的快乐和精彩的人生。

"对行"最好的途径是：首先，要知道你是"谁"、你的兴趣爱好、你的技能特长、你的气质特征，还要清楚自己的需要和所求；其次，你要通晓职位的内容和需要的技能；再次，将这些信息和职场资讯相吻合。这样你就在选择的职业上有了明显的优势，因为你对这个职业拥有兴趣，它承载着你的生活理想，是你人生价值得以实现的载体。因而你会热情投入、全身心地拼搏，即使所选择的职业领域竞争激烈，你也会一往无前、不屈不挠，最终脱颖而出。

问题与思考

1. 职业与事业的区别是什么？
2. 职业素养的地位及其培养意义有哪些？
3. 盘点当前最有前景的职业及其对技能的要求。
4. 大学生可以通过哪些途径培养、提升自己的素养？
5. 你认为目前学校的人才培养体系是否符合自身职业素养的提升？

第二章

职业意识

知识目标:

1. 了解责任意识的含义及其作用。
2. 掌握敬业意识的内涵与实质。
3. 了解诚信意识的内涵与价值。
4. 了解竞争意识的含义。

技能目标:

1. 正确区分竞争与合作的关系。
2. 学会正确的职业意识的提升方法。

第一节　责任意识

导入案例 ⫸

　　2012 年 5 月 29 日中午,杭州长运客运二公司员工吴斌驾驶客车从无锡返回途中,在沪昆高速被一个来历不明的金属片砸碎前窗玻璃后刺入腹部导致肝脏破裂,面对肝脏破裂及多处骨折,肺、肠挫伤的危急关头,吴斌强忍剧痛换挡刹车将车缓缓停好,拉上手刹,开启双跳灯,以一名职业驾驶员的高度敬业精神,完成了系列完整的安全停车动作,确保了 24 名乘客安然无恙,并提醒车内乘客安全疏散和报警。吴斌随后被送到中国人民解放军无锡 101 医院抢救。2012 年 6 月 1 日凌晨 3 点 45 分,吴斌因伤势过重抢救无效去世,年仅 48 岁。

　　事发之后,全国各大媒体、广大群众纷纷对吴斌的感人事迹进行报道和评论,"异物袭来的时候,吴师傅首先的反应是把车平稳地停下来,或许这只是他一个下意识的职业动作,但是支配他做出这个动作的,一定是长期养成的职业责任感,也正是这样一种职业责任感、这样一个下意识的动作,换来了一车乘客的安全。"

"在关键时刻，吴斌首先选择的是确保车上24名乘客的安全，在那一刻，客运司机的职责就是保证乘客安全这一职业理念，已经渗入到他的骨血，坚强司机吴斌用自己的生命完成了这一职责，体现了一名专业驾驶员的素养。"……

讨论： 通过上述案例我们对责任意识有什么感想？

一、责任意识的含义

（一）责任

责任一词在不同语境中具有不同的含义。在现代汉语中，"责任"有三个相互联系的基本词义：一是根据不同社会角色的权利和义务，一个人分内应做的事，如岗位责任；二是特定人对特定事项的发生、发展、变化及其成果负有积极的助长义务，如担保责任、举证责任；三是由于没有做好分内的事情（没能履行角色义务）或没有履行助长义务，而应承担的不利后果或强制性义务，如违约责任、侵权责任、赔付责任等。

从本质上说，责任是一种与生俱来的使命，它伴随着每一个生命的始终。一般来说，任何人在人生的不同时期都肩负着特定的责任。责任随着人的社会角色不同而不同。例如，教师的责任是教书育人，医生的责任是治病救人，法官的责任是秉公执法，公交车司机的责任是保证乘客安全抵达目的地等。

（二）责任意识

责任意识，是指一个人在生活或工作中对待他人、家庭、组织和社会是否负责，以及负责的程度，是不同社会角色的权利、责任、义务在人脑中的主观映像。

对于一般公民来说，责任意识就是个体对所承担的角色的自我意识及自觉程度，即认清本身的社会角色和社会对他的需求，尽心履行责任和义务。它包含两方面的内容：一个人既要对自己的行为后果承担责任，又要对他人和社会负责。

二、责任意识的作用

在职场中，一个人有无责任意识、责任意识的强弱，不仅会影响他个人工作绩效的高低和职位能否升迁，而且还直接影响他所在单位的目标任务能否完成。在上海交通大学公布的2005年用人单位最看重的毕业生的20项素质中，排在第一位的就是责任意识。在世界500强企业中，责任意识是最为关键的理念和价值观，同时也是员工们的第一准则。在IBM，每个人坚信和践行的价值观念之一就是："永远保持诚信的品德，永远具有强烈的责任意识"；在微软，责任贯穿于员工的全部行动中；在惠普，没有责任理念的员工将被开除。责任，作为一种内在的精神和重要的准则，任何时候都会被企业奉为生命之源，因为伴随着责任的是企业的荣誉、存亡。在我国创办了阿里巴巴商业网站的马云，可谓网络时代的商界精英，是50年来刊登在美国《福布斯》杂志封面上的唯一一位来自中国大陆的企业家。他说："所有到我这里来的员工必须认同我的核心价值观，这个核心价值观就是一种责任。责任意味着成功，成功来源于责任。"

（一）责任意识能够激发出个人潜能

每个人都具有巨大的潜能，但并非都能发挥出来。这固然有多方面的原因，但其中不可忽视的因素就是人的责任意识。责任意识能够让人具有最佳的精神状态，精力旺盛地投入工作中。在责任内在力量的驱使下，人们崇高的使命感和归属感常常油然而生。一个有强烈责任感的人，对待工作必然是尽心尽力、一丝不苟，遇到困难也决不轻言放弃。例如，本章引导案例中提到的杭州公交司机吴斌，在肝脏突然被刺破、肋骨骨折的危急时刻，表现出超越常人的本能的反应。一般人受了这么重的撞击，本能的反应就是捂着肚子关注自己的伤势，而他却强忍剧痛先稳稳地把车行驶了两三百米后，慢慢停在高速公路上，同时打开双跳灯，随后才因伤势过重而失去知觉。正是日积月累的责任意识化为瞬间的职业反应，从而确保了车上 24 名乘客的生命安全。就这样，一位普通的公交车司机，用 1 分 16 秒的时间，完美地诠释了什么是责任与担当。

（二）责任意识能够促进个人进步和成功

一个人有了责任意识，就会对自己负责，对工作负责，愿意主动承担责任。任何工作都意味着责任。职位越高，权力越大，他所担负的工作责任就越重。比尔·盖茨对他的员工说："人可以不伟大，但不可以没有责任心。"德国大众汽车公司有句格言："没有人能够想当然地保有一份好工作，必须靠自己的责任感获取一份好工作。"

【案例】 小俊和张鸣大学毕业后同时进入一家企业做广告设计工作。刚开始两人的表现没有太大差别，但三个月后，小俊给人留下了工作主动积极的好印象，张鸣却给人留下了推诿、逃避工作的坏印象。在这种情况下，老板总是把重要的、难度大的工作交给小俊去做，小俊也从不推辞；而把一些无关紧要的工作交给张鸣。小俊因此常常忙得不可开交，张鸣却总是无事可做。"小俊真是大傻瓜！"张鸣常在背地里嘲笑小俊，"你瞧我，活干得少，责任承担的少，日子过得逍遥，工资也不比他少！"可是半年后，小俊晋升为主管，而张鸣却被辞退了。

可见，责任感是无价的，它使一名员工在组织中得到信任和尊重，得到重用和提升，既展现出个人价值，又创造社会价值。主动承担更多的责任，是许多成功者的必备素质。

（三）责任心关系到安全事故是否发生

在现实社会中，那些责任意识强的员工，对工作认真负责、一丝不苟，一旦发现安全隐患或突发险情，就会立即采取有效措施，避免许多重特大安全事故的发生，如引导案例中被誉为"平民英雄"的吴斌。相反，一个责任意识淡漠、缺乏起码的工作责任感的人，由于不愿意、也不可能全身心地投入工作，非但不能完成基本的工作任务，甚至还有可能给工作带来巨大的损失。

【案例】 2014 年 4 月 16 日，韩国载有 470 多人的"世越号"客轮在海上发生浸水事故，事故造成 304 人遇难（包括失踪者），142 人受伤。据韩国媒体报道，"世越号"船长和船员在没有及时疏散乘客的情况下，乘坐最先到达事发地点的救生船逃离客轮，导致大量乘客错过最佳逃生时间。后来经过核实，"世越号"15 名核心船员全部获救，船长李俊锡在逃生后隐瞒自己的身份，在附近的一家医院休息，期间还晾干被浸湿的纸币。"世越号"客轮的船长及船员在危险发生之时，指挥不力，弃船上乘客的生命、财产安全于不顾，临危逃脱，酿成惨剧。当然他们也都受到了法律制裁。

三、职场员工的责任意识的养成

在激烈的就业竞争中，大学生走出象牙塔，融入社会，步入职场，有的在职场中表现出了良好的职业素养，但也不乏一些职业意识淡漠、工作责任心差、受实用主义和功利主义倾向的影响而频频毁约和跳槽的大学生；还有一些受极端个人主义思潮的影响，在工作中过分注重个人奋斗、个人发展，对他人、对集体、对单位漠不关心的员工。事实证明这些在职场中缺乏起码的责任心、道德感的员工在职业发展的道路上也往往会处处碰壁、步履维艰。因此，对即将步入职场的大学生加强责任意识教育刻不容缓。

人的职业意识不是与生俱来的，它需要在远大理想和目标追求的指引下，通过教育、学习和实践，按照客观要求逐步建立和稳固起来，它需要个体用自觉的习惯意识去维护。只有在责任意识的驱动下，履行社会赋予自身的责任，才能形成真正的责任行为。一个具有良好的责任意识的员工，至少应做到以下四个方面。

（一）认真做好本职工作就是对工作负责的最好体现

一个职业人责任感的主要表现就是要做好本职工作。为了所在单位的发展，也为了自己的职业前程，我们必须踏踏实实地做好本职工作。对于一个尽职尽责的人来说，卓越是唯一的工作标准，不论工作报酬怎样，他都会时刻高标准、严要求，在工作中精益求精，并努力将每一份工作做到尽善尽美。例如，一个雇主十年来雇用同一个保姆。有一天她第一次跟雇主请假一周，回家之后雇主发现她给厨房的垃圾桶认真地套上了七层垃圾袋，这让雇主十分感动。

事实上，那些在事业上卓有成效的人，无论从事的是平凡普通的工作还是所谓高大上的工作，无不用高度的责任心和近乎完美的标准来对待自己的工作，与其说是努力和天分造就了他们的成功，倒不如说是强烈的责任心促成了他们的成功。

另外，做好本职工作，还应体现在不断提升自己的业务能力和水平上。对于任何一个组织来说，员工的业务能力和水平都是衡量这个公司是否优秀的重要指标之一。因此，员工有责任去不断提升自己的业务能力和水平，这既是员工获得晋升和加薪机会的必要保证，也能够使企业获得更好的发展。

（二）时刻维护组织的利益和形象

用人单位主要是各种社会组织，如企事业单位、国家机关、民办企业、个体经营社会团体等。它们为社会提供了多种多样的就业岗位，绝大多数劳动者都需要成为某一社会组织的一员，时刻维护组织的利益和形象是一个员工最基本的责任。良好形象和声誉是组织宝贵的无形资产，这笔无形资产使它比同类其他组织具有更高的声誉、更强的竞争力和更辉煌的发展前景。组织的发展可以产生经济利益和社会效益，为社会做出贡献，也为员工的经济待遇和职业发展奠定了基础。只有组织得到持续发展，员工的利益才能有坚实的保证。因此，每个员工都应该确立组织利益高于一切的观念。同时，员工的形象在某种程度上来说就是企业形象的缩影，员工的一言一行无不影响着他所在组织的形象。所以，每个员工都必须从自身做起，塑造良好的自我形象，在任何时候都不能做有损组织形象的事情，抵制一切有损组织形象和利益的言论和行为。例如，某些知名的公众人物的错误言论和低俗行为，不仅会使自己的职业生涯跌入谷底，还有损自己所在的单位在社会上的形象。

（三）严格遵守组织的规章制度

俗话说：没有规矩，无以成方圆。任何组织的科学管理都离不开规章制度。规章制度使员工明白自己应该担负的责任和义务，对员工的言行起导向作用，也是组织能够有效运行的最基本法则。因此，作为一个有责任感的员工，恪守组织的规章制度是基本责任。

（四）正视工作中的失误，勇于承担责任

"人非圣贤，孰能无过"，尤其是初入职场的年轻人，更是难免会有工作失误。那么从一个人对待失误的态度就可以清楚地看出他的责任感。一个缺乏责任感的人，总爱把工作成绩归于自己，而把工作失误推给别人或客观条件。这种做法必然损害组织利益，也有损自身形象。在任何组织中，上司或同事都不会认同这种人。上司会认为这种人不堪大任；同事不愿意与这种推脱责任的人共事。相反，一个有责任感、能够正视自己的失误（哪怕是客观条件造成的失误）并及时改正、设法补救的人，很容易得到上司的信赖和同事的认可。

【案例】　杰克和约翰新到一家船运公司工作，被分为工作搭档，然而一件事却改变了两个人的命运。一次，杰克和约翰负责装卸一件昂贵的古董。当杰克把古董递给约翰的时候，约翰却没接住，古董掉在地上摔碎了。两人大惊失色不知道怎么办才好，因此互相埋怨。休息的时候，约翰趁杰克不注意，偷偷来到老板办公室对老板说："这不是我的错，是杰克不小心摔坏的。"随后，老板把杰克叫到了办公室，问他到底是怎么回事？杰克就把事情的原委告诉了老板，最后杰克说："这件事情是我们的失职，我愿意承担责任。"

后来，老板把他们叫到办公室说："其实，古董的主人看见了你俩在递接古董时的动作，并跟我说了他看见的事实。我也看到了问题出现后你们两个人的表现。我决定，杰克留下继续工作，用你赚的钱来偿还客户。约翰，明天你不用来上班了。"

在任何一家公司，责任感都是员工生存的根基。因此，能否做到不推卸责任、勇于承担责任，是优秀员工与一般员工的区别所在。

第二节　敬业意识

导入案例

在英特尔中国软件实验室里有一位工程师，他是该实验室中唯一一位没有大学学历的人。当初，他进入该实验室的"敲门砖"是他自己设计的一套软件程序。由于学历不高，这位毛头小伙只能从一名普通程序员做起。但是，令整个实验室惊讶的是，实验室中工作效率最高的人竟然是这个学历最低的人。难得的是，他还主动学习高级软件的开发知识，经常利用休息时间参加英特尔公司主办的各种内部软件开发课程。他的不懈努力和刻苦钻研精神引起了英特尔公司软件与解决方案部全球副总裁兼英特尔亚太研发中心总经理、中国产品开发总经理王汉文的注意。一年之后，英特尔中国软件实验室要以高薪引进高水平的软件工程师时，王汉文第一个想到的就是这个低学历的程序员，因为他比那些高学历的程序员更敬业。用王汉文的话来说就是："他以扎实的业绩、过硬的专业技术水平和高度务实的敬业精神赢得了企业的认可，也为自己迎来了更好的发展机会。"

讨论：如何看待敬业意识在职业生涯中发挥的重要作用？

一、敬业的内涵及实质

（一）何谓敬业

南宋哲学家、教育家朱熹说："敬业者，专心致志以事其业也。"我们现在所说的敬业，仍然沿用朱熹的基本释义，就是敬重并专心于自己的学业或职业，做到认真、专注和负责。其具体表现为忠于职守、尽职尽责、认真负责、一丝不苟、善始善终等。

一个人是否有所作为，不在于他做什么，而在于他是否尽心尽力把所做的事做好。干一行、爱一行、精一行，是敬业的表现。工作中不以位卑而消沉，不以责小而松懈，不以薪少而放任，是敬业的展示。阿尔伯特·哈伯德说："一个人即使没有一流的能力，但只要你拥有敬业的精神，你同样会获得人们的尊重；即使你的能力无人能比，假设没有基本的职业道德，就一定会遭到社会的遗弃。"积极敬业地工作，是个人立足职场的根本，更是事业成功的保障。敬业，会使你获得你想要的丰厚的薪水、更高的职位、更完美的人生。

（二）敬业的三种境界——乐业、勤业、精业

敬业就是专心致力于自己从事的事业。敬业有三种境界，即乐业、勤业和精业。

乐业就是喜欢并乐于从事自己的职业。乐业的人具有浓厚而稳定的职业兴趣，兴趣促使自己对工作乐此不疲地积极探索、刻苦钻研、认真负责和力求完美。乐业是敬业的思想基础，是敬业的初级形态。

勤业是敬业者的行为表现。出于对本职工作的热爱，敬业者就会自觉自愿地把主要的精力和尽可能多的时间投入工作，勤勤恳恳，孜孜不倦。勤业者大都以勤勉、刻苦、顽强的态度对待工作，因此，古往今来凡在学业或事业上出类拔萃、卓有成就者，大多为勤业之人。

精业就是以一丝不苟的工作态度对待职业活动，不断提高业务水平和工作绩效，达到熟练、精通，精益求精。勤业是精业的前提，古语"业精于勤而荒于嬉"就含有此意。

【案例】 小华毕业于北京大学，回想起四年大学生活，他印象最深的就是毕业前的最后一课。那天，老师给他们讲了一个出租车司机的故事。一天，一位男士站在路边伸手拦车，出租车停了下来，他忽然想起一件事，又与同伴说了几句才上车，本以为司机会生气、有怨言，没想到司机仍用一张笑脸面对他。上车后，他告诉司机去松山机场。这位乘客在A协会的生产力中心工作，与朋友吃完饭后想回自己的公司，公司就坐落在松山机场附近的外贸协会二馆，因为楼太小不显眼，知道的人很少。所以他每次都说去机场，免得费力解释半天。

但这次，他刚说完，司机就紧接着说道："你是不是去A协会二馆？"这位乘客非常吃惊，因为从来没人这么具体而准确地说出他真正要去的地方。他连忙问司机是怎么知道的。

司机说："第一，你最后上车时跟朋友只是一般性的道别，一点都没有送行的感觉；第二，你没有任何行李，连仅供一天使用的小行李都没有，你这个时间才去机场，就算搭乘最快的班机，都没有可能在当天赶回来，所以你真正去的地方不可能是机场；第三，你手里拿的是一本普通的英文杂志，并且被你随意卷折过，一看就不是重要的公文之类的东西，而是供你自己消磨时间用的。一个把英文杂志作为普通阅读物的人既然不是去机场，就一定是去A协会啦，机场附近就只有A协会一家单位的人才会这样读英语杂志嘛。"司机边说边从后车镜里望着这位乘客并向其微笑。

乘客非常吃惊司机竟能在短短的瞬间捕捉到这么多东西，又如此自信。一路聊下去，发现这位司机果真有自信的资本。

这位司机平均每个月都会比其他出租车司机多赚几千元钱。他每天的出车路线都是根据季节、天气、日期详细计划好的。周一至周五的早晨，他会先到某个中上等的住宅区等客，那里乘出租车上班的人相对比较多。到九点钟左右，他又会跑到大酒店附近，这个时间，大约早餐刚吃完，出差的人要出去办事了，游玩的人也要出去了，而这些人大都来自外地，对环境陌生，所以乘出租车是他们最多也是最好的选择。他把中午又分成两部分，午饭前他跑公司云集的大写字楼，这个时间会有不少人外出吃饭，又因中午休息时间较短，这些人中的大多数会为快捷方便而选择乘出租车；午饭后，他去餐厅较集中的街区，因为吃完饭的人又赶着返回公司上班。下午三点左右，他则选择到银行附近。就算刨去一半存钱的人，也还有一半取钱的人，这些取钱的人因带了比平时多的钱，也大多不会再去挤公交车而会选择较安全的出租车，所以载客的概率也相对较高。下午五点，市区开始塞车了，他便去机场、火车站或郊区。晚饭后，他又去生意红火的大酒楼，接送那些吃晚饭的人，自己稍事休息，再去休闲娱乐场所门口等客。

"怎么样，我够职业水准吧？"司机讲完自己的做法后不无得意地问那位乘客。

这是个典型的乐业、勤业和精业的出租车司机。他所说的"职业水准"就是"爱岗敬业"的代名词。我们每个人都有一份职业，但是真能拿出"职业水准"的能有几人？这位出租车司机最可贵的地方就是能在平凡的岗位上做出不俗的成绩，在业务领域内苦心钻研，总结经验，精益求精。他还用自己的实际行动告诉人们：真正的职业水准，不仅要可行，而且要尽力而行，在为社会提供服务、创造价值的同时也对自身和所在单位创造最大的效益和回报。

现实中，很多年轻人并不是因为没有才华和能力而找不到工作，而是因为缺乏敬业精神。

在职场中，只要我们能够拥有比别人更多的敬业精神，将工作做到足够出色、足够高效，就会赢得人们的赞誉和尊敬。当你因敬业精神而被周围人称赞时，也就等于拥有了职业生涯中最大的财富。敬业的好口碑将成为你在职场上不断晋升的助推器，将让你拥有一个更加美好的职业人生。

（三）敬业的实质

敬业的实质就是热爱本职，忠于职守。

热爱本职是社会各行各业对从业人员工作态度的普遍要求。它要求从业者努力培养对所从事的职业活动的责任感和荣誉感；珍视自己在社会分工中所扮演的角色；应当为自己掌握了一种谋生手段，获得了经济来源，而且有了被社会承认、能够履行社会职责的正式身份而自豪。

忠于职守是在热爱本职的基础上对职业精神的升华。它要求员工乐于从事本职工作，以一种恭敬严肃的态度对待工作、履行岗位职责，做到一丝不苟、恪尽职守、尽职尽责，甚至在紧要场合以身殉职。忠于职守包含着奉献精神，在客观情况需要时，它能够使从业者不顾个人安危地牺牲自我，为维护国家和集体利益"鞠躬尽瘁、死而后已"。

世界上最严格的工作标准并不是单位的规定、老板的要求，而是自己制定的标准。如果你能够发自内心地热爱自己所从事的职业，对自己的期望就会比老板对你的期望更高，这样就完全不需要担心自己会失去这份工作。同样，如果你能够勤奋敬业、忠于职守，不论有没有老板的监督都能做到认真、谨慎、努力地工作，尽力达到自己内心所设立的高标准，那么你也肯定能够得到老板的赏识、青睐而得到晋升加薪的机会。

【案例】　一天夜里，已经很晚了，一对年老的夫妻走进一家旅馆，他们想要一个房间。前台侍者回答说："对不起，我们旅馆已经客满了，一间空房也没有了。"看着这对夫妻疲惫的神情，侍者不忍心深夜让这两位老人出门另找住宿，而且在这样一个小城，恐怕其他的旅店也早已客满打烊了，这两位疲惫不堪的老人可能会在深夜流落街头。于是好心的侍者将这两位老人引领到一个房间，说："也许它不是最好的，但现在我只能做到这样了。"老人见眼前其实是一间整洁的屋子，就愉快地住了下来。

第二天，当他们来到前台结账时，侍者却对他们说："不用了，因为我只不过是把自己的屋子借给你们住了一晚，祝你们旅途愉快！"原来侍者自己一晚没睡，他就在前台值了一个通宵的夜班。两位老人十分感动。老头儿说："孩子，你是我见到过的最好的旅店经营人。你会得到报答的。"侍者笑了笑，说："这算不了什么。"他送老人出了门，转身接着忙自己的事，把这件事情忘了个一干二净。

没想到有一天，侍者收到了一封信，打开一看，里面有一张去纽约的单程机票并有简短附言，聘请他去做另一份工作。他乘飞机来到纽约，按信中所标明的路线来到一个地方，抬眼一看，一座金碧辉煌的大酒店耸立在他的眼前。原来几个月前的那个深夜，他接待的是一个有着亿万资产的富翁和他的妻子。富翁为这个侍者买下了一座大酒店，深信他会经营管理好这个大酒店。这就是全球赫赫有名的希尔顿饭店首任经理的传奇故事。

二、强化敬业意识

（一）以主人翁的精神对待职业活动

国家兴亡，匹夫有责。同样，企业兴亡，员工有责。企业的命运和每个员工的工作质量、工作态度息息相关，因此，每个人都须认清自己的位置，以主人翁的精神来对待职业活动，树立"企兴我荣，企衰我耻"的责任感。主人翁精神是敬业意识的重要因素，这种精神可以从两个方面体现出来：一是要把自己当成组织的主人；二是要把组织的事当成自己的事。

【案例】　沈阳铁路局吉林工务段铁路巡道工刘学臣，20 多年兢兢业业做好本职工作，每天只身徒步巡走 15 千米铁道线，弯腰巡检 1 000 多次，26 年用脚丈量铁路 11 万多千米。他发现的轻伤、重伤钢轨 100 多根，伤损鱼尾板有近千块，防治各类事故近 50 起，并将一次可能车毁人亡的危险及时化解，保证了铁路大动脉的安全畅通。

也许有人会问是什么力量在支撑着他如此敬业。答案很简单，就是他对自己工作发自内心的热爱，因为"爱岗"所以敬业。工作对于他而言，已经超越了谋生的层次，而是升华为实现自我价值的途径。

可见，一个从业者一旦有了主人翁的意识，就能够把个人价值的实现与职业价值联系在一起，对所从事的职业产生强烈的责任感，进而产生积极而高效地投入工作的动力。

（二）在职业活动中强化敬业意识

1. 要把敬业变成一种良好的职业习惯

在当今社会，一个人是否具备敬业精神，是衡量其能否胜任一份工作的首要标准，因为它不仅关系到企业的生存与发展，也关系到一个人的切身利益。一个勤奋敬业的人也许不能马上受到上司的赏识，但至少可以获得他人的尊敬，并会从中受益一生。如果我们每个人每时每刻在职场上、在每件事情上都能保持这种精神，那么我们就能慢慢地将此养成一种习惯，拥有敬业意识。

【案例】　麦当劳快餐连锁店新总裁查理·贝尔年仅 43 岁，他是麦当劳的首位澳大利亚籍总裁。1976 年，年仅 15 岁的贝尔无奈之中走进了一家麦当劳店，他想打工挣点零用钱，也没想过以后在这里会有什么前途。结果他被录用了，工作是打扫厕所。虽然这活又脏又累，但贝尔十分负责，做得十分认真。

贝尔是个勤劳的孩子，常常扫完厕所，就去擦地板；擦完地板，又去帮着翻正在烘烤的汉堡包。不管什么事，他都认真负责地去做。他的表现令把麦当劳打入澳大利亚餐饮市场的奠基人彼得·里奇心中暗暗欢喜。没多久，里奇说服贝尔签了员工培训协议，把贝尔引向正规职业培训。培训结束后，里奇又把贝尔放在店内各个岗位上轮岗。虽然只是做钟点工，但悟性出众、肯于钻研又能吃苦耐劳的贝尔不负里奇的一片苦心，经过几年锻炼，全面掌握了麦当劳的生产、服务、管理等一系列工作。19 岁那年，贝尔获得提升，成为澳大利亚最年轻的麦当劳店经理。

由此可见，一个人工作敬业，表面看是为了老板，其实更是为了自己。因为敬业的人能从工作中学到比别人更多的经验，而这些经验便是他向上发展的垫脚石，就算他以后换了单位，从事不同的行业，他的敬业精神也必定会为他带来帮助。当敬业精神成为他的一个良好习惯后，它或许不能立即为他带来可观的收入，但可以为他奠定一个坚实的基础，帮助他实现事业上的成功。虽然许多人的能力并不突出，但是因为他们养成了敬业的习惯，他们身上的潜力便会被逐渐挖掘出来，从而得以提高他的办事效率，增强自身实力，使自己成为一名优秀员工。

2. 谨防和克服工作中出现的不敬业的陋习

职场中，有人养成了良好的敬业习惯，也有人缺乏对职业岗位的认同和敬畏之心，进而做出了一系列缺乏敬业意识的行为。根据相关的调查研究，员工缺乏敬业意识的表现主要有：三心二意、敷衍了事；不求有功、但求无过；明哲保身、逃避责任；怨天尤人、不思进取等。这些行为经过长时间的强化，久而久之，习以为常，也会变成一种习惯——顽固不化的职业陋习。

实践证明，养成上述不敬业的职业陋习的人，长此以往，很可能会陷入一个恶性怪圈，思想狭隘守旧、工作绩效不佳、难于晋级加薪及不敬业程度进一步加深。另外，由于不敬业者浪费资源、贻误工作、影响绩效，也必然给组织带来损害，这些人自然也会成为组织裁员的对象。

3. 在工作中努力实践敬业三境界

敬业的第一境界就是乐业。就是首先要培养对自己职业的兴趣，要乐于从事自己的职业，即热爱这个职业，这是敬业最重要的一个前提，只有这样，工作再苦再累、再难再险，都会乐在其中，即所谓"痛并快乐着"。

敬业的第二境界是勤业，勤业并不是机械地重复自己每天的工作，而是要有意识地锻炼自己，用眼睛观察问题，用耳朵倾听建议，用头脑思考判断，用心学习知识和技能，不断总结经验教训，以提高工作效率，创造更大价值。

敬业的第三境界是精业，它要求对本职工作精益求精，胜不骄、败不馁，戒骄戒躁，练就一流的业务能力，力争成为行业领域的行家里手、业务骨干；同时，随着社会的发展和科技的进步，精业还要求动态地维持其一流的业务水平，即不断学习新知识和新技术，与时俱进，使自己的业务能力更上一层楼，真正做到精于此业。

第三节　诚信意识

导入案例

　　2000 年，中国一家刚创办的网络公司迎来了一个非常难得的大客户，来者拿着策划书，问这位刚刚创业的年轻经理："请问这个项目要多久可以完成？"经理回答："六个月。"客户脸上露出了为难的表情，接着问道："四个月行吗？我们给你加 50% 的报酬。"经理不假思索地摇头拒绝道："对不起，我们做不到。"的确，按照当时的技术水平，四个月是很难完成任务的，所以这位经理忍痛舍弃了唾手可得的巨大利益，诚实地拒绝了这桩大业务。

　　结果，客户听后开怀大笑，立刻在合同书上签下了名字。他对经理说："对您诚实的拒绝我感到非常满意，因为这反映出您是一个很诚实和稳重的人，而在您领导下开发的产品质量一定是有保证的。在今天这个商业社会中，我们看中的不是单纯的速度，而是让人有足够安全感的诚实。"

　　两年后，这个小网络公司的这位诚实的经理一跃成为"中国十大创业新锐"，他的公司在短短的三年之内，从一个小网络公司成为全球最大的中文搜索引擎公司——百度公司，而当年那位诚实的经理就是毕业于北京大学信息管理系的百度公司 CEO 李彦宏。

　　由此可见，诚信不是智慧，而是一种品德，然而这种品德却可以带来效益，因为它能产生一种在当今社会越来越稀缺的心理感受，那就是安全感。一家刚刚创业的新公司能够为重量级客户提供安全感，单是这份诚恳和务实就显示出了它的不俗之处。

一、诚信理念的内涵

（一）"诚"和"信"

"诚"，即真诚、诚实；"信"，即讲信用、守承诺。"诚"为信之基础，它侧重于"内诚于心"，体现了内在的个人道德修养。"信"则侧重于"外信于人"，体现为外在的人际关系。"诚"更多的是指在各种社会活动中（如人际交往、商业活动等）真实无欺地提供相关信息；"信"更多的是指对自己承诺的事情承担责任。

（二）诚信

"诚"和"信"组成"诚信"一词，成为道德范畴的一个重要理念。诚信是指个人的内在品质，也是人的行为规范。它要求人们具有诚实的品德和境界，尊重事实，不自欺，不欺人；要求人们在社会交往中言行一致，信守诺言，履行自己应该承担的责任。它是处理人际关系的基本伦理原则和道德规范，也是行为主体所应具有的基本德行和品行。我国的公民基本道德规范、职业道德规范以及"八荣八耻"中都提到了"诚实守信"。可见，诚信是一种社会道德规范，是政府机关、企事业单位和个人都要遵守的基本行为准则。

二、诚信的价值

诚实守信是中华民族的传统美德。在我国的传统道德中，诚实守信被看作"立身之本""进德修业之本""举政之本"。特别是在我国全面进入加快社会主义市场经济建设的背景下，强化个人、企业和社会的诚信意识，践行诚信品格，具有重要的现实意义。

（一）对个人的价值

对个人而言，诚信是一种人格力量，可以提升人的职业素养。诚信是一个人的立身之本，是职业道德的重要内容，是一个从业者不可缺少的职业素养。"人而无信，不知其可也"（《论语·为政》）。从古至今，我国人民一直以诚信为德之重，而德乃立身之本。

在职业活动中，每个人都应以诚待人、信誉至上。只有这样才能得到他人、组织和社会的认可和信任，才能融入社会、发挥才智、建功立业。诚信促使从业者在工作中恪守职业道德、爱岗敬业、忠于职守、诚于职责、奉献社会。

在企业里，诚信的员工是一个企业得以良好发展的最宝贵的财富。如果你对客户诚信，就将赢得更多的客户，获得更多的利润；如果你对同事诚信，就会得到信任和帮助，建立起和谐可靠的共事关系；如果你对老板诚信，就会得到老板的青睐和重用，赢得更多的发展机会。任何一个好的公司都不是把员工的能力放在第一位的。对一个老板来说，一个不诚实的员工即使再才华横溢，也无法对其加以重用；而如果你能力不够，却一心忠诚于公司，重信誉，为公司谋发展，那么老板一定会非常信任你，愿意给你很多锻炼的机会，从而提高你的能力。相反，一个人如果缺乏诚信意识、弄虚作假、欺上瞒下，可能会赢得一时的利益，但这只是短期行为，一旦他失去了利用价值，就算他再能力过人，也很可能会被逐出门外。因为缺乏诚信的员工对任何公司来说，是很大的潜在隐患，这样的人根本无法得到他人和组织的信赖，也很难在日常生活和职业活动中立足和发展。

【案例】曾经有一位叫弗兰克的意大利移民，经过多年努力开办了一家小银行。但有一天，他的银行遭到抢劫，因此破产。当他为偿还那笔巨额存款而一切从头开始的时候，人们劝他："这事你没有责任。"可是他并不这样认为。经过39年艰辛的努力，在寄出最后一笔"债款"时，他说："现在我终于无债一身轻了。"

美国心理学家、作家艾琳·卡瑟曾说："诚实是力量的一种象征，他显示着一个人的高度自重和内心的安全感与尊严感。"此时的弗兰克用自己的诚信捍卫了自己的尊严。

（二）对企业的价值

对企业而言，诚信有助于降低经营成本、提升企业品牌形象、增强企业的凝聚力。"人无信而不立，企业无信而不存"。诚信不仅是一个人或一个企业的"金字招牌"，在当今市场经济的大潮下，它还蕴藏着巨大的经济价值和社会价值，也正因为如此，很多企业都将诚信视为宝贵财富，不但将其列在价值观的第一位，同时也付出百分之百的努力去捍卫它。据权威部门测算，我国企业每年因诚信问题而增加的成本占其总成本的15%。如果企业具有健全的诚信制度和信用体系，就能减少企业之间交易的中间环节和交易成本，节省时间，提高经济效益。

品牌标志着一个企业的信誉，是企业的无形资产。品牌是由企业依靠诚信、优质产品和服务塑造起来的。反过来，品牌又为企业的发展开拓了广阔的市场。前面所述的李彦宏创办百度公司的故事就说明了这一点。当年海尔公司张瑞敏砸毁 76 台有质量问题的冰箱，之后狠抓冰箱质量，最终以产品质量取胜，成为我国第一个出口免检的企业，成功地占领了海外市场。不讲诚信、失信于消费者的企业，为了盲目追求利润最大化，往往以假充真、以次充好、不择手段，最后只能是自己砸了自己的牌子。如南京冠生园和石家庄三鹿集团股份有限公司都因售卖有问题的产品而宣告破产。

企业文化是在长期的经营活动中形成的体现企业员工的价值观念、思维方式和行为规范的意识氛围。诚信作为企业文化的主流意识，被内化为员工的思想品质和行为习惯，具有强大的凝聚力，对于推动企业文化建设、加强企业内部团结、形成强大的凝聚力具有不可低估的作用。

（三）对社会的价值

对社会而言，诚信有助于社会秩序的良性运行和持续发展。当前我国在发展市场经济过程中正陷入一场诚信危机中。所谓诚信危机，是指由于社会交往中信用缺失而导致的一系列不信任、不确定和不安全的心理状况和行为方式。这种诚信危机涉及面之广、表现形式之多样令人触目惊心，制假贩假、偷税漏税、骗汇骗保、恶意透支、虚开票据、伪造票证、财务造假、商业欺诈、虚假广告、缺斤短两等现象相当严重，假成果、假学历、假文凭、假证件、假新闻、假演唱等屡见不鲜。

一个社会通行的道德标准常常因为每个成员行为的互相暗示而加强或削弱。普遍的守信行为会形成一种良性的社会信用氛围，使人们在任何社会活动中都有一种安全感；而反复的违约事件则会逐渐形成一种不讲信用的社会风气。

【案例】 在美国纽约哈德逊河畔，离美国第 18 届总统格兰特的陵墓不到 100 米处，有一座孩子的坟墓。在墓旁的一块木牌上，记载着这样一个故事：1797 年 7 月 15 日，一个年仅 5 岁的孩子不幸坠崖身亡，孩子的父母悲痛欲绝，便在落崖处给孩子修建了一座坟墓。后因家道衰落，这位父亲不得不转让这片土地，他对新主人提出了把孩子坟墓作为土地的一部分永远保留的要求。新主人同意了这个条件，并把它写进了契约。100 年过去后，这片土地辗转被卖了许多次，但孩子的坟墓仍然留在那里。

1897 年，这块土地被选为总统格兰特的陵园，而孩子的坟墓依然被完整地保留了下来，成了格兰特陵墓的邻居。又一个 100 年过去了，1997 年 7 月，格兰特陵墓建成 100 周年时，当时的纽约市长来到这里，在缅怀格兰特总统的同时，重新修整了孩子的坟墓，并亲自撰写了孩子墓地的故事，让它世世代代流传下去。

那份延续了 200 年的契约揭示了一个简单的道理：承诺了，就一定要做到；一个社会的道德风尚，是靠整个社会（国家、企业、个人）从日常生活的点滴做起的。正是这种契约精神，孕育了西方人的诚信观念，这种观念已经深入西方人的骨髓，变成了一种社会风气。

然而，在中国市场经济发展的今天，许多人更崇尚的是要"小聪明"而非诚信。正是因为这种崇尚"小聪明"的社会风气，使得人与人之间的信用链条断裂，最明显的表现就是彼此防范、戒备，缺乏应有的安全感。

三、加强诚信修养

诚信修养是通过个体修养，把诚信规范由他律转化为自律，从而培养成优良的诚信品德的一种自主活动。

（一）大学生的诚信情况现状

家庭、学校和社会的多种途径的中华民族传统美德教育，特别是近年来"八荣八耻"以及社会主义核心价值观的宣传教育，使大学生普遍树立起了诚信意识，在学习生活、人际交往、集体活动和社会实践中，他们中的大多数能做到诚实守信，但是也不排除有少数大学生存在诚信缺失的问题。例如，有的人表里不一、人前人后判若两人，表现在口口声声标榜自己是个遵纪守法、爱护公物、懂文明、讲礼貌的大学生的同时，生活中路见师长却视若无睹，乱丢垃圾，在课桌、寝室、厕所乱写乱画，食堂里吃饭时剩饭剩菜等；在学习中少数人平时不努力，紧要关头弄虚作假，考试作弊、抄袭作业、论文剽窃他人成果等；一些接受助学贷款的学生，在有了偿还能力后恶意拖欠贷款，迟迟不还；还有的大学生在诚信道德修养上实行双重标准，一方面对别人的不诚信行为口诛笔伐、深恶痛绝，另一方面自己却又不身体力行，甚至还屡有失信行为。

（二）加强诚信修养的途径

1. 认真学习马克思主义理论，提高修养的自觉性

马克思主义的人性观认为人性的善恶并非先天的，也不是一成不变的，而是由一定的社会关系决定的。换言之，人的本性具有可塑性。认真学习马克思主义理论，就能使我们提高诚信修养的自觉性，增强获得诚信品质的信心。

2. 在实践中践行诚信品质

大学生应该在基础文明建设中培养良好的日常行为习惯；在校园文化活动中提升自己的诚信意识；在学校和班集体活动中坚定诚信信念；在社会实践中磨炼自己的道德意志，升华道德情感。

3. 做到慎独

做到慎独，即在一个人独处、无外在监督的情况下，仍坚守自己的道德信念，自觉按照道德要求行事，不因为无人监督而产生有违道德规范的思想和行为。其要义在于反对社会生活中的双重人格和两面行为。慎独强调了个体内心信念的作用，体现了严于律己的道德自律精神，不管在人前人后，都能做到"勿以善小而不为，勿以恶小而为之"。

第四节　竞争意识

导入案例

美国 Viacom 公司的董事长萨默·莱德斯特在 63 岁的时候做出建立一个大型娱乐项目的决定，并最终建立了一个庞大的商业娱乐帝国。一个 63 岁的老人，在大多数人看来是安享晚年的时候，却选择了让自己回到工作中来。他的工作日和休息日、个人生活与公司之间没

有任何的界限，有时甚至一天工作24小时。

肯德基创始人桑德斯上校65岁开始创业，在被拒绝了1 000多次后，桑德斯上校终于凭借自己的坚韧使自己的形象遍布全世界。

华德·迪士尼为了实现建立"地球最欢乐之地"的梦想，四处向银行融资，都遭到了拒绝，每家银行都认为他"疯"了。今天，全球每年有上百万游客在"迪士尼乐园"享受欢乐。

类似的例子不胜枚举。他们的工作热情从何而来？这些手握巨额"薪水"的最富有之人，不但每天工作，而且工作起来精力充沛，不惜时不惜力，他们这样做的动力是"薪水"吗？萨默·莱德斯特说得好："实际上，钱从来不是我的动力。我的动力是对于我所做的事的热爱，我喜欢娱乐业，也喜欢我的公司。我有一种愿望，要实现生活中最高的价值，尽可能地实现。"他激励自己的名言是："不断地突破自我、实现自我，让自己的一生都过得精彩，让自己每一天的工作都充满热情。"

一、竞争和竞争意识

（一）竞争的含义

《辞海》对竞争的释义为互相争胜；《现代汉语词典》对竞争的解释是为了自己方面的利益而跟人争胜。

竞争是存在于大自然和人类社会的普遍现象。人类就是在竞争中求生存、求发展的，竞争推动了人类社会的进步。没有竞争的压力，就没有拼搏求胜的动力。在职业生涯中，一个人的职业素养的优劣是竞争胜败的决定因素。

竞争的结果就是优胜劣汰。在竞争中，希望与风险并存。面对一个又一个的竞争，任何人都不可能是永远的获胜者，因此要理性对待竞争，做到胜不骄、败不馁。

（二）培养竞争意识

竞争意识就是承认现实社会客观上处在竞争之中，要求人们任何时候都要有紧迫感，不能安于现状。美国富兰克林人寿保险公司前总经理贝克曾经这样告诫他的员工："我劝你们要永不满足，这个不满足的含义是指上进心的不满足。这个不满足在世界的历史中已经导致了很多真正的进步和改革。我希望你们绝不要满足。我希望你们永远迫切地感到不仅需要改进和提高自己，而且需要改进和提高你们周围的世界。"这样的告诫对于我们每个职场人士来说，都是必需的、中肯的。

1. 竞争无时不在、无处不有

竞争是时代发展的永恒主题，当我们选择了发展，也就选择了竞争。所以，培养和提升竞争意识，是大学生自身发展和社会发展的需要。

在未来的工作中，每天都会有思维活跃、能力超强的新人或者经验丰富的业内资深人士，不断涌入你所在的职场，你其实每天都在与很多人竞争。因此，时刻拥有进取心，追求更高的目标，不断提升自己的价值和竞争优势，才能不被日益进步的社会和不断更新的工作所淘汰。诺贝尔文学奖获得者拉迪亚德·吉卜林说："弱肉强食如同天空一样古老而真实，信奉这个原理的狼就能生存，违背这个原理的狼就会死亡。这一原理就像缠绕在树上的蔓草那样环环相扣。"

2. 竞争可以提高人的进取心和责任感，激发人的创造性和潜能

人生如逆水行舟，不进则退。不求上进，你必然要被别人所替代。在这个竞争异常激烈的时代，如果没有危机意识，又缺乏竞争意识，是很难逃脱被淘汰的命运的。现实社会没有"世外桃源"，人人都会在不同时期置身于不同的竞争中，不在竞争中胜出，就会在竞争中落后。

竞争是一种无形的动力，推动着参与竞争的人们不断进步。即使你现在已经取得了不错的成绩，也不能自我满足。只有不断超越，才能精益求精、不断进步。一个人如果从来不为更高的目标做准备的话，那么他永远都不能超越自己，也必将被淹没在竞争的大潮中。福特说："一个人若自以为有很多的成就而止步不前的话，那么他的失败就在眼前。"

【案例】　黛安妮是美国一家大型时装企业的创始人。23岁时，她用从父亲那里借来的3万美元开了一家时尚服装设计公司。之后，她将自己的公司发展成了一个庞大的时装企业，年均销售额达200万美元。接着，她又办起一家化妆品公司，还同其他公司合作，用她的名字做商标生产皮鞋、手提包、围巾和其他产品。黛安妮只用了5年时间就完成了这一切。

黛安妮认为，有一种不断前进的欲望在推动着她。"当我朝着一个目标努力时，这个目标又将我带到一个新的高度，使我踏上了一条通往开辟新生活的道路。"

可见，杰出人物从不满足于现有的状况，随着他们的进步、眼界的开阔，他们的进取心会逐渐增长。例如，对比尔·盖茨来说，如果他仅希望开一家小公司赚点钱，那么他20岁时就实现了这个目标；如果他仅满足于成为世界上最有钱的人，那么他32岁时也已实现了这一目标。如果他没有超越自我的志向，他在年轻的时候就可以醉心于自己的伟大成就而举步不前了。

竞争是市场经济发展的重要特征之一。市场经济是法治经济、契约经济，也是竞争经济。竞争是市场经济赖以生存和发展的永恒动力。美国管理大师唐纳·肯杜尔说："自从做生意以来，我一直感谢生意上的竞争对手。这些人有的比我强，有的比我差；不论他们行与不行，都使我跑得更累，但也跑得更快。事实上，脚踏实地的竞争，足以保障一个企业的生存。由于竞争，我们的工厂更具现代化，员工受到更多的训练，生产规模随之扩大。"

二、努力提高竞争力

职场竞争乃至人生竞争，都要与NBA遵循同样的法则——要么卓越，要么出局。追求卓越，做到最好——最好的思想、最好的员工、最好的产品、最好的服务，才能打败竞争对手。管理大师易斯·B·蓝博格的哲学是："不要退而求其次。安于平庸是最大的敌人，唯一的办法是追求卓越。"大学生只有不断超越自我，提高自己的实力，才能在职场中立于不败之地。

（一）培养危机意识

当今社会的就业形势是"能者上，平者让，庸者下"，竞聘上岗，优胜劣汰，在职人员稍有懈怠，随时都有失业的可能。职场人员如果缺乏这种忧患意识和危机感，不好好珍惜所拥有的一切，对工作敷衍了事、安于现状、不思进取，那么不但不可能加薪升职或有更好的发展和机会，而且连工作都可能无法保住。正所谓"今天工作不努力，明天努力找工作"，这个道理对于企业同样适用。

【案例】　美国施乐公司曾经是世界知名的大企业之一，该公司的辉煌源于20世纪最伟大的发明——静电复印技术。凭借这项伟大的发明，施乐公司从1962年起就跻身全球500强企业的行列，成为世界复印机行业的龙头老大。但是，就是这样一家实力雄厚的龙头企业，最后却被竞争对手无情地击败了。施乐公司在复印机市场上凭借静电复印技术久居龙头老大的地位，慢慢地迷失了自己，失去了方向，新产品的研发日趋缓慢，最终被其他企业超越。当计算机开始普及的时候，传统的复印机已经不能适应互联网时代的新型办公要求，然而此时的施乐公司还沉浸在自己已经逐渐逝去的辉煌中，一门心思地生产传统复印机。就在这个时候，日本佳能公司则不断努力开发出迎合市场需求、颇受现代新型企业欢迎的中小型数码复印机。数字化时代的提前到来，使还没做出反应的美国施乐公司遭遇了生存危机。2000年，施乐牌复印机在美国市场已经失去了1/3的份额，而佳能公司则坐上了美国复印机市场的头把交椅。2000年年底，施乐公司以5.5亿美元的价格将施乐中国公司卖给了日本富士公司。在施乐公司走向衰落之时，公司CEO说的一段话耐人寻味，他说："施乐公司不是输给了日本企业，而是输给了自己。我们在辉煌中沉浸了太久，迷失了自己，不研发新产品，不看市场的变化发展，最后我们完败给日本企业。"

从美国施乐公司的故事中我们可以看出，职场竞争从来都是激烈无比的。危机意识的丢失对于企业来说无疑是一种致命的危险。同样，对于职场上的每一个人来说，没有危机意识和竞争意识，也会让自己迷失努力的方向，从而被别人轻松超越，直至被淘汰。

（二）提高职业素养

个人的竞争能力不是单纯的争强好胜，它既要求个人有旺盛的竞争意识，更要有良好的职业素养。激烈的就业竞争主要是职业素养的竞争。因此，大学生在校期间就要确定职业目标，学好专业理论知识和技能，强化职业能力等显性职业素养。此外还要重视职业道德、职业意识、心理素质、沟通能力和团队精神等隐性职业素养的提升。因为在职场中，与显性职业素养相比，隐性职业素养能够在更广阔的行业领域，更加有效和持久地发挥作用。

（三）做到知己知彼

为了增强自己的竞争力，提高竞争取胜的把握，就必须做到知己知彼，既要了解自己的优势和劣势，又要了解对手和环境条件（时间、地点、政策、人际关系等）。

所以，在就业竞争中，每个人都应该根据个人的优势、劣势和用人单位的招聘要求去实现人职匹配，以求成功择业；在职场人员发展的竞争中，能否做到知己知彼，关系到工作绩效的高低和个人发展前景的好坏。在知己知彼基础上制定的职业生涯规划和职业发展目标，由于符合主客观情况而切实可行，具有较高的成功率。在与同行的竞争中，如果真正了解彼此的长处和短处，就会扬长避短、取长补短，从而保证自己在竞争中处于优势地位，提高成功的机会。

（四）正确处理竞争与合作的关系

随着社会分工越来越细，科学知识也在纵向深入发展，一个人已经不太可能成为百科全书式的人物，每个人都要借助他人的智慧来完成自己人生的超越。因此，团队合作就成了一种无法替代的现代工作方式与职业需求。于是，这个世界既充满了竞争与挑战，也充满了团结与合作。据统计，诺贝尔奖项中，因合作获奖的占三分之二以上。在诺贝尔奖设立的前

25 年，合作获奖的占 41%，而现在则高达 80%。

可见，竞争与合作是相伴而行的。竞争离不开合作，竞争获得的胜利，通常是某一群体内部或多个群体之间通力合作的结果；合作也离不开竞争，竞争促进合作的广度和深度，合作又反过来增强竞争的实力。正是这种竞争中的合作和合作中的竞争，推动着人类社会不断发展和进步。因此，即将步入职场的大学生一定要协调好竞争与合作的关系，既要有竞争意识，还要有团队合作精神。

知识拓展

任长霞：堂堂正正做人，踏踏实实做事。

任长霞，1983 年参加公安工作以来，忠实履行人民警察的神圣职责，在平凡的岗位上做出了不平凡的业绩，荣获各种荣誉称号 40 余次。

任长霞曾荣立个人一、二等功各 1 次、三等功 4 次，荣获全国"五一劳动奖章""全国青年岗位能手""中国十大女杰""全国三八红旗手""全国优秀人民警察""河南省优秀人民警察"等称号 40 余次。

在郑州市公安局工作期间，任长霞兢兢业业，顽强拼搏，带领民警先后摧毁多个黑恶势力犯罪团伙；2001 年 4 月到登封市工作后，她带领民警不断破获大案要案，妥善处理信访案件，关心照顾弱势群体，资助贫困辍学学生，供养无依无靠孤儿，为人民群众做了大量好事、实事，赢得了人民群众的热爱和拥戴。她始终恪尽职守，克己奉公，把全部精力和生命奉献给了她所挚爱的公安事业。

李新民：嘴上说得"亮"，不如手上干得"实"。

李新民，1990 年毕业于大庆石油学校钻井工程专业，现任 GW1205 钻井队海外项目经理。参加工作以来，他始终以"铁人"老队长为榜样，继承发扬大庆精神、"铁人"精神，不断用科学文化知识武装头脑，努力提高自身素质，带领队伍不断创出新业绩，成功打入国际钻井市场，充分展现了"铁人"的风采，使"铁人队"旗帜在海外高高飘扬。他先后荣获大庆石油管理局劳动模范、优秀共产党员、杰出贡献职工、黑龙江省"五一劳动奖章"、中国石油天然气集团公司"十大杰出青年"、中央企业劳动模范。李新民将继承和发扬"铁人"精神当作自己的使命，爱岗敬业，无怨无悔。

李素丽：全心全意，尽职尽责。

李素丽，北京人，1981 年参加工作，1984 年加入中国共产党，先后在北京市第一客运分公司 60 路、21 路当售票员，1998 年到北京第一客运总公司及"李素丽热线"工作，2000年被评为"全国劳动模范"。李素丽在近 20 年的售票工作中，用真情架起了一座与乘客相互理解的桥梁，把微笑送到四面八方，赢得了广大乘客的尊敬和爱戴。她刻苦学习文化知识，认真学习英语、哑语，并努力钻研心理学、语言学，利用业余时间考察行车路线周边的地理环境，潜心研究各种乘客的心理和要求，有针对性地为不同乘客提供满意周到的服务。老幼病残孕，怕摔怕磕怕碰，李素丽搀上扶下；"上班族"急着上班，李素丽尽量让他们上车；外地乘客容易上错车或坐过站，李素丽及时提醒他们；中小学生天性活泼，李素丽提醒他们在车上遵守公共秩序，下车后注意交通安全。李素丽习惯在车厢里穿行售票，车里人多，一挤一身汗，可她说："辛苦我一个，方便众乘客。"

本章小结

在日益激烈的竞争时代，社会的竞争就是人才的竞争，人才的竞争最终取决于人才的职业素养的竞争，而健康的职业意识则是职业素养的核心部分，因为它可以统领职业生涯，对职业生涯起到调节和整合的作用。事实证明，职场中职业意识强的人在职场活动中会表现出较强的主观能动性，有助于职业兴趣的产生和职业抉择，有助于成功择业和提高职业满意度，有助于职业生涯的顺利发展；相反，缺少健康、积极的职业意识的人常常会表现出好高骛远、拈轻怕重、见利忘义、自私自利、推卸责任、不思进取等不利于职场发展甚至将影响整个人生发展的弱点。

问题与思考 ▶▶▶

1. 请举例说明具备责任意识和敬业意识的重要性。
2. 试述职场新人培养诚信意识和竞争意识的方法和途径。

职业道德

知识目标：

1. 了解社会主义职业道德的内容。
2. 掌握敬业的含义。
3. 掌握诚信的定义。
4. 了解遵守诚信的四大原则。

技能目标：

1. 树立职业道德对我们日常工作学习有什么积极意义。
2. 如何成为一个具有职业道德的人。

第一节　职业道德概述

导入案例

船长的职业道德

1912 年 4 月 15 日，英国超豪华邮轮"泰坦尼克号"因在大西洋上航行时撞上冰山而不幸沉没，船上的 2 201 人中仅有 711 人获救。从碰撞到沉没的 3 个小时内，"泰坦尼克号"船长爱德华·史密斯沉着镇定，指挥人们有条不紊地撤退。最后时刻他拒绝登上救生船，和"泰坦尼克号"一起沉没在大洋之中。人们为了纪念他，在他的纪念碑上面刻着："英雄的死亡，勇敢的一生。"

为什么史密斯船长有机会逃生却不走？这其实和西方航海传统有关。海上航行风险莫测，遭遇各种风险不足为奇，因此需要所有船员以船长为核心紧密团结，才能共同战胜困难、赢得生存。茫茫海洋上，船长就是主心骨，他的一举一动关系到大家的安危，责任重大。几千年的航海活动延续到近代，就形成了这样一条不成文的规则。当发生海难，船只沉没时，船长必须是最后一个离开船的人，这就是船长的职业道德。在卡梅隆导演的电影《泰坦尼克号》里，我们不但目睹了史密斯船长与船同存亡的壮举，而且看到这艘船的设计者托马斯·安德鲁斯也放弃了逃生机会、平静地等待死亡降临的震撼一幕。他们之所以这样做，一方面是由于他们的职业道德和操守，另一方面，他们自己也清楚，如果他们不顾乘客死活而先逃命的话，即使活下来，也会受万人谴责，生不如死。

之所以有"船长最后一个走"的职业规定，那是因为在遭遇事故时，没有人比船长更了解自己的船舶结构和人员，不管是组织疏散、维持秩序，还是寻求救援、联络接应，都需要船长这个最高领导坐镇指挥。其次，在"船长最后一个走"规定的约束下，船长不敢拿船舶安全当儿戏，航行时候务必小心谨慎，依靠自己的智慧和经验，率领船员完成顺利远航。船长很清楚，自己肩负的责任最大，如果不好好开船，万一发生事故，自己生还的概率最小，为了自己，也为了船员，他必然全力以赴。最后试想一下，如果没有"船长最后一个走"的职业规定，那么还会有多少船长认真指挥开船？也许有的船长就会这样琢磨，万一发生事故翻船了，大不了我先逃就是了。当然，"船长最后一个走"不是说船长的生命不重要，而是强调船长要坚守岗位，将乘客的安全放在第一位。这不是一种道德强迫，而是这个职业的道德要求。在选择船长这个职业前，大家需要认真考虑，如果能接受这条规定，那就当个好船长，如果接受不了，那就选择其他职业。

据报道，2012 年，意大利邮轮"协和号"在吉利奥岛附近触礁搁浅，船长弗朗切斯科·斯凯蒂诺弃船逃跑。搁浅事故造成 17 人死亡，斯凯蒂诺逃跑时，船上依然有 300 多名乘客。最后，斯凯蒂诺因多项过失杀人罪被判入狱 15 年；因引发邮轮失事被判入狱 10 年；此外，他还为因触礁事件死难的 30 多名乘客和被其抛弃的 300 名乘客中的每一个人承担 8 年的监禁。因此，他总共应当被判处 2 697 年监禁。2014 年，韩国"世越号"客轮在韩国全罗南道珍岛郡近海发生沉船事故，造成 295 人遇难、142 人受伤，9 人下落不明。69 岁的船长李俊锡作为此艘客轮的代理船长，在船只开始浸水时，不顾乘客安危，首先弃船逃生。韩国光州地方法院判李俊锡犯有遗弃致死致伤罪和违反船员法罪，被判刑 36 年，他将在监狱里度过余生。可见，"船长最后一个走"的职业道德已经被人们广泛接受，并且影响到了职业法律的制定。

一、职业道德概述

恩格斯指出，在社会生活中，"实际上，每一个阶级，甚至每一个行业，都有各自的道德。"这里所说的每一个行业的道德就是职业道德。所谓职业道德，就是指从事一定职业的人在职业活动中应当遵循的具有职业特征的道德要求和行为准则。在现代社会中，职业道德通常以"准则""守则""条例"等形式表现，主要用于说明哪些行为是被允许的，属于道德的行为；哪些行为是不被允许的，属于不道德的行为。

从来源上看，职业道德随着劳动分工的出现而逐步形成，又随着分工的发展而不断发展。比如伴随着淘宝卖家、快递员、网模等新兴职业的出现，新的职业道德要求也随之产生。从形式上看，职业道德是一般社会道德的特殊形式，是社会道德的一个有特色的分支。党的十七大把社会道德分成社会公德、职业道德、家庭美德和个人品德四个部分。从内容上来看，各行各业形成了各具特色的职业道德。如不做假账是会计的职业道德，救死扶伤是医生的职业道德，诲人不倦是教师的职业道德，为官一任、造福一方是官员的职业道德，发生灾难时最后离船是船长的职业道德等。

职业道德是职业素养的重要组成部分。职业素养是从业者在职业活动中表现出来的综合能力与品质，包括了职业技能、职业价值观、职业习惯、职业形象、职业道德等。职业道德本身又涵盖了职业态度、职业荣誉、职业作风、职业良心、职业义务等内容。另外，需要注意的是，职业道德和职业法律既紧密联系又相互区分。两者虽然都是关于职业的具体要求和明确规范，在职业活动中都发挥着积极的作用，但是两者的作用方式有着显著的区别。职业法律是从事一定职业的人在履行本职工作的过程中必须遵循的法律规范。这是通过国家强制力来保障实施的行为规范，对职业活动具有更强的约束力。而职业道德主要依靠社会舆论、内心信念和传统习俗来维系，属于应当做但不是必须做的一种行为规范。现代社会，职业道德与职业法律之间的相互交融日益凸显，一些原有的职业道德上升转化为职业法律，从而获得了更大的普遍性和权威性，另外，职业法律也影响着职业道德的制定与完善。

即将踏入职场的大学生群体对职业道德的认识究竟处于何种程度？

2015 年 1 月 29 日《光明日报》报道，根据 75 所部属大学公布的 2014 大学生就业率分析报告指出，用人单位比较重视毕业生的个人能力、道德修养及面试表现，其次是学习成绩、实习经历、身体心理素质和性格特点等，对于性别、学校名气、学历层次等条件的重视程度有所降低。报告结果还显示，90% 的用人单位对北京大学的毕业生表示"满意"或"很满意"，但认为大学毕业生在实践能力、时间管理能力、集体意识和纪律意识等方面仍有待提高。"集体意识"是目前大学生急须提高的一个重要方面。

类似的统计情况还有：2007 年 12 月 10 日新华网报道，山东人才网对 200 家用人单位的人事主管的调查发现，用人单位的人事主管在挑选大学毕业生时，看重的因素依次是责任感、团队协作精神、进取心、灵活应变能力、表达能力、独立性、自信心、承受压力能力、待人接物能力、在专业领域的特殊才智等。有责任感的大学毕业生在求职时最受欢迎。很显然，用人单位非常看重大学毕业生的职业道德素质。

然而，相当一部分大学毕业生没有清楚地认识到用人单位对职业人才的职业道德要求。他们初次踏入职场，考虑的因素往往与用人单位的要求不一致甚至相差甚远。英才网的调查显示，57% 的"90 后"大学毕业生找工作时首先考虑的是个性化的工作氛围，43% 的"90 后"大学毕业生择业时看重薪酬，38% 的"90 后"大学毕业生找工作时以符合个人的兴趣爱好为主。大学毕业生择业时会首先考虑环境、报酬、兴趣等，但几乎没有人意识到职业道德在职场中的重要地位。

由此可见，用人单位对人才的要求和大学生的求职认识存在着偏差，这就需要大学生转变观念、调整发展方向。用人单位要求一个刚毕业的学生既有高学历，又有社会经验，工作能力还很强，这几乎是不可能的。所以用人单位主要关注大学生的职业态度、职业道德，看他是否工作认真负责、是否有敬业精神。只要具备这些特点，经过培养，大学生都能成为人才。正如蒙牛创始人牛根生所言："有德有才，破格重用；有德无才，培养使用；有才无德，限制录用；无德无才，坚决不用。"

二、社会主义职业道德的内容

职业道德具有时代性和历史继承性，在不同的历史时期有不同的职业道德要求。在历史上不同时期产生的一些带有道德蕴含的行规，可以看作最早的职业道德的表现形式。在资本主义时代，机器大工业带来了社会分工的发展，促成了职业的大分化。职业的发展推动了职业道德的进步，职业道德的种类迅速增加并且在内容上逐渐定型，职业道德的调控作用也得到了强化，成为职业活动的有机组成部分，甚至上升到了制度和法律的层面。

社会主义制度的建立为职业道德的发展提供了更为广阔的空间，职业道德也由此进入了新的发展阶段。在社会主义条件下，职业成为体现人际平等、人格尊严和个人价值的重要舞台；尽管职业的分工还受到生产力发展水平的制约，但由于各种职业利益同社会的整体利益从根本上说具有一致性，因而从业者之间以及从业者与服务对象之间不存在根本的利益矛盾。职业和岗位的不同，只是分工的差别，而没有地位高低、贵贱之分。社会主义的职业道德体现了以为人民服务为核心、以集体主义为原则的社会主义道德要求，同时汲取了传统职业道德的优秀成分，体现了社会主义职业的基本特征，具有崭新的内涵，其基本要求是：爱岗敬业（乐业、勤业、精业）、诚实守信（诚信无欺、讲究质量、信守合同）、办事公道（客观公正、照章办事）、服务群众（热情周到、满足需要、技能高超）、奉献社会（尊重群众利益、讲究社会效益）。

（一）爱岗敬业

职业不仅是个人谋生的手段，也是从业者完成自身社会化的重要条件，是个人实现自我、成就事业的重要舞台。爱岗敬业所表达的最基本的道德要求是：干一行爱一行，爱一行钻一行；精益求精，尽职尽责；"以辛勤劳动为荣，以好逸恶劳为耻"。爱岗敬业不仅是社会对每个从业者的要求，更应当是每个从业者的自我约束。爱岗敬业的要求见表3－1。

表3－1　爱岗敬业的要求

内容	基本要求	更高要求
乐业	对工作抱有浓厚兴趣，倾注满腔热情	把工作看作一种乐趣，看作生活中不可缺少的内容，并在艰苦奋斗后，取得成就时，感到无比的兴奋和快乐
勤业	具有忠于职守的责任感，认真负责、心无旁骛、一丝不苟、刻苦勤奋	遇到困难不轻言放弃并不懈努力，具有战胜困难的工作精神
精业	对本职工作业务纯熟、精益求精，力求不断提高自己的技能，使工作成果尽善尽美	不断有所进步、有所发明、有所创造

（二）诚实守信

所谓诚实，就是忠诚老实、不讲假话。所谓守信，就是信守诺言、说话算数、讲信誉、重信用、履行自己应承担的义务。其基本要求见表3－2。

表3－2　诚实守信的基本要求

内容	基本要求	反对
诚信无欺	市场交易中，卖方要做到货真价实、明码标价、合理定价，提供真实的商品信息	反对和杜绝各种各样的欺骗服务对象的职业行为

续表

内容	基本要求	反对
讲究质量	把质量放在第一位，以质量求生存、以质量求发展	不以次充好，不生产、销售假冒伪劣产品
信守合同	签订合同时，诚心诚意、认真负责，履行合同时，一丝不苟、不折不扣。如遇困难或意外，应想办法克服。不能履约，应承担相应的责任	不以欺诈、强迫等不平等方式签订合同，不随意违约、毁约

（三）办事公道

公道就是公平、正义。办事公道是指从业人员在职业活动中要做到公平、公正，不谋私利，不徇私情，不以权害公，不以私害民，不假公济私，恰如其分地对待人和事。办事公道是为人民服务必不可少的条件，是提高服务质量的基本保证。其基本要求见表 3 – 3。

表 3 – 3　办事公道的基本要求

内容	基本要求
客观公正	在办理事情、解决问题时，要客观地判断事实，重视证据，公正地对待所有当事人，不偏袒某一方，更不能作为某一方的代表去介入
照章办事	严格按照章程、制度办事，不打折扣，不徇私情；待人公平，以人为本，理解人、尊重人，不以好恶待人，不以貌取人，不以年龄看人

（四）服务群众

所谓服务群众就是在职业活动中一切从群众的利益出发，为群众着想，为群众办事，为群众提供高质量的服务。服务群众是为人民服务在职业活动中最直接的体现。其基本要求见表 3 – 4。

表 3 – 4　服务群众的基本要求

内容	基本要求
热情周到	为服务对象考虑周全、细致，不怕麻烦，使服务对象有"宾至如归"的感受
满足需要	心中装着群众，急群众所急，想群众所想，充分尊重群众的意愿，以群众的需要作为自己的工作需要，满足群众提出的合理、正当的要求
技能高超	勤学苦练，不断提高服务技能，使服务工作尽善尽美

（五）奉献社会

奉献社会，就是要求从业人员在自己的工作岗位上树立起奉献社会的职业理想，并通过兢兢业业的工作，自觉为社会和他人做贡献，尽到力所能及的责任。这是社会主义职业道德中最高层次的要求，体现了社会主义职业道德的最高目标指向。其基本要求见表 3 – 5。

表3-5　奉献社会的基本要求

内容	基本要求
尊重群众利益	反对形式主义、官僚主义、享乐主义和奢靡之风，充分维护群众的利益，倾听群众的呼声，将以人为本的理念融于社会管理的制度设计和执行中
讲究社会效益	公共生活中爱护公共设施，积极参加公益活动，倡导无私奉献精神

思考：当你逛商场、到饭店就餐、外出旅游时，服务人员的哪些行为让你感到愉快？哪些行为让你感到反感甚至愤怒？请把其中的经历记录下来并填入表3-6中。

表3-6　服务感受及原因分析

感受	经历	原因分析
让我感到愉快的服务行为		
让我感到反感的服务行为		

第二节　敬业与忠诚

导入案例 ///

　　或作为题目不少大学生利用暑假做兼职，期待通过兼职积累经验、提升能力，并为未来的就业增加筹码。芝罘区一家快餐店招了两名暑期工，而两人的突然辞职，让快餐店陷入左右为难的境地。"说好干两个月，现在刚干满一个月就要辞职，这让我们去哪里再找员工顶替他们？"快餐店的负责人张经理说："每年店里为了应对旅游旺季，都会招聘两名暑期工，今年6月招了两名学生，在店里为客人点单、上菜。招聘的时候说好必须要干满两个月，其中一名学生琳琳（化名）工作到第12天的时候，就说要结算工资，不再干了。我当时和琳琳聊了很久，告诉她工作要有始有终、要懂得坚持，还告诉她必须干满一个月才能领到工资和奖金。"聊过之后仿佛见了效果，两名学生都没再提辞职的事。可是让人意想不到的是，7月25日，两个人领到第一笔工资后却突然双双提出了辞职。

　　"同学聚会要请假，身体不舒服要请假；路上堵车会迟到，等不到公交还会迟到。"张经理说，考虑到两人都是还未涉足社会的学生，平日里对这些细节从不会过多苛责，可这次两人突然一起辞职，是真的让他郁闷了。

　　张经理告诉记者，当时想着给学生们一个锻炼的机会，还考虑到学生的沟通能力比多数打工者强才雇了两名学生。两人辞职后，到了饭点儿现有店员实在忙不过来，可一时又找不到合适的人顶替。张经理说："许多学生做兼职是心血来潮，觉得自己得到锻炼了，就说走就走，完全不考虑用人单位的处境。学生们需要锻炼的不只是'吃苦'，需要提升的也不只是经验和能力，更重要的还要增强责任感。不少同行都不愿意接纳兼职学生的原因大多在此，觉得找学生当暑期工是'自找麻烦'。"

　　讨论：分析企业招聘暑期兼职学生成为"自找麻烦"现象的原因。

一、敬业的含义

敬业是社会主义职业道德的一项基本要求，是职场人士必须具备的一种最基本的职业道德。所谓敬业就是用一种严肃认真的态度对待自己的工作，勤勤恳恳、兢兢业业，忠于职守，尽职尽责。中国古代思想家历来提倡敬业精神，孔子称之为"执事敬"，朱熹解释敬业为"专心致志，以事其业。"敬业主要体现在两个方面：一是敬业的精神，表现为满腔热忱、精益求精、忠心耿耿的工作使命感、职业责任感及崇高的事业心；二是敬业的行为，表现为埋头苦干、任劳任怨，一丝不苟地履行工作职责，完成工作任务。

为什么要敬业？近代著名思想家梁启超在《敬业与乐业》这篇文章中提问到："业有什么可敬的？为什么该敬呢？"他总结两点原因：首先，人不仅是为了生活而劳动，也是为劳动而生活。劳动、做事就是人的生命的一部分，因此敬业本来就是我们生命中的组成部分。可以说，人生来就需要敬业，生来就可以做到敬业。其次，无论何种职业都是神圣的。农民的精心耕作使土地获得丰收，体现了他的价值；工匠独具一格的灵巧手艺体现了他的价值；艺术家辛勤地创作完美的艺术作品，这是他的价值体现。敬业能够最大限度地实现每个职业的最大价值，使职业没有高低、贵贱之分。

从个人角度来看，职业是个人获取生活来源、扩大社会关系和实现自身价值的重要途径。一个人的一生，大部分时间在工作，这是物质生活的需要，也是精神生活的需要。有了工作才有生活来源，如果一个人不敬业，那么就没有单位愿意聘用他，他就没有了衣食之源、生存之本。但工作并不仅仅是为了满足简单的物质需要，更重要的是为了满足在工作中实现自我、超越自我的精神需要。从社会角度来看，社会是建立在不同职业的人们努力创造的基础之上的，它的存在和发展离不开人们的职业活动。只有每个人都能做到爱岗敬业、尽职尽责、忠于职守，每个岗位上的事情都办得出色到位，社会才能更加和谐美好。

二、忠诚的价值

在一项对世界著名企业家的调查中，当问到"您认为员工最应具备的品质是什么"时，这些企业家无一例外地选择了"忠诚"。

忠诚，广义上指对所发誓效忠的对象（国家、人民、事业、上级、朋友、爱人、亲人等）真心诚意、尽心尽力、没有二心。忠诚代表着诚信、守信和服从。忠诚与敬业往往是职场中最值得重视的美德，两者关系密切、融为一体。忠诚是敬业的基础和前提；敬业是忠诚的必然结果。美国 IBM 公司创始人托马斯·沃森对员工说过："如果你是忠诚敬业的，你就会成功。只要热爱工作，就会提高工作效率，忠诚敬业和努力是融合在一起的，敬业是生命的润滑剂。"

拿破仑说过：不忠诚的士兵，没有资格当士兵。同样，不忠诚的员工，也没有资格当员工。每个企业的发展和壮大都是靠员工的忠诚来维持的，如果所有的员工对企业都不忠诚，那么这个企业的结局就是破产，那些不忠诚的员工自然也会失业。只有所有的员工对企业忠诚，才能发挥出团队力量，才能凝成一股绳，劲儿往一处使，推动企业走向成功。同样，一个员工，也只有具备了忠诚的品质，才能取得事业的成功。忠诚意味着对国家、企业、老板、同事都要忠诚。你忠诚于国家，因为你热爱祖国，国家给了你安全和保障；你忠诚于企业，因为企业为社会创造财富，给你提供了发展的平台；你忠诚于老板，因为老板给你提供了就业的机会，你对老板心存感恩；你忠诚于同事，因为你发自内心地信任你的同事，和他们互助互爱。

在当今竞争激烈的年代，许多年轻人以玩世不恭的态度对待工作，他们频繁跳槽，觉得自己工作是在出卖劳动力；他们蔑视敬业精神、嘲讽忠诚，将其视为老板盘剥、愚弄下属的手段。员工对老板的忠诚，能够让老板拥有一种事业上的成就感，同时增强老板的自信心，使公司的凝聚力得到进一步的增强，从而使公司得以发展壮大。所以，很多老板在用人时不仅仅看重个人能力，更看重个人品德，尤其是品德中的忠诚。那种既忠诚又有很强工作能力的员工是每个老板都心仪的得力助手。

既忠诚又有能力的员工，不管到哪里都是老板喜欢的人，都能找到自己的位置。而那些三心二意、只想着个人得失的员工，就算他的能力无人能及，老板也不会委以重任。美国钢铁大王安德鲁·卡耐基认为，一个企业是否能够发展，关键在于员工是否对企业忠诚。他之所以能够建立起自己的钢铁王国，是因为他重用了这样一些人：勇于也乐于承担责任，甚至为了维护整个企业的利益而敢于违背上司命令的人。因为他相信这样的人是忠诚的。

【案例】

致加西亚的信

1899 年的一个傍晚，出版家阿尔伯特·哈伯德与家人喝茶时受儿子的启发，创作了一篇名为《致加西亚的信》的文章，刊登在《菲士利人》杂志上，杂志很快就告罄。到 1915 年作者逝世为止，《致加西亚的信》的印数高达 40 000 000 册，创造了一本图书在一个作家的有生之年的销售量的历史纪录。其后的 80 余年，该书被翻译成各种语言，传播到全世界。2000 年，这本书被美国《哈德森年鉴》和《出版商周刊》评为有史以来世界最畅销的书的第 6 名。

这本书讲的是这样一个故事：美西战争发生后，美国必须立即跟古巴的起义军首领加西亚将军取得联系。加西亚将军在古巴丛林里——没有人知道确切的地点，也无法写信或打电话给他。但美国总统必须尽快地获得与他的合作。怎么办呢？有人对总统说："有一个名叫罗文的人，有办法找到加西亚，也只有他才能找到。"他们把罗文找来，交给他一封写给加西亚的信。那个名叫罗文的人，拿了信，把它装在一个油布制的口袋里，将口袋封好、吊在胸口，划着一艘小船，于四天之后的一个夜里在古巴上岸，消逝于丛林中。三个星期之后，罗文从古巴岛那一边出来，已徒步走过危机四伏的国家，把那封信交给了加西亚。

他送的不仅仅是一封信，而是美利坚的命运，整个民族的希望。

这个送信的传奇故事之所以在全世界广为流传，主要在于它倡导了一种伟大的精神：忠诚、敬业、勤奋。

致《加西亚的信》虽然是本薄薄的小册子，但是，一百多年来此书所推崇的关于敬业、忠诚、勤奋的思想观念，却已经在全球的许多地方产生了深远影响。

问题：如果你是罗文，你能把信送给加西亚吗？你怎样把信送给加西亚？

三、敬业的实现

敬业如此重要，然而现实中，很多人缺乏敬业精神。2011 年 10 月，全球专业咨询服务公司韬睿惠悦发布的 2011 年中国员工敬业度调研结果显示，相比美国市场的员工敬业度及全球高绩效企业的员工敬业度，中国员工整体的敬业度偏低。从调研结果来看，中国员工对薪酬福利的满意程度一直不高，更重要的是，他们常感觉被工作压力困扰，很少感受到工作所带来的成就感，并且他们觉得工作所需要的信息很难获得，而公司往往也不肯花力气去了解他们的想法和意见。

2013 年 11 月，美国著名的调查咨询公司盖洛普发布了全球员工敬业度调查报告，结果显示：全世界仅有 13% 的员工的工作状态称得上敬业，而 87% 的员工在工作上并不怎么投入。中国员工的敬业度与 2009 年的调查相比有所提升，2009 年的调查结果显示中国仅有 2% 的员工工作敬业，到 2012 年这一数字上升为 6%，但仍然处于世界最差水平。调查还显示，无论工作者的教育背景或从业领域如何，中国各行各业的员工敬业程度都没有太大差别，都属于全世界最不敬业的员工，并且办公室的上班族中的敬业者的比例最小。

可见，在中国，员工的敬业度普遍不高已是不争的事实。要如何才能提高员工的敬业度？对此，员工至少要做到以下三点。

（一）首先要热爱自己的职业

爱岗与敬业的精神是相通的，是相互联系在一起的。爱岗是敬业的基础，敬业是爱岗的具体表现；不爱岗就很难做到敬业，不敬业也很难说是真正的爱岗。每个人都应该学会热爱自己的职业，并凭借这种热爱去发掘内心蕴藏的活力、热情和巨大的创造力。事实上个人对自己的工作越热爱，工作效率就越高。被誉为"世界上最伟大的推销员"的乔·吉拉德被问及如何成为一名好的推销员时脱口而出："要热爱自己的职业，不要把工作看成别人强加给你的负担，虽然是打工，但多数情况下，我们都是在为自己工作。只要是你自己喜欢，就算你是挖地沟的，这又关别人什么事呢？"

（二）要时刻以公司利益为重

敬业要求员工随时以公司利益为重，将公司利益与个人利益结合起来，为公司努力工作。有的人刚入职场时会有一种错觉，以为自己做事是为了老板、为他人挣钱。所以，他们就有了这种想法：反正是为别人打工，能混则混。于是他们不把工作当回事，心里总想着"差不多就行""混口饭吃"，甚至有些人还扯老板的后腿，背地里做些损害公司利益的事，没有任何职业道德。这表明，如果员工仅仅考虑个人利益，就容易变成为金钱而工作，就难以做到敬业。只有员工能够对公司负责，能够以公司利益为重，克服消极的"打工"意识和心态，为顾客提供高质量的产品和服务，才能真正做到积极主动、尽心投入、认真负责的敬业要求。

（三）要不断努力提高职业技能

平凡的职业也能依靠敬业做出不平凡的成绩。哪怕是普通的修鞋工作，不管是一个补丁还是换一个鞋底，敬业的鞋匠都会一针一线地精心缝补。敬业就是要求人们精益求精，把本职工作做到极致，发自内心地去追求更高、更完美的目标。正如美国黑人人权领袖马丁·路德·金曾经说的："如果一个人是清洁工，那么他也应该像米开朗琪罗绘画、像贝多芬谱曲、像莎士比亚写诗那样，以同样的心情来清扫街道。他的工作如此出色，以至于天空和大地的居民都会对他注目赞美：瞧，这儿有一位伟大的清洁工，他的活干得真是无与伦比！"

第三节　诚信与责任

导入案例 ///

大学生求职过程中的失信行为

2013 年被称为"史上最难求职季"，但大学毕业生面试爽约率再创新高、求职简历普遍存在"注水"现象，揭示了毕业生求职中普遍着存在失信行为。前程无忧网站发布了一份关于"应届毕业生面试爽约"情况的调查结果。数据显示，毕业生面试爽约率再创新高。在招聘时，四分之三的雇主遭遇超过 25%爽约率，近二成的雇主面临着超过 75%的面试爽约率。雇主们表示，从去年开始，公司被"放鸽子"的次数越来越多。

高爽约率的成因复杂多样。职位申请太多，答应的面试太多，安排不过来了是毕业生和雇主都认同的面试爽约理由。海投、海申这种广撒网的求职仍然是"90 后"大学毕业生求职的主要方式，但是对互联网越来越依赖的大学生在现实生活中的人际交往能力却呈现"退化"态势。此外，有的毕业生属于"骑驴找马"，不断申请面试、参加招聘会，主要是怕错过了更好的机会。甚至还有的毕业生发现地方不熟或路程较远，就干脆放弃了。

求职简历是毕业生奔走于各类招聘会和用工单位之间必不可少的"敲门砖"。但据记者调查发现，如今的大学生的求职简历普遍存在着"注水"的现象。为了争取录取机会，毕业生往往会在描述自己的在校生活、奖项荣誉、实习经历等内容时，不同程度地进行"虚拟"。毕业生们则表示"贴金"无可厚非，"适度夸大一些应该没什么问题吧！因为现在就业竞争那么激烈，别人都这么干，你不夸大很吃亏的。"

简历"注水"就像传染病，在大部分求职者中"传染"开来，让毕业生的就业诚信大打折扣。面对严峻的就业形势，大学生们个个希望自己能突出重围，因此，简历造假已成为一个"公开的秘密"。不少大学生认为，应聘者如果不把自己"夸大些"，就不会被用人单位重视，好单位是不会看上一个普通学生的。他们还认为其实大家的实力都差不多，但往往少一个"优秀"就会被用人单位遗弃。诚信的定义"诚"是"真实不欺"，"信"也是"真实不欺"。诚实侧重于对客观事实的反映是真实的，对自己内心的思想、情感的表达是真实的。守信侧重于对自己应承担、履行的责任和义务的忠实，毫无保留地实践自己的诺言。诚实和守信两者意思是相通的，是互相联系在一起的。诚实是守信的基础，守信是诚实的具体表现，不诚实很难做到守信，不守信也很难说是真正的诚信。

讨论：如何看待简历"注水"现象？

一、诚信的定义

（一）诚实守信是做人的准则

诚实守信是从业者步入职业殿堂的"通行证"，也体现着从业者的道德操守和人格力量，是从业者在具体行业立足的基础。一个人要想在社会立足、干出一番事业，就必须具有诚实守信的品德。在职业活动中，缺失了诚信就会失去人们的信任、失去社会的支持、失去成功和发展的机遇。那些弄虚作假、欺上瞒下、欺骗国家与人民的人，最终都会受到应有的惩罚。诚实守信是一种社会公德，是社会对人的起码要求。

（二）诚实守信是做事的基本准则

诚实守信不仅是做人的准则，也是做事的基本准则。诚实是我们对自身的一种约束和要求，讲信誉、守信用是他人对我们的一种希望和要求。诚信也能出效益，信誉和形象是企业的无形资产。如果一个从业人员不能诚实守信、说话不算数，那么他所代表的社会团体或是经济实体就得不到人们的信任，无法与社会进行经济交往，或是失去对社会的号召力。

（三）诚实守信是公民道德建设的重点

目前我国的社会主义市场经济体制还不完善，职业领域出现了一些不健康的现象。突出的表现之一，就是一些企业及其从业人员缺乏诚信，扰乱了市场秩序，给社会主义市场经济的顺利发展造成了阻碍。市场经济是信用经济，一旦违背了诚实守信的原则，不仅使正常的职业关系遭到破坏、利益遭受损失，而且还会破坏社会公正、损害个人或团体的形象，从而导致个人和社会的双输结局。

二、诚信的价值

诚信的价值就在于它是人的立身之本。

中国古人认为，人之为人的根本有二：一是孝悌；二是诚信。《论语》说："君子务本，本立而道生。孝悌也者，其为仁之本与!"又说："自古皆有死，民无信不立。"古人的思想世界中，君子的社会地位乃是高于一般的民众的，但他们都是生活在一个共同的现实世界中，同样地受到社会伦理关系的约束，必须遵守相关的伦理道德规范。相对于家国天下这一伦理维度而言，古代纲常伦理自然而然地强调家庭伦理，由家庭自然而然地推广到国家天下。因此，古人说："君子一定会踏踏实实地培养为人的根本，只有根本确立起来了，君子谋求的'道'才会产生。所以说，孝敬父母、友爱兄弟，才是君子为仁谋道的根本!"这就为家庭生活确立了道德伦理的规范和道德自觉。而当人的伦理实践走出家庭进入社会时，社会伦理维度自然就取代家庭伦理了。这就是对于整个社会的"民"而言了，故说：自古人皆有一死，老百姓如果没有诚信，则他就无以立足于天地之间了。这也就为社会生活确立了普遍有效的行为规范和道德意识。所以孔子总括说："弟子入则孝，出则悌，谨而信，泛爱众而亲仁，行有余力，则以学文。"在魏晋时期，有一位叫卓恕的人，为仁笃信，言不食诺。有一次，他从南京回上虞老家，临行前与太傅诸葛恪相约某日再来拜会。等到那天，诸葛恪设宴等待，众宾客都以为卓恕不会来了，因为从上虞到南京相距千里之遥。然而，当大家在行将开席之时，卓恕如期而至，满座惊叹！当然，魏晋时人皆以信守诺言为美德，崇尚个人道德情操是那个时代的信条。

诚信当然更是维系社会生活有效秩序的道德规范。

维护社会有效秩序除了依靠法律之外，还要依靠伦理道德。家庭生活有家庭伦理道德、社会公共生活有社会公共道德，职场生活则有职业道德。特别是当今时代，在市场经济的推动下，全球化社会逐渐形成，社会伦理道德也逐渐趋同，形成一体化的伦理规范和道德意识。这一点在职业道德方面的表现较为突出。正是因为有道德和法律的存在并发生作用，社会生活才能有条不紊地进行，人与人之间的交往活动才可以正常开展。试想一下，如果人和人之间都不存在诚实的品德、相互之间的信任，那么，人际交往的确定性就无以确保，整个社会运作的成本也会大大增加。

国际在线消息称，国家发改委财政金融司司长田锦尘 2014 年 8 月 22 日在北京透露，每年中国企业因不诚信导致的经济损失高达 6 000 亿元人民币。当前商业欺诈制假售假、偷逃骗税、虚报贸易、学术不端等现象依然屡禁不止，重特大生产安全事故、食品药品安全事件也是时有发生，对经济社会发展造成不良影响，人民群众也是反应比较强烈，同时诚信缺失问题也有损我国的国际形象。2014 年 6 月份中国首部《社会信用体系建设规划纲要》出台，该规划明确规定了到 2020 年要进行的 34 项重要任务，其中一项就是建设信用信息的平台。根据规划的内容，到 2017 年，我国将建成集合金融、工商登记、税收缴纳、社保缴费、交通违章等信用信息的统一平台，所有的市场主体都能通过这个平台共享市场主体的信用信息。而对于自然人的信息，现在公安部建立了以身份证号码为基础的信息平台。未来，引发质量安全事故、市场违规、恶意拖欠工程款等行为都将被列入不良记录黑名单。而工程建设企业信用体系建设平台于 2014 年 8 月 22 日也正式投入运营，全国 7 000 多家总承包一级的企业被纳入此平台，此平台将以统一代码为基础，对企业进行实名制信息登记和共享。将来，诚信企业将受到科技创新等方面的扶持，而信用记录差的企业将遭到限制或惩戒。

在职场生活中，每一个职业人不再单纯的是消费者，更是责任者，是诚信行为的实践主体。因此，职业道德的责任要求相对更加严格、标准更高。这种诚信要求，不仅仅只是体现在市场运营过程中，更集中地体现在企业生产、岗位工作、公务交往的过程中。例如，有些人，在与客户或者同事交往的过程中，非常善于吸引客户、上司、同事的注意力，这本是一项优势，但是如果他只是"巧言令色"，没有真正诚心诚意的服务意识、实打实的经营行为、踏踏实实的待人之道，那么要不了多久大家都会看穿他的"伎俩"，那时就真的"鲜矣仁"了。

三、诚信的践履

诚信的践履关键在于遵守诚信的五大原则。

（一）崇尚正义

有一个典故叫作"子路无宿诺"，说的是子路是一个重信用、守诺言的人，答应的事决不拖过夜，因此孔子说"子路无宿诺"，是对子路的高度评价。这里有一个故事说，一位郑国大夫向鲁国进献郈绎这块土地，想以此获得鲁国对自己的庇护。通常，这类人都会去找鲁国国君，让鲁国国君给予自己安全的保障。但是这位大夫却说："只要孔子学生子路能给自己做担保，自己就有足够的安全感！"在当时，子路因为讲信用深得各国诸侯的尊重。也就是说，子路的一句话，胜过一个国家的承诺。然而，子路拒绝了这位郑国大夫的要求。原来，子路从来都不会滥用他的信用。他说："我可以为鲁国去打仗，在保卫国家的战争中献出自己的性命，却无法答应一个背叛自己国家的人的要求。"这个故事告诉我们，守信首先要符合正义的原则，我们在坚守信用、兑现承诺时，不能违背社会正义。

所以，我们不要滥用自己的信用，更不能对那些背信弃义的人做出任何承诺。

（二）信誉至上

《二十四信》里有一个"韩康卖药"的故事。汉朝时候有一个人，姓韩名康，字伯休，在长安的集市里卖药，三十几年从来都是"不二价"，就是不说两样的价钱，童叟无欺。但是，有一次，一个女子向他来买药，而且讨价还价，韩康不肯让价。那个女子生气了，说道："难道你是韩伯休吗？为什么不二价？"韩康听了，叹了一口气说道："我本来是为了要避开名声，才做这卖药的营生，现在连女子也晓得我了，我还怎么卖药呢？"于是，他就跑到霸陵山里隐居下来。那时候，朝廷实行"征举制"，征聘贤能的人去做官，朝廷屡次征召韩康，他都不肯去。汉桓帝带了礼物去聘请他，他却在半路上逃走了。"韩康卖药"的故事说明了韩康从卖药时童叟无欺的诚信中获得了信誉，为了真正地保守信誉，不沽名钓誉，所以避世隐居，更不会用名誉博取功名利禄。在中国古代社会重视道德修养与践履的浓厚氛围中，这样为保护自身信誉不与权贵合作、不向权贵低头的故事还有很多。说低一点，是抵御了诱惑，说高一点，就是舍生取义，为了信誉宁愿舍弃生命。当然，古人早就为这样的行为做好了旌表，那就是：杀身成仁、舍生取义。

（三）信守诺言

前面讲的"卓恕辞恪"的典故，就是信守诺言的故事。但是，这里要说的是，信守诺言首先是不要随意许诺，因为随意许诺是不负责任、自毁人格的事情。中国人都熟悉"一诺千金"这个成语，其实这个成语的背后有一个故事。

司马迁《史记·季布栾布列传》记载说："得黄金百，不如得季布诺。"唐代李白的《叙旧赠江阳宰陆调》中有一句诗："一诺许他人，千金双错刀。"据说，秦末，在楚地有一个叫季布的人，是项羽的部下，性情耿直，为人侠义好助。只要是他答应过的事情，无论有多大困难，他都会设法办到，因而受到大家的赞扬。楚汉相争时，季布曾几次向项羽献策，使刘邦的军队吃了败仗。刘邦当了皇帝后，想起这事，就气恨不已，下令通缉季布。这时敬慕季布为人的人，都在暗中帮助他。不久，季布经过化装，到山东一家姓朱的人家当佣工。朱家明知他是季布，仍然收留了他。后来，朱家又到洛阳去找刘邦的老朋友汝阴侯夏侯婴说情。刘邦在夏侯婴的劝说下撤销了对季布的通缉令，还封季布做了郎中，不久又改封其做河东太守。季布的一个同乡曹邱生，专爱结交有权势的官员，借以炫耀和抬高自己，季布一向看不起他，听说季布做了大官，曹邱生就马上去见季布。季布听说曹邱生要来，就虎着脸，准备数落几句，让他下不了台。谁知曹邱生一进厅堂，不管季布的脸色多么阴沉、话语多么难听，立即对着季布又是打躬，又是作揖，要与季布拉家常叙旧，并吹捧说："我听到楚地到处流传着'得黄金千两，不如得季布一诺'这样的话，您怎么能够有这样的好名声传扬在梁、楚两地的呢？我们既是同乡，我又到处宣扬您的好名声，您为什么不愿见到我呢？"季布听了曹邱生的这番话，心里顿时高兴起来，留他住了几个月，将他看作贵客。临走时，季布还送给他一笔厚礼。后来，曹邱生又继续替季布到处宣扬好名声，季布的名声也就越来越大了。这就是"一诺千金"的由来，可见人们对信守诺言多么看重。

（四）遵守法制

"戴胄守法"典故，讲的是遵守法制、诚信为官的故事。初唐时，有一个做大理寺少卿官的人叫戴胄。那时候的官员多半是假冒着祖父辈的福荫而取得做官的资格，唐太宗李世民于是下了一道敕令，叫那些假冒的人先自己出来自首，倘若不自首而被查出后就会被处死。但是，没有几个人主动自首。后来有一个人假冒顶替的事情被发现了，唐太宗就要把那个人处死。这时戴胄正担任大理寺少卿，掌管司法，他就根据法律，要求把假冒的人处以流配的刑法。李世民就说，你要自己守法律，难道就叫我失信于民？戴胄答道，敕令是出于皇上一时的喜怒，法律可是国家昭信于天下的规则，所以还是遵从法律为是。唐太宗认为他说的非常在理，就答应了他的要求。后人评点说：戴胄为卿，守法诚荩，奏请改流，昭布大信。

当代社会生活更是无处不要求人们遵守法制。比如，为官应当恪尽职守、为民服务，可是却偏偏有那么一些贪官污吏禁不住金钱、美色、权力的诱惑，轻则贪污腐败，重则出卖国家，更有甚者背叛民族和国家，坠入万劫不复的罪恶深渊，沦为被世人唾弃的阶下之囚。

（五）拒绝诱惑

文天祥在元朝高官厚禄的诱惑面前，不食周粟，引颈就义，谱就了传诵千古的"正气歌"，留下了"人生自古谁无死，留取丹心照汗青"的千古佳句。何等高贵的风骨！然而，历史上总不乏那些贪生怕死、贪求富贵利禄之辈，从根本上而言，莫不是禁不住威逼利诱，铸成千古罪过。立足于职业道德讲诚信践履，要拒绝诱惑，根本上是要我们从自身的道德修养与法律意识上树立起自觉的是非、善恶的观念，尤其是是非观念。如果不能坚守这些观念，往往就会在不经意间丧失职业道德，甚至触犯法律。如某些企业、个人为了降低生产成本，获取更多的利益，竟然违背职业道德，甚至无视国家法律禁令，在食品、产品中添加违禁成分，直接、间接地危害消费者的生命健康，如石家庄"三鹿"三聚氰胺奶粉事件。这种行为的起因是禁不住高额的利益诱惑而丧失职业操守、违背国家法律，最终得到刑事处罚。

四、责任的自觉

从上述对诚信的定义、价值与践履的阐述中，我们可以发现，职业道德中的诚信取决于职业实践主体的内在自觉与外在遵守。但这种内在自觉与外在遵守，需要实践主体对道德规范和法律制度的认知与实行方面的责任意识，也就是对责任意识的自觉。

（一）责任与责任意识

所谓责任，一般理解为实践主体应该担当的行为后果，因此，责任意识也就是实践主体承担行为后果的自觉意识。进一步讲，所谓的责任意识，就是清楚明了地知道什么是责任，并自觉、认真地履行社会职责和参加社会活动过程中的责任，把责任转化到行动中去的心理特征。有责任意识，再危险的工作也能减少风险；没有责任意识，再安全的岗位也会出现险情。责任意识强，再大的困难也可以克服；责任意识差，很小的问题也可能酿成大祸。有责任意识的人，受人尊敬、招人喜爱、让人放心。所以在这里，责任的自觉指的就是责任意识的自觉。

责任意识的自觉必须建立在对责任的认知和对责任行为的后果的了解基础上。当我们去做一件事、做一项决定时，对应不应该这样做、怎么做、为什么这样做等问题事先有所考虑、有所准备，这种准备和考虑就是为可能出现的后果做出的。如果出现了这样或那样的后果，怎么办？这就涉及责任担当的问题。能够自觉地承担行为后果是有责任的行为，不主动或逃避承担行为后果就是不负责任的行为。

例如，2014年8月2日，昆山市中荣金属制品有限公司发生的铝粉尘爆炸重大事故，被认定为一起生产安全责任事故。直接责任原因是：事故车间除尘系统较长时间未按规定清理导致铝粉尘集聚；除尘系统风机开启后，打磨过程中产生的高温颗粒在集尘桶上方形成粉尘云；而且集尘桶锈蚀破损，桶内铝粉受潮，发生氧化放热反应，达到粉尘云的引燃温度，引发除尘系统及车间的系列爆炸；没有泄爆装置，爆炸产生的高温气体和燃烧物瞬间经除尘管道从各吸尘口喷出，导致全车间的所有工位操作人员直接受到爆炸冲击，造成群死群伤。管理责任原因是：中荣公司无视国家法律，违法违规组织项目建设和生产，苏州市、昆山市和昆山开发区对安全生产重视不够，安全监管责任未落实，对中荣公司违反国家安全生产法律法规、长期存在安全隐患等问题失察；负有安全生产监督管理责任的有关部门未认真履行职责，审批把关不严、监督检查不到位、专项治理工作不深入、不落实；江苏省淮安市建筑设计研究院、南京工业大学、江苏莱博环境检测技术有限公司和昆山菱正机电环保设备有限公司等单位，违法违规进行建筑设计、安全评价、粉尘检测、除尘系统改造。这些责任原因酿成了一场严重的安全生产责任事故。在事故中，生产、管理设计、安监等相关方面分担事故后果的责任，依照有关法律法规，对事故责任人员及责任单位予以处理，将涉嫌犯罪的责任人移送司法机关，对其他责任人给予党纪、政纪处分。

（二）责任意识如何自觉

一般认为，责任意识是理性精神和道德修养。对于需要人类共同面对的幸福和灾难，我们每一个人都要承担责任。2008年"5·12"汶川大地震发生时，举国上下伸出援助之手，就是出于这样的责任意识的自觉。记得当时有一个插曲，某高校一位在校大学生因为与四川网友发生了不愉快，竟然诅咒四川遭受地震是活该。此举遭到整个社会的一致谴责，特别是某位知名主持人指出，天灾不知会降落在谁的头上，不是他们，就是你们或者我们，落在他们头上了，他们就是替我们大家在遭受苦难，所以不要幸灾乐祸，要有同情心和怜悯心，要有责任意识，尽自己所能去帮助他们。

因此，责任意识是一种自觉意识，也是一种传统美德。我国自古以来就重视责任意识的培养，如顾炎武"天下兴亡，匹夫有责"的主张，强调的是热爱祖国的责任；孟母"择邻而居"，历尽艰辛、承担起教育子女的责任；晋代王祥"卧冰求鱼"，恪尽孝道、为人子的责任意识。一个人，只有尽到对父母的责任，才能是好子女；只有尽到对国家的责任，才能是好公民；只有尽到对下属的责任，才能是好领导；只有尽到对企业的责任，才能是好员工。只有每个人都认真地承担起自己应该承担的责任，社会才能和谐运转、持续发展。因此，只有能够承担责任、善于承担责任、勇于承担责任的人才是可以信赖的。可见，决定一个人成功的重要因素不是智商、领导力、沟通技巧等，而是责任和努力行动，是使事情的结果变得更积极的意识。近年来，大学生就业调查揭示出企业、社会对大学生的责任意识要求越来越高，这也从另一个侧面反映出责任意识在大学生培养工作中的重要地位。

人类文明发展要求人要具有沿袭文明、发展文明的责任意识，关心国家政治生活的责任意识，承担生活角色的责任意识。我们都很重视这种责任意识，却忽略这种责任意识的形成。一种良好意识的形成不是一朝一夕的事，故而有人主张责任意识的培养必须从孩子抓起，在孩子还不能领会成年人的意旨时，就通过代价意识培养孩子的责任意识，通过这种培养让孩子形成责任意识的条件反射，从而形成责任意识的思维定式，其实质就是形成一种关于责任意识的直觉思维，就如孟子所讲的"恻隐之心怦然而动"。

知识拓展　　　　　　　　　　　　　　　　　**巧手杰克**

在美国的一个小镇上，有一位十分能干的木匠，大家都叫他"巧手杰克"。他所做的活儿，都是为人称道的精品，当地人有口皆碑。

在杰克干了40年工作后，他决定退休，与家人共享天伦之乐。他的老板把杰克视为左膀右臂，极力挽留，但杰克还是决定退休。老板最后只得答应，但要求他在退休前再建造一座房子。

杰克于是开始这退休前最后的工作，在盖房过程中稍有一点眼力的人都能看得出来，杰克的心已经不在工作上了，他用料不像往日那样精挑细选，做工也只是随意而为，全无往日的水准，老板看在眼里，并没有说什么。

在竣工的那一天，也就是杰克终于可以退休的那天，老板把一串钥匙交给杰克，说这是作为退休礼物的房子的钥匙，而那座作为礼物的房子，就是杰克最后盖的那间粗制滥造的房子。

小火灾"烧掉"了爱立信

2001年1月26日，爱立信公司宣布了一条爆炸性的消息——决定将手机生产外包。这意味着，作为手机市场"三国演义"中的重要角色爱立信，将从与西门子和诺基亚公司的手机市场竞争中撤出。2001年，手机制造是个"香饽饽"，为什么爱立信此时撤出呢？这源于一场10分钟的小火灾。

2000年3月17日晚，美国飞利浦公司第22号芯片厂的车间发生了一场持续10分钟的火灾，破坏了准备生产的数百万个芯片，公司需要几星期才能使工厂恢复生产。这家工厂是爱立信供应链中的一环，为其提供多种重要的零件和芯片。20世纪90年代中期，爱立信公司为了节省成本，简化了它的供应链，基本上排除了后备供应商。也就是说，有几种芯片只能由该厂提供。当飞利浦公司将发生火灾的消息告诉爱立信时，爱立信的工作人员却若无其事，根本就没有意识到供应链的断裂会产生严重后果，爱立信公司负责海外手机部门的华尔比先生到2000年4月初还没有发现问题的严重性，后来承认"我们发现问题太迟了。"

由于芯片供应不上，供应链中又没有其他后备供应商，爱立信失去了一个庞大的市场，爱立信公司的高层透露，撤出市场相当于损失4亿美元的销售额。

本章小结

职场生活是社会生活的一部分，人们生活在其中，自然就要受到来自职场伦理规范的约束，尤其是来自特殊的工作岗位的特殊的职业伦理要求，因此，就会面临具体的职业道德的要求。这些要求不仅有某一特殊岗位的道德规范，也有工作单位的纪律规章、具体岗位的具体的行为规范。这些要求在职业道德层面呈现为爱岗敬业、办事公道、服务群众、诚实守信等道德规范。

问题与思考 ▶▶▶

1. 请简述职业道德的内容。
2. 结合个人理解，谈谈对敬业与忠诚、诚信与责任的认识。
3. 为什么说诚信乃立身之本？

第四章

自我管理素养

知识目标：

1. 了解自我认知的定义。
2. 掌握自我效能的内涵、特征及影响因素。
3. 了解时间管理原则。
4. 了解情绪的特点及自我管理办法。

技能目标：

1. 具备良好的时间管理能力。
2. 学会正确的情绪自我管理办法。

第一节　自我认知

导入案例 ///

　　一个少年听说阿里巴巴集团总裁马云来到自己的学校演讲，就特地赶了过去。恰好马云的演讲中有一个互动环节，请观众提问，马云现场解答。于是，少年提出了困扰自己很久的问题："我努力学习，成绩也算中上等，可是在班里还是默默无闻，没人注意到我。虽说我觉得自己还不是一块金子，但我把自己当金子看待，每天起早贪黑，勤奋努力，我相信是金子总会发光的，可是为什么就是没有得到同学们的赏识呢？"

　　马云略一思索，微笑着说："你给自己的定位不准确呀，你不要把自己定位为金子。"

　　少年问："那定位成什么呢？"

　　马云说："你要把自己定位为一粒种子。"接着，他解释说："是金子固然总会有发光的那一天，但金子是被动的，它不会自动掀掉埋没在它身上的泥土，它需要被挖掘和发现。如果永远没有被人挖掘和发现，金子就会终生被埋没在土壤中，永无出头之日。人生有限，我们耗不起呀！因此，当我们遭遇埋没时，不妨做一粒种子，主动把埋在身上的泥土，当作激发自己成长的土壤，不断汲取养分，积蓄向上的力量，让自己的梦想生根发芽，用不了几年就会成长为一棵高大的树。你想想，一棵高大的树耸立在眼前，谁会视而不见呢？"

讨论：通过这个案例谈谈对自己的定位。

自我认知也叫自我意识，或叫自我（EGO），是个体对自己存在的觉察，包括对自己的行为和心理状态的认知。

从自我的内容上来划分，自我可以分为生理自我、心理自我和社会自我。

1. 生理自我

生理自我是指个体对自己生理属性的认识，如身高、体重、长相等。

2. 心理自我

心理自我是指个体对自己心理属性的认识，如心理过程、能力、气质、性格等。

3. 社会自我

社会自我是指个体对自己社会属性的认识，如自己在各种社会关系中的角色、地位、权力等。

古希腊著名医生希波克利特根据日常观察和人体内四种体液中血液、黏液、黄胆汁、黑胆汁的多少不同，把人分为四种不同的气质类型，典型表现如表4-1所示。

表4-1 不同气质类型的典型表现

类型	胆汁质	多血质	黏液质	抑郁质
特征	热情、直率、外向、急躁	活泼好动、敏感	稳重、自制、内向	安静，情绪不易外露，办事认真
优点	积极热情、精力旺盛，坚忍不拔；语言明确，富于表情，性格直率，处理问题迅速而果断	行为敏捷，姿态活泼；情绪色彩鲜明，有较大的可塑性和外向型，表演表达和感染能力强，善于交际	心平气和、不易激怒；遇事谨慎，善于克制忍让；工作认真，有耐力，注意力不易转移	感受性强，易相处、人缘好；工作细心谨慎、稳妥可靠
缺点	易急躁，热情忽高忽低，粗心浮躁，办事粗心，有时刚愎自用、傲慢不恭	粗心浮躁，办事多凭兴趣，缺乏耐力和毅力	不够灵活，容易固执拘谨	遇事缺乏果断与信心，适应力差，容易产生悲观情绪
适合职业	导游、推销员、作者、节目主持人、演员等	政府及企业管理人员、外事人员、公关人员、驾驶员、医生、律师、运动员、公安、服务员等	外科医生、法官、财务、统计员、播音员	机要员、秘书、档案管理员、化验员、保管员

第二节 自我效能

某集团副总患有心脏病，平时工作强度大，遵照医嘱，每天工作时间不能超过 4 小时，结果他很惊讶地发现，他在这三四个小时所做的事，几乎与平时花费一天所做的事没有差别。他所能提供的唯一解释是，他将被缩短的工作时间用于最重要的工作上面，这或许是他得以维持工作效能以提高工作效率的主要原因。

讨论：通过该案例对我们平时的工作学习有什么启发？

一、效能与效率

效率的本义是指在单位时间里完成的工作量，或者说是某一工作所获的成果与完成这一工作所花费的人力、物力的比值。从经济意义上讲，效率指的是投入与产出或成本与收益的对比关系，但并不能反映人的行为目的和手段是否正确。简言之，效率就是把事情很快地做完。效能则强调人的行为目的和手段方面的正确性与效果方面的有利性，即把事情很快、很对地做完。效率与效能的另一个区别是获取的途径、方法不同。世界著名管理学家、诺贝尔奖获得者西蒙对"效率与效能的区别"做过较全面的剖析，他认为："效率的提高主要靠工作方法、管理技术和一些合理的规范，再加上领导艺术；但是要提高效能必须有政策水平，战略眼光，卓绝的见识和运筹能力"。

二、自我效能概述

（一）自我效能的内涵

人们总是努力控制影响其生活的事件，通过对可控的领域进行操纵，能够更好地实现理想，防止不如意的事件发生。

班杜拉认为，人是行动的动因，个体与环境、自我与社会之间的关系是交互的，人既是社会环境的产物，又影响、形成社会环境。自我效能就是个体对自己作为动因的，具有组织和执行达到特定成就能力的信念，它控制着人们所处的环境条件。自我效能是构成人类动因的关键因素，如果人们相信自己没有能力引起一定后果，他们将不会控制之前发生的事情。人类的适应和改变以社会为基础，因而个人动因是在一个社会结构性影响的大网络中发挥作用的。在动因的作用下，人们既是社会系统的生产者又是社会系统的产物。

（二）自我效能的本质特征

1. 自我效能是一种生成能力

人的自我效能是一种生成能力，它结合认知、社会、情绪及行为方面的亚技能，并能把他们组织起来，有效地结合运用于多样目的，比如，只知道一堆单词和句子，不能被视作为有语言效能，同样，拥有亚技能和能把他们综合运用于适当的行为中，并在逆境中加以实现有显著不同。因此，人们即使完全明白做什么，并有必需的技能去做某些事情的时候，由于自我效能不高，也常常不能把事情做到最好。

2. 自我效能是行为的积极产生者和消极预言者

自我效能影响思维过程、动机水平和持续性及情感状态，对各种行为的产生起着重要作用。那些怀疑自己是否在特殊活动领域具有能力的人，会回避这些领域中的困难任务，他们很难激励自己，因而遇到障碍时易松懈斗志或很快放弃。他们对选定的目标往往并不是很投入，在艰难的环境下，他们常停留于自己的不足和任务的严峻以及失败的负面后果之中，遇到失败和挫折后，易把未完成目标归咎于能力缺陷，因而，即使很少失败，也会失去对自己能力的信念。而具有很强能力信念的人，往往视困难为挑战对象、不回避威胁，他们对活动产生兴趣后会完全投入活动，并对此富有强烈的责任感，面对困难时仍然以任务为中心，想方设法克服困难；在遇到失败或挫折时，常常把失败归因于努力不够，注重提高自身的努力程度，因而，这会促使他们不断地走向成功。

三、自我效能的影响因素

人们对自我效能的认识，是自我认识的一个主要组成部分，自我效能有四个主要的影响因素：①作为能力指标的动作性掌握经验；②通过能力传递及与他人成就对比而改变效能信念的替代经验；③使个体知道自己拥有某些能力的言语说服及其他类似的社会影响；④一定程度上人们用于判断自己能力、力量和技能障碍脆弱性的身体和情绪状态。

（一）动作性掌握经验

动作性掌握经验是最具影响力的自我效能的影响因素，因为它可以就一个人是否能够调动成功所需的一切提供最可靠的证明。成功使人建立起对自我效能的积极信念；失败尤其是在自我效能尚未牢固树立之前发生的失败，对自我效能产生消极影响，当人们相信自己具备成功所需的条件时，面对困难会坚持不懈，遭遇挫折也会很快走出低谷，有了紧咬牙关走出低谷的信念，人们就会变得更加强大而有力。

【案例】　埃尔德和莱克对大萧条的艰难岁月中的女性的研究发现，面对大萧条，由于早期的经济困难，拥有适应资源的女性比那些生活一帆风顺的女性更加能自我肯定和随机应变；对于那些缺乏应对不良事件准备的女性，严重的经济困难则使她们缺乏机智，并有严重的无力感和顺从感。

然而，通过掌握经验建立个人的自我效能，并不是一件按部就班的事，它需要获取认知、行为和自我调节工具来创立和执行有效的行为过程，以控制不断变化的生活环境，其中，认知和自我调节两方面为有效行为表现创造了条件。

（二）替代经验

替代经验是指，以榜样为中介进行推论性比较从而对自我效能的评价产生一定程度的影响。对于大多数活动，我们对自己的胜任程度没有绝对的度量方法，必须根据自己与他人成就的关系来评价自己的能力。比如，我们考试得了 85 分，如果不知道其他同学的成绩如何的话，就很难推断这个分数的高低程度。日常生活中，人们常常在同一条件下与特定的人，如同学、同事、对手等进行比较，自己胜出，则自我效能提高，反之，自己落后，则自我效能减弱。因此，由于所选择的社会比较对象的不同，自我效能会发生较大的变化。

此外，替代经验还可通过由比较性自我评价引起的情感状态来影响自我效能。

（三）言语说服

言语说服影响人们实现所追求的信念的能力，当重要的他人对个体的能力表示信任时，个体比较容易维持一种积极的效能，尤其是在面对与困难的抗争时更加明显，但是，言语说服，在建立持续增长的自我效能上，作用比较有限；并且，如果言语说服的内容是提高对个人能力的不现实信念时，则反而会降低说服者的权威性，进一步削弱接受者的自我效能。

（四）生理和心理状态

人们在判断自身能力时，在一定程度上会依赖生理和心理状态所传达的身体信息。人们常把自己在紧张、疲劳情况下的生理活动理解为功能失调的征兆，回想起有关自己的无能和应激反应的不利想法后，就会唤起自己更高的痛苦水平，而这恰好能导致他们所担心的失调，进一步削弱自我效能。

心情由于常常因活动性质的改变而改变，成为自我效能的另一个影响因素。如果人们学习的内容与他们当时所处的心情相符合，就会学得比较快，如果人们复习时，与当时复习时所处的心情一样，回忆效果也会好，强烈的心情比微弱的心情具有更大的影响力。鲍尔研究显示，情绪记忆与不同时间相联系，在关联网络中创设了多重联系，激活记忆网络中的特定情绪单元，将促进对相关事情的回忆，消极心情激活人们对过去缺憾的关注，积极心情则使人们回想起曾经的成就，自我效能评价因选择性回忆以往的成功而提高，因回忆失败而降低。

不同形式的效能影响因素往往很少单独发挥作用。人们不仅看到自己努力的结果，而且也看到他人在类似活动中的行为，还不时接受有关自己行为是否恰当的社会评价。这些因素彼此影响，并共同影响着自我效能。

四、自我效能提升策略

（一）设置明确而合适的目标

学习动机对学习的推动作用主要表现在学习目标上，美国著名教育心理学家奥苏伯尔认为，学生的学习动机由三方面的内驱力（需要）所构成：认知内驱力（以获取知识、解决问题为目标的成就动机）、自我提高内驱力（通过学习而获得地位和声誉的成就动机）和附属内驱力（为获得赞许、表扬而学习的成就动机）。一个人的求知欲越旺盛，越想得到别人的赞许和认可则他在有关的目标指向性行为上就越想获得成功，其行为的强度就越高。因此，不管是为了获得知识、能力，或者是为了获得良好的地位、声誉，学习目标定向明确，个体学习行为的积极性也将更高，一个没有学习目标的人，在学习上是缺乏进取性、主动性、自觉性的，即使获得好成绩，其成功感也不强。但是，对于不同的学习目标定向，学习动机的推动作用存在一定的差别，学业成绩也会有一定的差异。其一，以获得知识、能力为学习目标的个体在乎的是自己在学习中学会了多少知识、获得了哪些能力，当他们遇到困难时，会不断地尝试解决问题，在这一过程中，其学习动机进一步增强，学习成绩又得以提高，这来之不易的成功会让其有更强烈的愉快体验。其二，以获得赞许、良好声誉等为学习目标的个体，则更多地选择回避挑战性的学习情境，以避免失败或较低的学习成绩，尤其是那些自我能力归因较低的个体，当遇到困难或遭遇失败时，学习会更加消极。因此，明确而合适的学习目标定向，有助于发挥个体的学习动机，使其获得强烈的成功体验。

（二）与成功者为伍

由替代经验可见，相似群体的示范作用是非常大的。当看到别人成功时，个体内在的动力也会被激发出来，因此，主动寻求积极的榜样，有利于自我效能的提升。

然而，成败经验对自我效能的影响还受到个体归因方式的左右，只有当成功被归因于自己的能力这种内部的、稳定的因素时，个体才会产生较高的自我效能，如果把成功感都归因于运气、机遇之类的外部的、不稳定的因素，则不影响个体的自我效能；同样的，只有当失败被归因于自己的能力不足这种内部的、稳定的因素时，个体才会产生较低的自我效能。也就是说，自我效能高的个体会认为可以通过努力改变或控制自己，而自我效能低的个体则认为行为结果完全是由环境控制的，自己无能为力。因此，在对成败进行归因时个体还应持积极、客观的态度，以增强自我效能感、保持持续的动力。

（三）自我竞赛

自我竞赛即同自己的过去比，从自身进步、变化中认识、发现自己的能力，体验成功，提高自我效能。如果总是与班上的优秀生相比，学生尤其是中、下水平的同学会觉得自己样样不如别人，越比自信心越差。

（四）保持良好的身心状态

身体效能管理就是对身体进行医学、运动学、心理学、营养学、物理治疗学等多科的系统干预，促使个体在工作中始终保持精力充沛、头脑清晰、身体舒适的高效能状态并且能自如应对工作和生活中的各类突发事件。

自我效能可以激活各种各样作为人类健康和疾病中介的生物过程。自我效能的许多生物学效应是在应对日常生活中急性和慢性的应激源时产生的，而应急被看成是许多躯体机能失调的重要来源。面临有能力控制的应激源时，个体不会产生有害的躯体效应；而面临相同的应激源，个体却没有能力控制时，神经激素、儿茶酚胺和内啡肽系统则会被激活并使免疫系统的机制受到损害。因此，保持良好的身心状态，也是提高自我效能的有效途径。

第三节　时间管理

导入案例

在对某公司总经理进行日常时间安排的调研时，他非常肯定地回答："时间分布情况大致为，1/3用于与公司高级管理人员研讨业务，1/3用于接待重要客户，其余1/3用于参加各种社会活动。"但是，通过跟踪记录，我们发现该总经理在上述三个方面几乎没有花什么时间，他所说的三类工作，只不过是他认为"应该"花时间的工作而已。实际记录显示，他的时间大部分都花在协调工作上，如处理顾客的订单，打电话给工厂催款等。

讨论：平时工作学习时间管理的安排。

人生管理，实质上就是时间管理。时间是世界上最稀缺、最宝贵的一种资源，时间的稀缺性体现了生命的有限性。科学地分析时间、利用时间、管理时间、节约时间，进而在有限的时间里，最大化地创造自身职业价值，是追求自我完善和自我超越的一种重要能力。

一、时间管理概述

（一）时间

人的时间感觉是最不可靠的。日常生活中，我们常常会觉得时间很紧张，都用在了工作中的重要事情上，但是如果仔细分析，我们会发现事实并非如此，导入案例就是一个很好的佐证。因此，管理好时间，是管理好其他事情的前提，而分析认识自己的时间，是系统地分析自己的工作、鉴别工作重要性的方法，也是通向成功的有效途径。

那么，人的一生到底拥有多少时间呢？如果按"人过七十古来稀"的说法计算，则人的一生拥有的时间为 $365 \times 70 = 25\,550$（天）。扣除前 20 年的成长阶段、后 15 年的退休阶段，您用于职业生涯的时间大约只有 35 年，即 $365 \times 35 = 12\,775$（天）。再去除其中每天必需的 8 小时睡眠以及生活、休闲的时间，大约只剩下一半的时间了，即约 6\,300 天。如何利用这仅有的时间？我们需要从了解时间的特征着手。首先，时间具有固定性。时间对于每个人来说都是固定的，不管是成功的人，还是不成功的人，在任何情况下时间都不会增加，也不会减少，一天都只能是 24 小时，并且，任何人都无法阻止其持续流逝，也是无法将其暂时储存。成功与不成功的差别仅在于如何利用 24 小时；其次，时间具有不可替代性。时间是任何东西都不能替代的，是任何活动必不可少的基本资源。

（二）时间管理

时间管理是指为了达到某种目的，人们通过可靠的方法和途径，安排自己和他人的活动，合理、有效地利用可以支配的时间。其所探索的是如何减少时间浪费，以便有效地完成既定目标。时间管理的关键在于，如何选择、支配、调整、驾驭单位时间里所做的事情。

时间管理源于你不满足于现状，或是想要有更好的时间管理。

二、时间管理陷阱

所谓的时间管理陷阱是指导致时间浪费的各种因素。在现实生活中，我们常常会出现，习惯性拖延时间、不擅长处理不速之客的打扰、不擅长处理无端电话的打扰，以及泛滥的"会议病"困扰等情况，这些都会影响我们对时间的有效管理。常见的时间管理陷阱有 5 类。

（一）拖延

"明日复明日，明日何其多；我生待明日，万事成蹉跎。"这首大家耳熟能详的《明日歌》，形象地描绘了拖延的特征及后果。

（二）缺乏计划

培根曾经说过"合理安排时间，就等于节约时间。"工作缺乏计划，将导致目标不明确，不能有效地归类工作，也就很难按照事情轻重缓急的顺序，有效地分配时间。

（三）文件满桌

你很难在最短时间，从一个杂乱无章、堆满文件的办公桌上，准确获取所需要的资料，这就可能会浪费很多的时间。

（四）事必躬亲

人的时间和精力都是有限的，如果亲自处理每一件事情，势必会"眉毛胡子一把抓"，无法节约时间去做最重要的工作。

（五）不会拒绝

我们不可能满足所有人的要求，因为每个人的时间都是有限的。在日常工作中，我们经常会遇到各种请求，往往会因为碍于面子而答应下来，但又没有时间来完成，这对自己和他人来说，都将是一种伤害。

三、时间管理策略

（一）目标原则

目标的功能在于让你在面临各种选择时，有一个清晰的认识，使你的行动更有效率。哈佛大学的一项对智力、学历、环境相似的人的跟踪研究发现，3% 的人有十分清晰的长期目标；10% 的人有比较清晰的短期目标；60% 的人目标模糊；27% 的人没有目标。25 年后，那 3% 的人，几乎都成了社会各界的成功人士；那 10% 的人，大都生活在社会的中上层；那 60% 的人，几乎都生活在社会的中下层；那 27% 的人，几乎都生活在社会的最底层。由此可见，清晰的目标，可以使人在同样的时间内，更高效地完成工作，也最能刺激我们奋勇前进、引导我们发挥潜能。

根据 SMART 原则，有效的目标应遵循具体明确（Specific）、可衡量（Measurable）、可实现但有挑战性（Achievable and challenging）、有意义（Rewarding）、有明确期限（Time – Bounded）五项原则。同时，还必须具有书面性和可操作性。

需要清楚的是，任何一个目标的设定，时间限定都是一个重要内容，很多目标实现不了的重要原因，就是没有时间上的限定。如果我们仔细回顾一下，可以发现，因没有时间限定而实现不了目标的例子，在我们现实生活中不胜枚举。

（二）象限原则

在开始工作前，我们如何在一系列以目标为导向的待办事项中，选择孰先孰后呢？一般来说，优先考虑重要和紧迫的事情，但是在很多情况下，重要的事情不一定紧迫，紧迫的事情不一定重要。因此，处理事情的优先顺序的判断依据是轻重缓急，常用四象限原则来作为判断依据（见图 4 – 1）。

第一象限是紧急但不重要的事情。这类工作包括应付干扰、处理一些电话及电子邮件，参加会议、处理其他人际关系的事情。

第二象限是重要且紧急的事情。这类事情包括紧急事件、有期限要求的项目或需要立即解决的问题，需要引起高度重视。

第三象限是重要但不紧急的事情。这类事情包括策划、建立关系、网络工作、个人发展。

第四象限是不重要而且也不紧急的事情。包括处理垃圾邮件、直销信件、浪费时间的工作、与同事的社交活动以及个人感兴趣的事情。

通过四象限原则，我们清楚地看到，事情处理的优先顺序依次为第二象限、第三象限、第一象限、第四象限。但是，对于一个善于管理时间的人来说，通常会重点关注第三象限事情，做好提前准备，以免将其拖延成第一类事情，从而措手不及、影响成效。

（三）二八原则

"二八原则"又称帕累托定律，是意大利经济学家帕累托，在对 19 世纪英国社会各阶

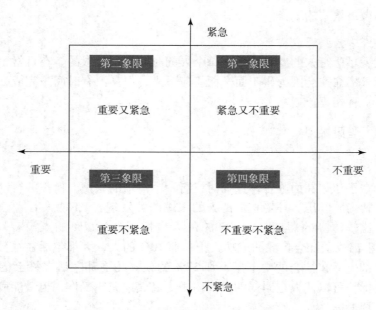

图 4 - 1　时间管理"四象限"

层的财富和收益统计分析时发现，80%的社会财富集中在20%的人手里，而剩余的80%的人只拥有20%的社会财富。随后哈佛大学语言学教授吉普夫和罗马尼亚裔的美国工程师朱伦进一步完善了"二八原则"（见图4-2）。"二八原则"提示我们，并不是所有的产品都一样重要，并不是所有的顾客都同等重要，并不是所有的投入都同样重要，并不是所有的原因都同样重要。在任何一组事物中，最重要的只占一小部分，即20%，而其余80%虽然占多数，却是次要的。如果想取得人生的辉煌和事业的成就，你就必须学会找出你心中的事物的优先顺序，抓住重点。

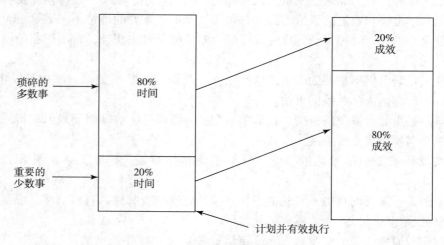

图 4 - 2　时间管理"20/80"

（四）避免干扰原则

凡是没有规定日程的拜访或电话都是干扰。虽然干扰未必都是不必要或不利的，但是，干扰会中断计划中的事情，影响正常的工作。那么，常见的干扰及对策有哪些呢？

1. 来自上司的干扰

对策：①让上司清楚知道你的工作目标；②主动地约见你的上司。

2. 来自同事的干扰

对策：①如果有人找你，就站起来接待他；②建议公司设立人人安静 1 小时制度。

3. 来自下属的干扰

对策：①安排固定时间供下属汇报工作；②保留固定时间供下属讨论问题；③安排其他时间处理非紧急事件。

（五）黄金时间法则

通常人一天的变化规律为：早上思维最敏捷，下午精力有所减退，晚上精力得到恢复但没有达到高峰。在实际生活中，人的生物钟是有个体差异的，差异最大的是"百灵鸟"和"夜猫子"。从名称上我们可以看出，有人白天效率高，有人夜晚效率高，但是，不管何种类型，其生物钟的模式设定规律是一致的，即思维敏捷、精力减退、精力恢复。了解自己生物钟的变化规律，认真根据自己的精力周期进行日程安排，可提高工作效率。

根据生物钟一般规律的黄金时间法则，日程安排可如下：①智力任务：安排在思维敏捷阶段，这是制定决策的最佳时间，通常是在早上；②思考性或创造性工作：精力减退期是思考、处理信息和长期记忆的理想时间，这一时期通常是在下午；③日常工作精力恢复期适合做需要集中精力的日常工作或重复性工作，这个时期通常是晚上。

（六）大块时间法则

大块时间法则是培养工作情绪的法则，即用前 30 分钟做容易做的事情，让事情看起来有进度，在后 90 分钟做最重要的事情。具体方法包括：①列举今天所有要做的事情，将其分成容易的、重要的及其他事情，用"二八原则"排出事情的优先顺序；②在前 30 分钟完成最容易的事情，时间一到，不管是否完成都要将手里的工作告一段落；③在后 90 分钟完成最重要的事情，如果顺利，可以持续工作；④在空余时间完成遗留的容易的事情。

第四节　情绪管理

导入案例

2008 年，金融危机，某集团公司要裁员，根据规定，在公布名单中的人员，一个月后离岗，市场部的陈雄和李丽丽都在裁员名单中。第二天上班，陈雄心里憋气，一会儿找同事哭诉，一会儿向刘主任申冤，什么活都干不下去。而李丽丽也哭了一个晚上，尽管心里很难过，但是上班的时候，她默默地打开计算机，仍然像往常一样继续工作。同事们知道她要被裁员了，都不好意思再找她，但是她却说："是福不是祸，是祸躲不过，不如好好干完这个月，否则，以后想给你们干都没有机会了。"

讨论：分析案例中陈雄和李丽丽面对同一个困难时表现的心态。

一、情商与情绪

我们每个人都有自己的理想和抱负，都希望自己能梦想成真、取得成功。过去，我们曾经认为智商是决定我们能否成功的主要因素。但是，进入现代社会，人们对成功因素的理解有了巨大改变，"100% 成功＝20% 智商＋80% 情商"的理念已逐渐被大家接受。

戈尔曼研究显示，对于一般的工作岗位，情商的重要性是智商的两倍；对于高级职位，智商的差别可以忽略，而情商的作用更加重要；对于高职位的高绩效者和低绩效者，其差别的 90% 可归因于情商。

情商，即情绪智力，是测定和描述人的情感状况的一种指标，是一个人管理自我情绪以及管理他人情绪的能力。它虽属于非智力因素，但却是保证智力水平在实践中充分发挥作用、使人取得成功的关键。情商的主体，就是情绪。

情绪，是指人们在内心活动过程中所产生的心理体验，或者说，是人们在心理活动中，对客观事物是否符合自身需要的态度体验。我们通常说的"七情六欲"中的"七情"指的就是情绪。

二、情绪的特点

1. 情绪反映客观外界事物与主体需要之间的关系

情绪是以人的需要为中介的一种心理活动，它反映的是客观外界事物与主体需要之间的关系。外界事物符合主体的需要，就会引起积极的情绪体验，就会对身心健康产生积极的促进作用，可以防止某些疾病的发生、发展或减轻疾病、加快疾病的好转；反之，则会引起消极的情绪体验，诸如愤怒、恐惧、焦虑、忧愁、悲伤、痛苦等，过分刺激人体，使人的心理活动失去平衡，导致神经活动功能失调而危害健康，尤其是丧失感、威胁感、不安全感的心理刺激更易致病，其中丧失感对健康危害最大（如亲人死亡、工作失败等）。

这种体验构成了情绪的心理内容。良好的情绪在心理健康中起核心作用。

2. 情绪可以影响和调节认知过程

情绪是主体的一种主观感受，或者说是一种内心体验，可以影响和调节认知过程。

3. 情绪的外部表现形式是表情

情绪有其外部表现形式，即人的表情，包括面部表情、身段表情、言语表情。表情是鉴别人的情绪的主要标志（达尔文最早研究表情），可以协调社会交往和人际关系。

4. 情绪会引起一定的生理上的变化

情绪会引起一定的生理上的变化，包括心率、血压、呼吸和血管容积上的变化。如愉快时胃肠道运动增加，焦虑时需要排尿，悲伤时出现前列腺分泌增加等副交感神经系统活动亢进的现象；发怒或应激状态时出现血压升高、心跳加快、呼吸加深加快、汗腺分泌增多、胃肠运动抑制等交感神经亢进的现象。情绪引起的生理变化的总的效果是动员机体内储备的能量，提高和增加机体的适应能力，以适应环境的急剧变化。

三、情绪的基本范畴及形态

（一）按内容来

1. 基本情绪

基本情绪是任何动物都有的。近代研究把快乐、愤怒、悲哀和恐惧列为情绪的基本形式。快乐，是盼望的目的达到紧张解除后，继之而来的情绪体验；悲哀，是失去所盼望的、所追求的东西或有价值的东西而引起的情绪体验；愤怒，是在目的和愿望不能达到或一再地受到妨碍的过程中积累而成的情绪体验；恐惧，是由于缺乏处理或摆脱可怕的情境的力量，企图摆脱、逃避某种情境的情绪体验。

2. 复合情绪

复合情绪是由基本情绪的不同组合派生出来的。如敌意，是由愤怒、厌恶、轻蔑复合而成的；焦虑，是由恐惧、内疚、痛苦和愤怒复合而成的。

（二）按情绪状态来分

按情绪状态，即情绪的速度、强度和持续时间来分，情绪可分为心境、激情和应激。

1. 心境

微弱、持久而具有弥漫性的情绪体验状态，通常叫心境。心境并不是对某一事件的特定体验，而是以同样的态度对待所有的事件，让所有遇到的事件都产生和当时的心境同样的色调。对于心境所持续的时间，短则只有几小时，长则可到几周、几个月，甚至更久。心境对人的生活、工作和健康会产生重要的影响，积极乐观的心境会提高人的活动效率，增强克服困难的信心，有益于健康；消极悲观的心境会降低人的活动效率，使人消沉，长期的焦虑会有损于健康。

2. 激情

激情是指强烈的、暴发式的、持续时间较短的情绪状态，这种情绪状态具有冥想的生理反应和外部行为表现。激情往往是由重大的、突如其来的事件或激烈的冲突引起的。激情既有积极的，也有消极的。在激情状态下，人的认识范围变得狭窄，分析能力和自我控制能力降低，因而在激情状态下，人的行为可能失控，甚至会做出鲁莽的行为。

3. 应激

应激是指在出现意外事件和遇到危险情景的情况下出现的高度紧张的情绪状态。如果应激状态长期持续，机体的适应能力将会受到损害，会诱发疾病。

（三）按性质分

按情绪状态的性质分，情绪可分为积极情绪和消极情绪。

积极情绪包括爱、希望、信心、同情、乐观和忠诚等。消极情绪包括恐惧、仇恨、愤怒、贪婪、嫉妒、报复和迷信等。

四、情绪对个体的影响

（一）情绪对生理的影响

正常的情绪，有助于个体的行为适应。适度的紧张、焦虑，不仅是维持工作效率的有利因素，而且也是健康生活的必备条件。适度的紧张情绪，不仅是个人的需要，也是社会所必需的。但是，不良的情绪会产生过高的应激值，将严重损害身体的健康。

（二）情绪对个体的心理影响

情绪在变态行为或精神障碍中起核心作用，严重者产生情绪障碍，常见的情绪障碍有抑郁、焦虑、恐惧、易怒、强迫等。近年来，精神疾病越来越多，其中以抑郁症最为常见。比如，韩国数位影星相继自杀；我们喜欢的歌星张国荣、作家三毛等都因患抑郁症而自杀，留下了很多遗憾，其中不良情绪起了重要作用。不良情绪对我们的生活、家庭、工作等都会产生不良的后果。

五、情绪的产生

情绪不是自发的，而是由刺激引起的，而且这些刺激有外在也有内在，有时这些刺激是具体可见的，但有时也是隐而不显的。就引起情绪的外在刺激而言，生活环境中的任何人、事、物的变化都会影响人的情绪，所谓"感时花溅泪，恨别鸟惊心"。笑声、哭声、风声、雨声、读书声、歌声令人产生不同的情绪；花香、酒香、饭香会使人产生不同的情绪；和煦的阳光、清凉的海水、无际的草原会使人心旷神怡；车水马龙的街头、拥挤的公交、喧哗的市场会使人烦躁不安；有可能不能按时完成工作、有可能的挂科会使人焦虑紧张。如此等等，引起情绪的外在刺激不胜枚举。

至于内在的刺激，有的是生理上的，比如身体的激素分泌、器官功能失常（疾病），都会成为内在刺激而影响情绪，另外记忆、联想、想象也会令人产生不同的情绪，想到伤心的事，不觉会潸然泪下。

但同时也可以看到，即使外在看到了某事与物、即使内在想到了某事与物，不同的人也会有非常不同的情绪反应。这可以说明三点：一是情绪发生因人而异；二是情绪产生不是直接由观察事物引起，而是由人的信念加工造成的（这个在前面"心态调整"部分有说明）；三是情绪具有可调控性，否则每个人面临相同的刺激就会有相同的情绪反应了。

（一）生存需要

根据马斯洛的需要层次理论（见图4-3），人的首要需求是生存需求，然后是安全需求。在衣食无忧的时候，开始考虑社交的需求，并需要表现以获得别人及自己对自己的尊重。当人们有了能够施展自己才华与潜力的空间时，其实就是在追求自我实现需要的满足。

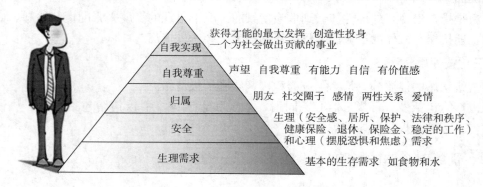

图4-3　马斯洛需要五层次

就大学生而言，毕业谋职先满足生存需要是第一需要。面对这种求职与生存的压力而产生焦虑等情绪反应都是正常，或者说是积极的。只是有时这种情绪反应过于极端了，比如一入学就开始为将来毕业找不到工作而焦虑，因为这种焦虑，反而越来越认为自己不会找到好工作。可见，初始情绪的产生基本都是有积极意义的。只是情绪过于强烈，或者持续时间过久，最终转化为一种消极因素时，就成为一个需要加以控制的东西。

有时，个人所面临的并非生存问题，而是个体欲望问题。一个人为自己设置过高的人生目标，最后未能如愿时表现出一种失败感。正如北京师范大学心理学教授郑日昌所说："如果将成功作为一个变量当作分子来看，就与你的成就、学历、职位、金钱与幸福成正比。但是分子下面还有一个分母，这个分母就是欲望。当你的欲望无限增大时，其实快乐也就无限减小。"就像有些人"端起碗来吃肉,放下碗来骂娘"。因为他们欲望过强了,反而体会不到"吃肉"的快乐。

(二)选择机会太多

当人们面临太多选择时,可能会出现选择冲突,不满意感增加从而产生情绪。

哥伦比亚大学、斯坦福大学做过一个实验,他们让人们在 6 种口味与 30 种口味的巧克力中选择。结果:参与 30 种中选择的人,更多感觉到巧克力不大好吃,比较后悔选择。后来斯坦福大学又进一步实验,他们摆了两个小吃摊,一个有 6 种口味,另一个有 24 种口味。结果 24 种口味的摊位,路过的 242 名客人有 60% 停下来试吃。6 种口味的摊位,前 260 名客人只有 40% 停下来试吃。但是,在 6 种口味的摊位试吃的顾客 30% 都至少买了一瓶果酱。而在 24 种口味摊位前试吃者只有 3% 购买了东西。

(三)人际关系不合

人是社会的动物,如果不能归属于一个群体,不能有较好的人际互动,那么其生存就会受到威胁。研究表明,一个人的心理健康程度与人际的支持和接纳有着密切关系。但是随着社会的发展,竞争越来越激烈,人与人之间建立信任的成本越来越高,这就使人际关系成为人们极端情绪引发的诱因。

(四)生活事件

大家都知道范进中举的故事,范进经历过无数次的考试,在 50 多岁中举后,竟然疯了,这就是情绪过度诱发的。高考失利、亲人离世、名誉受损、失恋,可以导致消极情绪的产生;但是晋升、有所成就、获得荣誉,同样也能导致消极情绪的产生。常见的影响情绪的重大生活事件见表 4 - 2。

表 4 - 2 重大生活事件量表

事件	冲击程度	事件	冲击程度	事件	冲击程度
配偶死亡	100	财务状况变动	38	与上司不和	23
离婚	73	好友死亡	37	工作时数的变动	20
夫妻分居	65	转变行业	36	居住处所变动	20
牢狱之灾	63	与配偶争吵	35	就读学校变动	20
家族近亲死亡	63	负债未还、抵押没收	31	娱乐活动变动	19
个人身体疾病	53	设定抵押或借债	30	教堂活动变动	19
结婚	50	工作责任的变动	29	社交活动变动	18
被解雇	47	子女离家	29	轻微财务损失	17
夫妻间的调停、和解	45	与亲戚相处困扰	29	睡眠习惯的改变	16
退休	45	个人杰出成就	28	家庭成员总数改变	15
家庭成员身体不好	44	配偶开始工作	26	饮食习惯变动	15
怀孕	40	开始上学或毕业	26	迎来假期	15
性困扰	39	社会地位的变动	25	过春节	12
家中有新成员(孩子)	39	个人习惯修正	24	违反交通规则	11
职业上的再适应	39				

（五）不合理的信念

心理学家韦斯勒总结了 11 种不合理及合理的信念，并归纳了不合理信念的三个特征，而这种非黑即白的特征，常导致极端思维，而产生情绪问题。

①绝对化的要求，在各种不合理的观念中，这一特征最为常见，它指人们以自己的意愿为出发点，对某一事物怀有其必定会发生或必定不会发生这样的信念，如"我必须成功""他应该对我好"等；

②过分概括化、以偏概全、以一概十的思维方式；

③把事情想得糟糕至极，即认为某件事情发生了，必定会非常可怕、非常糟糕、非常不幸。

六、情绪自我管理方法

人是不可能没有情绪的，并且情绪会有高低起伏，所谓情绪管理也不是（其实也不可能是）要去完全消除情绪或情绪的起伏变化，而是要使情绪的起伏在可控制的范围内，避免失控。

遇到不良情绪时，一般采取的方法包括以下五种。

（一）宣泄

宣泄是发泄自己的负面情绪的一种方法，可以有很多形式，如运动、号啕大哭、阅读、怒吼、旅游等。

（二）转移

从心理学角度看，一个人的注意力不能同时集中在两件事物上，当注意力受困于某件事情时，采用着手进行另一件事情，让心看到另一种风景，从而转移注意力，改善或消除原有的不良情绪。

转移就是把注意力从引起不良情绪的事情上转移到其他事情上去，使人从消极的情绪中解脱出来，从而激发积极愉快的情绪反应。

（三）认知调整

年轻人都希望自己或国色天香，或英武过人，或天资聪颖，或出类拔萃，谁都希望自己含着银勺子出生，能够一帆风顺、坐享其成……然而，这不符合事物的发展规律。对于不能改变的事物能安然接受，是一种积极的智慧。由"杯弓蛇影"可以看到，心理暗示的强大力量，消极的心理暗示给人带来痛苦，积极的心理暗示可以创造快乐。因此，调整认知，是保持积极情绪的重要途径。

（四）幽默

幽默的力量是无穷的，可以在微笑间缩短彼此的距离，可以在各种紧张、尴尬的场合中带动气氛、化解尴尬，还能缓解情绪，使对方心悦诚服地理解、接纳你的观点。

幽默不仅体现智慧，还包含一种强烈的自信，当一个人能够自信地承认自己的不足，同时能自信地清楚自己的价值时，才能灵活自如地采取幽默的处理方式。

（五）升华

升华是将所有可能的消极力量，都转化为自我成长的动力。司马迁在受宫刑之后，悲痛欲绝，但是他化悲痛为力量，将苦闷、愤怒等消极情绪升华，潜心写下了历史名著《史记》。

在还没有发明鞋子以前，人们都赤着脚走路，不得不忍受着脚被扎被磨的痛苦。某个国家，有位大臣为了取悦国王，把国王所有的房间都铺上了牛皮，国王踩在牛皮地毯上，感觉双脚舒服极了。为了让自己无论走到哪里都感到舒服，国王下令，把全国各地的路都铺上牛皮。众大臣听了国王的话都一筹莫展，这实在比登天还难。即便杀尽全国所有的牛，也凑不到足够的牛皮来铺路，而且由此花费的金钱、动用的人力更不知有多少。正在大臣们绞尽脑汁想如何劝说国王改变主意时，一位聪明的大臣建议说："大王可以试着用牛皮将脚包起来，再拴上一条绳子捆紧，大王的脚就不会忍受痛苦了。"国王听了很惊讶，便收回命令，采纳了建议，于是，鞋子就这样发明了出来。把全国的所有道路都铺上牛皮，这办法虽然可以使国王的脚舒服，但毕竟是一个劳民伤财的笨办法。那位大臣是聪明的，改变自己的脚，比用牛皮把全国的道路都铺上牛皮要容易得多。按照第二种办法，只要一小块牛皮，就和将整个国家的路都用牛皮铺垫起来的效果一样了。

许多时候，我们应该改变自己来适应环境。现实生活中，我们常常感到周围环境不尽如人意：自然条件的恶劣，人与人之间的相互倾轧，工作压力太大，报酬太低，面对这种种烦恼，不少人整天抱怨生活待自己太薄，牢骚满腹，怨天尤人。其实，静下心来想一想，就会明白，即使是皇帝，也没有能力让周围的一切如他所愿。对周围的环境，我可以想办法来改变它，将现实中不令人满意的成分降低到最低限度。但改变环境是很困难的，这时候，我们应该通过改变自己来适应环境。路还是原来的路，境遇还是原来的境遇，而我们的选择灵活了，路和境遇所给予我们的感受也就截然不同了。如果你希望看到环境改变，那么首先改变自己吧，改变自己固有的思维模式，换一个角度看问题，会让你有"柳暗花明又一村"的感觉。

你改变不了环境，你可以改变自己。你改变不了事实，你可以改变态度。你改变不了过去，你可以改变现在。你不能控制他人，但你可以掌握自己。有勇气改变你能改变的，有胸怀接受你不能改变的。虽然生活中有许多事情不如意，但只要珍惜自己，坦然接受自己，你会发现生活中处处都是美好的。眼睛要多看些美丽的风景，耳朵要多听些动听的声音，最重要的是要多用心来体会美好的事情，我们的心才不会迷茫。

必胜的信念是飞向成功之巅的翅膀

世界上有一批虽身处逆境，但充满自信、自强不息、奋斗向上，最终获得辉煌成就的人。

古希腊著名演说家德摩斯梯尼，原先患有口吃病，幼年结巴，语音微弱，演说时常被人喝倒彩。但他始终对自己充满信心。为了克服疾病，每天清晨口含小石子，呼喊练习，终于成为口若悬河、辩驳纵横的演说家。

德国著名天文学家开普勒。4 岁时出天花，留下一脸麻子的后遗症，后又患猩红热，高烧烧坏了眼睛，成了高度近视。他终身受疾病折磨，但他从未失去自信，在贫病交加中大无畏地斗志昂扬20余年，建立了行星运动定律，为牛顿发现万有引力打下了基础。重要著作有《宇宙的神秘》《哥白尼天文学概要》《宇宙谐和论》等。

塔哈·侯赛因，埃及作家，文学评论家，3岁时就双目失明，他顽强自信，留学法国，成为埃及历史上第一位博士。作品有小说《鹧鸪的叫声》《不幸的树》《失去的爱情》和自传体的《日子》等。还写有文学评论《前伊斯兰时代的文学》和《阿拉伯文学史》等大量作品，被誉为"阿拉伯文学支柱"。

被誉为科技"铁人"的高士其，他在病情不断恶化，从半身瘫痪到全身瘫痪，失去讲话能力的情况下，还创作了60多万字的科学小品和科普论文，创作了两千多行诗歌，著述图书十几本。

奥斯特洛夫斯基在失明、瘫痪中写出《钢铁是怎样炼成的》。

索拉利奥的"自言自语"。流浪街头的吉卜赛修补匠索拉利奥，每天早上起床的第一件事，就是大声地对自己说我一定能成为一个像安东尼奥那样伟大的画家。"说了这句话后，他就感到自己真的有了这样的能力和智慧，他就满怀激情和信心地投入一天的工作和学习之中。十年后，他成为一个超过安东尼奥的著名画家。坚信"有志者，事竟成"的项羽，做出了破釜沉舟的壮举孤军突进，一举击溃秦军主力，创下"百二秦关终属楚"的军事神话。

坚信"天生我材必有用"的李白，仕途失意后，用全部才情打造了一个浪漫瑰丽的诗歌世界，流芳百世，光耀千秋。

坚信不走寻常路才有光明前途的李娜，义无反顾地踏上了职业化的道路，一路走来，先后在法网和澳网封后，彻底打破了欧美选手对四大满贯赛事的统治局面，成为亚洲网坛一姐。

坚信付出终有回报的阿宝、"大衣哥""草帽姐"勇敢地登上了央视舞台，借助星光大道这一平台，成为家喻户晓的草根明星。必胜的信念为人插上了飞向成功之巅的翅膀。

本章小结

美国管理学家德鲁克在《21世纪的管理挑战》一书中指出，自我管理是个人为取得良好的适应，积极寻求发展而能动地对自己进行管理。自我管理水平的高低是影响个体社会适应效果和活动绩效及心理健康状况的重要因素。大学生是我们国家的未来，更是中华民族实现伟大复兴的希望。在21世纪，科学技术飞速发展，知识、信息与人才等方面的竞争尤为激烈。面对这样竞争激烈的社会，大学生除了需要掌握不断更新的专业知识和职业技能外，更要具有较强的自我管理能力，才能更好更快地提高、发展和完善自我，才能为我国社会的发展和民族的未来添砖加瓦。

问题与思考

1. 列举自己最常用的自我情绪管理方法，并说明这些方法的利弊，并讲讲发生在自己身上的实例。
2. 分析有效管理自己情绪的意义。
3. 时间管理策略如何应用于日常学习当中？
4. 自我效能提升的策略有哪些？

第五章

沟通能力

知识目标：

1. 了解沟通的概念、沟通的类型、沟通的过程。
2. 掌握有效沟通的意义、沟通的种类及不同沟通类型的特点。
3. 掌握沟通的技巧。
4. 掌握职场沟通的策略与方法。
5. 理解冲突情境下的沟通方法。

技能目标：

1. 灵活运用沟通技巧，实现有效沟通，解决现实存在的问题。
2. 能够运用职场沟通策略，处理好职场中的人际关系。
3. 学会在冲突环境下进行有效沟通。

第一节　沟通概述

导入案例 ///

　　2013 年 6 月，某职业院校软件技术专业的两名 2011 级学生被网龙网络有限公司预录用，安排在软件开发部门实习。11 月，公司将他们调整到软件测试部门，任务与专业不对口，两人却不与部门领导沟通，几天后就默不吭声地离职了。学院领导知道后，立即与公司沟通了解情况，原来公司调整他们到软件测试的岗位是因为他们具有测试方面的创意思维，而且测试人员必须懂开发。这两名学生听到学院领导反馈的消息后非常后悔，便联系公司，表明心迹想返回公司，但很遗憾，遭到拒绝。

　　讨论：这两名学生为什么失去了理想的工作？

　　个人能够与他人准确、及时沟通，才能建立起牢固的长久的人际关系。英国文豪萧伯纳说过："假如你有一个苹果，我也有一个苹果，而我们彼此交换苹果，那么，你我仍然各有一个苹果；如果你有一种思想，我也有一种思想，而我们彼此交换这些思想，那么，我们每个人都将各有两种思想。"这段话生动地告诉我们什么是沟通。

一、沟通与人际沟通

沟：水道、通道；通：贯通、往来、通晓、通过、通知……。沟通，首先有沟，然后才能通。沟通就是"沟"通，把不通的管道打通，让"死水"成为"活水"，彼此能对流、能了解、能沟通、能交通、能产生共同意识。沟通是一个将事实、思想、观念、感情、价值、态度，传给另一个人或团体的过程。沟通的目的是相互间的理解和认同，使人或群体之间互相认识、相互适应。人类社会的一切活动，都是信息制造、传递、搜集的过程，因而沟通是无时无刻不在进行着的事情。

沟通具有随时性、双向性、情绪性、互赖性的特点。所谓随时性，就是说我们所做的每件事都是沟通；我们在沟通时既要搜集信息，又要给予信息，这就决定了它的双向性；所谓情绪性，就是说接收信息会受传递信息方式的影响；沟通的结果和质量是由双方决定的，所以它还有互赖性的特点。

人际沟通是指人与人之间在共同的社会生活中彼此之间交流思想、感情和知识等信息的过程，主要是通过语言和非语言符号系统来实现的，其目的更侧重于人们之间思想与情感的协调和统一。人际沟通是一种本能，但更是一种能力，要靠有意识地培养和训练而不断提升，它是形成良好人际关系的重要保障。

二、沟通的类型

依据不同划分标准，对沟通进行如下分类。

（一）依据沟通的中介或手段划分

1. 口头沟通

口头沟通，又称语言沟通，这是最基本、最重要的沟通方式，是人与人之间使用语言进行沟通，表现为演讲、交谈、会议、面试、谈判、命令以及小道消息的传播等形式。口头沟通在一般情况下都是双向交流的，信息交流充分，反馈速度快，实时性强，信息量大。但是由于个人理解、记忆、表达的差异，可能会造成信息内容的严重扭曲与失真，传递的信息无法追忆，导致检查困难。因此，在组织中传达重要的信息时慎用口头沟通这种方式。

2. 书面沟通

书面沟通，又称文字沟通，这是指以文字、符号等书面语言沟通信息的方式。信函、报告、备忘录、计划书、合同协议、总结报告等都属于这一类。书面沟通传递的信息准确、持久、可核查，适用于比较重要的信息的传递与交流。但是在传递过程中耗时太多，传递效率远逊于口头沟通，而且形式单调，一般缺乏实时反馈的机制，信息发出者往往无法确认接收者是否收到信息，是否理解正确。

3. 非语言沟通

人的面部表情、眼神、眉毛、嘴角等的变化和手势动作、身体姿势的变化都可以传达丰富的信息，这种传递信息的方式称为非语言沟通。非语言沟通中信息意义十分明确，内涵丰富，含义隐含灵活，但是传递距离有限，界限模糊，只能意会，不能言传。一般情况下，非语言沟通与口头沟通结合进行，在沟通中对语言表达起到补充、解释说明和加强感情色彩的作用。美国心理学家艾伯特·梅拉比安的研究表明，口头交流时，55％的信息来自面部表情和身体姿态，38％来自语调，而只有7％来自词汇。

4. 技术设备支持的沟通

这是指人们借助于传递信息的设备装置所进行的沟通，例如，利用电报、电话、电视、通信卫星、手机、网络支持的电子邮件、可视会议系统作为沟通媒介，进行信息交流。技术设备支持的沟通传递速度快、信息容量大、远程传递信息可以同时传递给多人，并且价格低廉，但是它属于单向传递，并且缺乏非语言沟通。应当说，技术设备支持的沟通并非单独的一种沟通方式，技术设备与其他各种媒介物共同构成人际沟通中的信道。在现代以计算机为代表的信息技术、通信技术的支持下，尤其是在国际互联网的环境下，人与人的沟通可以延伸到世界范围。

（二）按组织管理系统和沟通情境划分

1. 正式沟通

正式沟通是指以正式组织系统为沟通渠道，依据一定的组织原则所进行的信息传递与交流。例如，组织与组织之间的公函来往，组织内部的文件传达、会议，上下级之间定期的信息交换等。正式沟通比较严肃，效果好，约束力强，易于保密，可以使信息沟通保持权威性。但是这种方式依靠组织系统层层地传递，形式比较刻板，沟通速度慢。

2. 非正式沟通

非正式沟通是正式沟通渠道以外的信息交流和传递，它不受组织监督，自由选择沟通渠道。团队成员私下交换看法，朋友聚会、传播谣言和小道消息等都属于非正式沟通。非正式沟通是正式沟通的有机补充。非正式沟通不拘形式，直接明了，速度较快，容易及时了解到正式沟通难以提供的"内幕新闻"。但非正式沟通难以控制，传递的信息不一定确切，易于失真而且它可能导致小集体、小圈子的形成，影响人心稳定和团体的凝聚力。

（三）按沟通中信息的传播方向划分

1. 上行沟通

上行沟通是指下级的意见向上级反映，即自下而上的沟通。下属人员获取的信息及掌握的有关工作的进展、出现的问题，通常需要上报给上级领导。通过上行沟通，管理者能够了解下属人员对他们的工作及整个组织的看法。下属提交的工作报告、合理化建议、员工意见调查表、上下级讨论等都属于上行沟通。

2. 下行沟通

下行沟通是指领导者对员工进行的自上而下的信息沟通。上级将信息传递给下级，通常表现为通知、命令、协调和评价下属。

3. 平行沟通

平行沟通是指组织中各平行部门之间的信息交流。保证平行部门之间的沟通渠道畅通，是减少部门之间冲突的重要措施。例如，跨职能团队就急需通过这种沟通方式形成互动。

（四）按是否进行信息反馈划分

1. 单向沟通

单向沟通是指发送者和接收者两者之间的地位不变（单向传递），一方只发送信息，另一方只接收信息。这种信息传递方式速度快，但准确性较差，有时还容易使接收者产生抗拒心理。

2. 双向沟通

在双向沟通中，发送者和接收者两者之间的地位不断交换，且发送者是以协商和讨论的姿态面对接收者。信息发出以后，还需及时听取反馈意见，必要时双方可进行多次重复商谈，直到双方共同明确和满意为止，如交谈、协商等。其优点是沟通信息准确性较高，接收者有反馈意见的机会，从而产生平等感和参与感，增加自信心和责任心，有助于建立双方的感情，但是，这种沟通方式花费的时间较多。

（五）根据沟通的对象划分

1. 自我沟通

自我沟通也称内向沟通，即信息发送者和信息接收者为同一行为主体，自行发出信息，自行传递，自我接收和理解。自我沟通过程是一切沟通的基础。事实上，人们在对别人说出一句话或做出一个动作前，就已经经历了复杂的自我沟通过程。国学家翟鸿燊曾说："一个很会沟通的人，一定很会和自己沟通。"自我沟通的过程是其他形式的人与人之间沟通成功的基础。精神分裂患者由于自我沟通过程出现了混乱，因而不能与别人有真正成功的沟通。

2. 人际沟通

人际沟通特指两个人或多个人之间的信息交流过程。这是一种与人们日常生活关系最为密切的沟通。与别人建立和继续关系，都必须通过这种沟通来实现。本书所涉及沟通问题，主要是以人际沟通为核心的。

三、沟通过程模式

（一）传播过程的 5 个基本要素

沟通本身属于信息传递的过程。1948 年，美国学者 H·拉斯维尔第一次提出沟通过程模式。他提出传播过程的 5 个基本要素，即"5W"，并按照一定的顺序将其排列，分别是信息发送者（Who）、信息内容（Say What）、渠道（in Which Channel）、信息接收者（to Whom）、是什么结果（with What Effect）。

（二）沟通过程的几个环节

一个完整的沟通过程主要包括以下几个环节：编码、通过沟通发送、通过渠道接收、译码、反馈。沟通过程包括以下要素：

1. 发送者与接收者

这是沟通的双方主体，发送者的功能是产生、提供用于交流的信息，是沟通的初始者，处于主动地位；而接收者则是接收信息的个体，处于被动状态。但是由于沟通的互动性，信息的发送者与接收者往往随时发生转换。

2. 编码与译码

编码是发送者将自己所要传送的信息转变成适当的传递符号，例如，语言、文字、图片、模型、身体姿势、表情动作等，简单地讲，就是用一种方法让别人能够领会本人意图。译码可以说是编码的逆过程，指的是信息接收者对传递过来的信息进行翻译、还原的过程。编码与译码只有在完全对称的情况下，信息 1 与信息 2 才有可能对等，接收者才会完全理解发送者的意图，否则沟通障碍就会产生。

3. 信息

在沟通过程中，人们只有通过"符号—信息"的联系才能理解信息的真实含义，但是，由于不同的人在编码与译码过程中会存在偏差，发送者传递的信息与接收者接收到的信息之间也会存在不同程度的偏差。

4. 渠道

渠道是发送者把信息传递到接收者那里所借助的媒介物。比如，口头语言沟通借助的是声波与肢体语言，书面语言沟通借助的是纸张，电子网络沟通借助的是互联网与手机通信等。

5. 反馈

在沟通的过程中，接收者把接收到的信息反馈给发送者，及时修正沟通内容，形成双向的互动交流过程。及时的反馈是达成有效沟通的重要环节。

6. 环境

环境是指沟通中面临的综合环境，一般包括物理背景、心理背景与文化背景。物理背景是指沟通中所处的场所。不同的物理背景可以显示出不同的沟通效果。如嘈杂的饭店与典雅幽静的咖啡屋会让人不由自主地改变交流沟通的内容与方式，自然交流效果也会截然不同。心理背景是指沟通双方当时的情绪与态度。兴奋、平和、激动、悲伤、焦虑、友好、冷淡或敌视等七情六欲及不同态度对沟通效果有着重要的影响。文化背景是指沟通者的教育背景、价值取向、思维模式、生活背景等。例如，亚洲国家重礼仪与委婉、多自我交流与心领神会，西方国家重独立与坦率、少自我交流，重语言沟通。不同的生活背景，造成不同的文化背景，对沟通交流有着不同的影响。

7. 噪声

噪声是指干扰沟通有效进展的任何因素，是产生沟通障碍的主要原因，它存在于沟通过程中任一环节，包含客观性噪声与主观性噪声。

（1）客观性噪声

①沟通发生在不适宜场所；

②模棱两可的语言，难以辨认的字迹；

③信息传递媒介的物理性障碍；

④不同的文化背景、风俗习惯差异。

（2）主观性噪声

①沟通者的价值观差异、伦理道德差异等导致的理解差异；

②沟通时的不佳情绪和态度；

③沟通者的身份地位、教育背景差异导致的心理落差和沟通距离；

④沟通双方在编码和译码时所产生的信息代码差异等。

四、有效沟通对建立良好人际关系的重要意义

人际关系与人际沟通密不可分。人际沟通是人际交往的起点，是建立人际关系的基础，沟通良好，会促进人际关系更加和谐，同时，人际关系良好，会促使沟通比较顺畅。反过来沟通不良，就会使人际关系紧张甚至恶化人际关系；不良的人际关系也会增加沟通的困难，

形成沟通障碍。

（一）人际沟通是人际关系发展和形成的基础

如果人类社会是网，那每个人就是网的结点，人们之间必须有线。如果人和人之间没有线的连接，那么社会就不再是网，而是一堆的点，社会也就不能成为组织，不能成为社会。人和人之间的连接，就是沟通。人际关系是在人际沟通的过程中形成和发展起来的，离开了人与人之间交往的沟通行为，人际关系就不能建立和发展。事实上，任何性质、任何类型的人际关系的建立，都是人与人之间相互沟通的结果；人际关系的发展与恶化，也同样是相互交往的结果。沟通是一切人际关系赖以建立和发展的前提，是形成、发展人际关系的根本途径。

（二）人际沟通状况决定人际关系状况

并不是所有的问题都能通过沟通交流来解决。但是，现实中的许多问题，却是由糟糕的人际沟通所造成的。美国国家通信协会的一项全国性调查指出，缺乏有效的沟通是人际关系（包括婚姻）最终破裂的最重要的原因。所以，提高人际沟通的技能，能够帮助人们改善人际关系。更重要的是，这一研究结果并不仅适用于亲密关系，有效的沟通还能改善友谊关系、亲子关系、老板与员工的关系等。

在社会生活中，一个人不可能脱离他人而独立存在，总是要与他人建立一定的人际关系。假如人们在思想感情上存在着广泛的沟通联系，就标志着他们之间已经建立起了较为密切的人际关系。假如两个人感情上对立，行为上疏远，平时缺乏沟通，则表明他们之间心理不相容，彼此间的关系紧张。

（三）有效沟通是建立良好人际关系的重要保障

有效沟通是建立良好人际关系的重要保障。有效的人际沟通可以把沟通双方的思想、情感、信息进行充分的、全方位的交换，达到消除误解与隔阂、增加共识、增进了解、联络感情的效果。和谐、团结、融洽、友爱的人际关系能够使人们在工作中互相尊重、互相关照、互相体贴、互相帮助，充满友情与温暖。沟通的过程使积极的情感体验加深，消极的沟通障碍较少，世界上最美的东西就是人与人之间的情感联络，而人与人之间的情感联络就是通过人际沟通实现的。

思考与练习 ▶▶▶

1. 互联网时代的人际沟通与传统的沟通有什么区别？
2. 设计一个 3~5 分钟的自我介绍，突出个性特征与优点，给大家留下深刻的印象。

第二节　沟通技巧——善于倾听

导入案例 ▶▶▶

一个农场主在巡视谷仓时，不慎将一只名贵的金表遗失在谷仓里。他遍寻不着，便在农场的门口贴了一张告示要人们帮忙，并悬赏 2 000 美元，人们面对重赏的诱惑，无不卖力地四处寻找。无奈，谷仓内谷粒成山，还有成捆的稻草，要想在其中找寻一块金表就如同大海捞针，人们忙到太阳下山也没有找到金表。他们不是抱怨金表太小，就是抱怨谷仓太大稻草太多。他们一个个放弃了获得 2 000 美元奖金的机会。只有一个穿着破衣的小男孩在众人离开后仍不死心，他并没有像别人那样在稻草中翻找，而是放缓脚步仔细倾听。突然，他听到一个奇特的东西在"滴答滴答……"地不停响着，他意识到这就是要找的金表。于是他连忙循声翻找，终于找到了金表，并得到了奖金。

讨论：面对同样的问题，小男孩的做法与大家有什么不同？

一、倾听的意义

谈到沟通，许多人很快想到的是如何说、怎样表达，很少有人想到倾听。从小到大，我们有不少机会去练习如何去说、如何去写，却很少有时间来学习如何去倾听。有些人认为，倾听能力与生俱来，长着耳朵就会倾听，实际上并非如此。

一位公主去寺庙拜佛游玩，方丈陪她游览寺庙景色。公主听到树上的鸟儿婉转地鸣叫，很高兴地说："多么悦耳的声音啊！"方丈问道："请问公主，您是用什么去听鸟的叫声的呢？"公主说："当然是用耳朵去听啊！"方丈说："死亡的人也有耳朵，为什么听不见呢？"公主说："死亡的人没有灵魂。"方丈说："睡着的人，有耳朵，也有灵魂，为什么听不见呢？"公主愣住了。

由此可见，倾听并不是与生俱来、不学就会的。实际上，倾听不仅是一种生理活动，更是一种情感活动，需要我们真正理解沟通对象所说的话。

在这个存在着广泛交往的时代，倾听比以前任何一个时代的倾听都更为重要。医生要倾听病人的谈话，才能了解病情从而对症下药；销售员要倾听顾客的描述，才能清楚客户的需求从而提供满意的服务；企业主管必须倾听下属的报告，才能拟订对策、解决问题。人人都需要倾听以便与别人沟通。问题是，"喜欢说，不喜欢听"乃人之常情。因此，我们都要学会倾听。

具体来说，倾听的重要价值主要体现在以下五个方面。

（一）倾听可以获取重要的信息

有人说，一个随时都在认真倾听他人讲话的人，在与别人的闲谈中就可能成为一个信息的富翁。此外，通过倾听我们可以了解对方要传达的信息，同时感受到对方的感情。

（二）倾听可以掩盖自身的弱点

俗话说"言多必失"，意思是话讲多了往往会有失误，容易弄巧成拙。对于善言者如此，对于不善表达者就更是如此。所以，当我们对事件、情况不了解、不熟悉、不明白的时候，或者当我们自知自己的表达能力有所欠缺的时候，适时地保持沉默、多听多想不失为一个明智的选择。

（三）倾听可以激发对方谈话的欲望

我们在日常交往中都有这样的感受，当我们兴致勃勃地向某个人做表达的时候，如果对方意兴阑珊，你立刻就会发现自己表达的欲望迅速下降，甚至完全失去继续交流的兴趣，反之，如果对方非常认真地倾听，你会感觉到对方很重视自己、对自己的话题很感兴趣，这种感觉会促使你进一步表达和交流。当然，好的倾听者还能激发和启发谈话者更多、更敏捷的思考和表达，双方都会获益良多，并且心情愉快。

（四）会倾听的人才能更会表达

我们只有从倾听当中捕捉到表达者要传达的重要信息，才能在接下来的表达中言之有物、言之有益；在认真倾听的过程中，我们也能学到什么样的表达是更能让人接受和认同的。

（五）倾听可以使倾听者获得友谊和信任

个人在表达的时候被别人认真倾听，会让表达者感受到被尊重、被接受、被喜爱，这些感受都会使我们更愿意靠近那个给予我们这种感受的个体。如果还能够被深深地理解的话，那真的会带来"酒逢知己千杯少"般的快乐和满足。在这个强调自我和个性的时代，在很多人都用说话来体现自己独特的部分的时候，学会倾听，恰恰让我们有能力给别人搭建起一个自我展示的舞台，这当然容易得到别人的好感和认同，获得友谊和信任。

二、良好的倾听态度

当我们懂得了倾听的重要价值之后，还得要有良好的倾听态度。包括安静、耐心和关心。

（一）良好的倾听态度首先需要安静

保持倾听时的安静，是为了做好倾听的准备：我已经闭上了我的嘴巴，带上了我的耳朵，请您开始讲吧。只有在安静的环境当中，我们才能听清楚表达者在说什么，才不会遗漏重要的信息。也只有当听众安静地倾听时，讲话的人才能感受到自己的表达是受欢迎的。保持安静，需要听众不插话、不跟周围人窃窃私语、不用身体的其他部位发出声音，比如，跺脚声、手拉动椅子的声音等。

（二）良好的倾听需要耐心

有些人在倾听的过程中过于心急，经常在说话者暂停时插话，或者在说话者思考的时候自以为是地替别人讲话；有些人在别人还没有说完的时候就迫不及待地打断对方，或者口里没说心里早就已经不耐烦了，这样往往不能把对方的意思听懂、听全。于是我们经常听到别人这样说："你等我把话说完好不好？"所以，在倾听的时候，不要打断对方的话，学会克制自己，特别是当你想发表自己的意见的时候；不要一开始就假设自己明白了他人的问题，在听完之后，可以问一句"你的意思是……""我没理解错的话，你需要……"等，以印证你所听到的是否与对方表达的相一致。

【案例】　一个顾客急匆匆地来到某营业厅的收银台。顾客说："你好，刚才你算错了100元……"收银台的小姐满脸不高兴地说："你刚才为什么不点清楚，银货两讫，概不负责！"顾客说："那就谢谢你多给了100元。"顾客扬长而去，收银台小姐目瞪口呆。

（三）良好的倾听需要关心

要带着真正的兴趣听对方在说什么；要理解对方说的话；让说话的人在你脑海里占据最重要的位置；始终同讲话者保持目光接触，不断地点头，不时地说"嗯、啊"等。

【案例】　一位汽车推销员，有一次向顾客推荐一种新型车，他热忱接待，并详尽地为客人介绍了车子的性能、优点。客人很满意，准备办理购买手续。岂料，从展厅到办公室，短短几分钟，客人的脸色却越来越难看，突然决定不买了，眼看就要成交的生意就这样黄了。

这位顾客为什么突然变卦？推销员辗转反侧，不能入眠。他回忆着自己的每一句话，并没有发现讲错的地方，也没有冒犯顾客的地方，真是百思不得其解。于是他忍不住给那位顾客拨了电话，询问原因。顾客告诉他："今天你并没有用心听我说话。就在我签字之前，我提到我儿子即将进入密歇根大学就读，我还跟你说到他喜欢赛车和将来的抱负，我以他为荣。可你根本没听我说这些话，你只顾推销自己的汽车，根本不在乎我说什么。我不愿意从一个不尊重我的人手里买东西！"

原来，那位顾客的儿子考上了名牌大学，全家人异常高兴，并决定凑钱买辆跑车送给儿子。顾客谈话中数次提及儿子、儿子、儿子，而他却一味强调：车子、车子、车子！

这位推销员恍然大悟。他从此引以为戒，外出推销时不仅带上自己的"嘴巴"，更带上自己的"耳朵"，带上感情、带上爱心。

三、需要倾听的内容

倾听的过程中，我们要关注到的内容是非常丰富的。首先，当然是说话者的语言内容。但不止于此，除了话语，我们还要关注说话者的表情和肢体动作，因为这两者往往是在用特殊的方式做着表达，在某些情况下，表达出的信息，甚至比话语更加的准确和真实。

（一）倾听要专注于表达者的主要观点

倾听时，要将精力集中在捕捉信息的精髓上面，理解表达者观点中的重点。

（二）倾听要善于听出言外之意

不是所有的表达者都愿意把自己的真实观点和想法直接用语言表达出来的，这时，就需要倾听者能听出表达者的弦外之音了。

【案例】 第二次世界大战中期，东条英机出任日本首相。此事是秘密决定的，各报记者都很想探得秘密，于是竭力采访参加会议的大臣，却一无所获。有位记者用心研究了大臣们的心理定式：谁都不会说出由谁出任首相，假如问题提得巧妙，对方会不自觉地露出某种迹象，从而有可能探得秘密。于是，他向一位参加会议的大臣提出一个问题：出任首相的人是不是秃子？

当时，日本首相有三名候选人：一个是秃子，一个是满头白发，一个是半秃顶，这个半秃顶的就是东条英机。在这看似无意的闲谈中，大臣没有想到其中暗藏玄机，因为他在听到问题之后，神色有些犹豫，没有直接回答问题。聪明的记者从这一瞬间，就推断出最后的答案，获得了独家新闻。因为对方停顿下来，肯定是在思考：半秃顶是否属于秃子？

（三）倾听时要关注表达者的表情语言和肢体语言

完整而有效的倾听，不仅在于清楚把握表达者真正想要表达的主要观点，还要通过表情、语气语调、手势动作等更好地理解表达者内心的真实感受。更重要的是，对于有着良好社会化能力的个体，当他们不想直接说出自己的真实想法的时候，语言是可以作伪的，所谓"言不由衷"就是如此，但面部表情、语气语调、身体姿势等却很难作假，尤其是身体姿势。所以，如果我们希望自己能成为一个高效的倾听者，那么，还要学会在倾听的时候关注表达者这些非言语的部分，并能够理解这些非言语部分所表达的含义。

第三节   沟通技巧——表达

古代有位国王，一天晚上做了一个梦，梦见自己满嘴的牙都掉了，于是，他找了两位解梦的人。国王问他们："为什么我会梦见自己满口的牙全掉了呢？"第一个解梦的人说："大王，梦的意思是说在你所有的亲属都死去以后，你才能死，一个都不剩。"大王一听，非常生气，把他关进大牢。第二个解梦的人说："至高无上的王，梦的意思是，您将是您所有亲属当中最长寿的一位呀！"国王听了非常高兴，便拿出百枚金币，赏给了第二个解梦的人。同样的事情，同样的内容和意思，为什么第一个解梦的人会被关进大牢，第二个解梦的人却可以得到奖赏呢？不过是表达不同而已。俗话说："一句话说得人笑，一句话说得人跳。"由此可见，表达是多么的重要。

讨论：如何进行有效的表达呢？

一、表达要注意语言内容

（一）有效的表达要简洁明了、重点突出、饱满有力

林肯曾说："在一场官司的辩论过程中，如果第七点议题是关键所在，我宁愿让对方在前六点占上风，而我在最后的第七点获胜。这一点正是我经常打赢官司的主要原因。"表达的精髓，在精而不在多。喋喋不休，不但惹人厌烦，也让人感觉不知所谓。诚如西方的谚语所云："话犹如树叶，在树叶茂盛的地方，很难见到智慧的果实。"所以，进行表达一定要想办法让听众在最短的时间内最准确地理解自己的意思。而要达到这样的效果绝非易事。这就需要我们能够清楚了解自己想要表达的主旨，并抓住关键点。但同时又不能为简而简，以简代精，这样反而会得不偿失。

（二）要对表达的内容进行适当"包装"

这里的"包装"不是伪装，更不是弄虚作假、无中生有、歪曲编造，而是在真诚的基础上为了增强表达的效果进行一些打磨、注意一些措辞、选择一些方式。

1. 表达内容要选择恰当的组织方式

研究发现，通常人们用三种方式进行表达：攻击式、退让式和自信式。很多时候我们会根据情况选择不同的方式，但当我们遇到一些特殊的事件或者特殊的人时，我们可能会不自觉地选择某一特定方式，从而进入低效的沟通模式。

攻击式的表达往往会使用下面的一些句型："你必须……""因为我已经说过了。""你这个白痴！""你总是/从不……""我知道这样做不会有用的。""你怎么能那样想呢？"……从这些表达里，我们通常会感受到责备、非难、要求和命令，如果攻击程度没有那样明显的话，我们至少也能从中听出否定、不满和抱怨的情绪，而且攻击式的表达往往对人不对事，我们会从这样的表达里发现"你"这个词语出现的频率比较高。

退让式的表达经常使用这样的句子："如果你想……，我没有意见。""不知道我是否可以那样做？""我最近正忙着呢，随后我会和他讨论这个问题。""抱歉，问你一下。""打扰

你了，很抱歉。"……从这些表达里，我们很难感受到强硬的或者很多非常确定的东西，当然也会经常从这样的表达里听到诸如"也许""可能""希望"等词语。

自信式表达常常是这样一些句子："是的，那是我的错误。""我对你的观点是这样理解的……""让我解释一下为什么我不同意那个观点。""让我们先定义一下这个议题，然后寻求几个有助于解决它的途径。""请耐心听我讲明白，然后我们一起解决这个问题。"……自信式的表达常常是负责任的、积极主动的、着眼于问题的。

2. 表达的内容要因人而异

有效的表达，需要我们根据表达对象的不同在内容上进行调整。一方面，因人而异的表达可以让不同的对象听得更加清晰明白；另一方面，所谓众口难调，因人而异的表达也更容易符合不同听众的口味，使他们都对表达感兴趣。所以，因人而异的表达要根据倾听者的性别、受教育程度、性格特点、身份特征、年龄特征、心理需求等的不同而有所变化。此外，我们在表达的时候还要注意投对方所好、谈论对方感兴趣的话题，也就是俗语所说的"到什么山头唱什么歌"。那么，什么样的话题是别人永远都感兴趣的呢？答案就是他们自己！大多数人很难对别人产生影响力或者号召力，是由于他们总是忙着考虑自己、忙着谈论自己、忙着表现自己，所以我们在沟通过程中如果能够放弃谈论自己而产生的满足感，把表达中的"我""我的"替换成"你""你的"，也许我们就能发现，我们的表达能让对方更感兴趣，彼此之间的沟通也更加顺畅。

【案例】 有一个秀才去买柴。他对卖柴的人说："荷薪者来！"卖柴的人听不懂"荷薪者"（担柴的人）三个字，但是听得懂"来"这个字，于是把柴担到秀才面前。秀才问他："其价如何？"卖柴的人听不懂这句话，但是听得懂"价"这个字，于是就告诉秀才价钱。秀才接着说："外实而内虚，烟多而焰少，请损之。"（你的木材外表是干的，里头却是湿的，燃烧起来，会浓烟多而火焰少，请减些价钱吧。）卖柴的人因为听不懂秀才的话，于是担着柴就走了。

迂腐的秀才不懂得变迁，对着目不识丁的卖柴人还用文绉绉的语言进行表达，导致沟通断裂。

3. 表达的内容要多些积极关注和真诚赞美

任何一个个体，在与别人的交往过程中都喜欢得到别人的肯定和欣赏，没有人愿意从别人那里感受到对自己的负面情感和评价，哪怕是再亲近的朋友或亲人。所以，在正常的沟通交流中，我们可以适当地给别人以积极的关注和真诚的赞美。

（1）赞美首先必须是真诚的

真诚赞美最基本的要求就是真实。也就是说，我们赞美的内容必须是对方真实具备的。什么情况下我们才能发现对方真实的、值得欣赏的地方呢？这当然需要我们对对方有比较多的关注，而且是非常积极的关注。当我们在人际交往过程中能够用积极的视角给予对方比较多的关注的时候，其实就已经让对方非常舒服和受用了，此时，人际沟通几近成功了一半。

（2）赞美要具体

有些人赞美别人的时候往往不着边际，很容易让别人觉得不真诚甚至虚伪。如何使别人被赞美得很舒服又觉得的确如此呢？那么一定要学会选择细节进行具体的赞美。比如，碰到一位女士，你泛泛地说："你今天真漂亮。"就不如具体地说："你今天穿的这件粉色的裙子很衬托你的皮肤，显得你又好看又精神。"所以，当现在随便到哪儿都有人"美女、美女"

地乱叫的时候，被叫的女性也根本没真把"美女"当成是对自己的容貌气质的赞美。

（3）赞美并不一定都要使用语言来表达

有的时候，一个欣赏的眼神，一个鼓励的微笑，或者一个拍肩膀的动作，都能让对方感受到来自称赞者的赞美和欣赏。

（4）赞美的频率和热情度不宜过高

赞美别人需要真诚的情感，并非用辞藻堆砌起来做报告。一味地热情称赞，反而会让对方觉得虚情假意，或者会让对方当作一种谄媚或者纯粹的客气，甚至让别人觉得一时无法承受。

【案例】 某人擅长奉承，一日请客，客人到齐后，他挨个问人家是怎么来的。第一位说是坐出租车来的，他大拇指一竖："潇洒，潇洒"！第二位是个领导，说是亲自开车来的，他惊叹道："廉洁，廉洁"！第三位显得不好意思说是骑自行车来的，他拍着人家的肩膀连声称赞："时髦，时髦"！第四位没权没势，自行车也丢了，说是走着来的，他也面露羡慕："健康，健康"！第五位见他捧技高超，想难一难他，说是爬着来的，他击掌叫道："稳当，稳当"！

二、表达要注意非言语内容

（一）良好的表达要注意语音语调

同一个意思，甚至完全相同的内容，用不同的语音语调进行表达，就会产生不同的意思和感觉。比如，"我讨厌你！"可以是表达真正的厌恶，也可以是情人之间的打情骂俏。所以，要使表达更有效，我们需要注意表达时的语音语调。通常，语音语调要根据表达的内容、情境、对象有所变化。一般来说，场面越大，越要适当提高声音、放慢语速，把握语势上扬的幅度，以突出重点；反之，场面越小，越要适当降低声音，适当紧凑词语密度，并把握语势的下降趋势，追求自然。相关的专家通过研究给我们提出了这样的建议：基于人际交往的需要，我们的语气不能跟着自己的感觉走，要根据当时的情形和谈话的内容选择语气；但是语调任何时候都要低，如果你试着放低声音，你会发现，一个低沉的声音更能吸引人们的注意力，并博得他们的信任和尊敬。

（二）良好的表达要学会微笑

进行高效的沟通和表达，当然要配以恰如其分的神态和表情。当然，我们这样讲并非让大家像演员一样去表演，而是试图说明表达时表达者是一个整体，倾听者感受到的，不仅是语言表达的内容，还包括表达者的神情体态等，倾听者最后理解到的是表达者的语言表达内容、神情体态等整体所传递出来的信息。但在这些神情语态中，可能最需要表达者注意的就是微笑了。

微笑被看成是没有国界的语言。一个真诚、友好的微笑是捕获人心最有效的方法，它能消除人与人之间的隔阂和疏离，拉近人们之间的界限和距离，甚至，当我们与他人处在紧张和有些敌意的氛围中时，一个友善、由衷的微笑，也能瞬间让我们周遭的氛围变得不同。微笑不但能保持我们自身良好的形象，也能有效地影响他人。所以，在与别人进行沟通交流的时候，学会微笑吧！甚至有人认为，哪怕是在不能面对面的电话过程中，也要试着在讲话的时候保持微笑，因为通过微笑所传达出来的善意和真诚，是可以让对方通过电话感受到的。

学会把微笑运用到我们的日常生活和工作中去，也许会让我们有意想不到的收获。

第四节　职场沟通策略

导入案例 ///

　　林琳进公司不久，总经理的秘书就出国了，由于她谦虚、勤奋和聪明，总经理秘书这个空缺就被她填补了。随着地位的变化，她开始有些飘飘然了，不久，同事们能从她说话的语气中感受到她那种无形的优越感。这天，市场部张经理打电话找总经理，林琳回答："总经理出去了，等他回来我马上与你联络。"林琳的回答让张经理感觉怪怪的，心里很不舒服。没过几天，总经理就提醒林琳要摆正自己的位置，为人要低调一些。显然，张经理在总经理那里说了对林琳不满的话。张经理为何对林琳的应答感觉怪怪的呢？因为林琳的答语给张经理一种感觉：总经理似乎只属于她一个人，我张经理只是个外人。

　　讨论：林琳应该怎么答复张经理？

一、与上司的沟通

　　所谓与上司的沟通，指的是职场中个体通过恰当的途径和方式与管理者或者决策者进行信息的交流。

　　与上司的沟通顺畅，无论对于上下级哪一方来讲都是非常重要的。就下级来讲更是如此，这既是工作得以顺利开展，任务得以圆满完成的重要基础和保证，也是个体在职场中获得更好发展和更广阔机遇的重要条件。那么，如何与上司进行良好有效的沟通呢？

（一）与上司沟通的原则

　　一般来说，在职场中可以居于一定职位的个体，相对来说往往都有一些过人的能力，同时也稳重老练，自恋自尊。所以，在与上司的沟通中，首先，要抛弃"不宜与上司过多接触"的观念，克服与上司进行沟通时的害怕、焦虑心理。一名合格而成熟的职场人士，应该具有这样的沟通理念：和上司沟通是一个职场人士的基本职责之一。其次，与上司沟通还要注意以下原则：

　　1. 尊重

　　在一般的沟通交流中，每个人都渴望得到对方的尊重，希望自己应有的地位和作用得到认同和肯定。职场中与上司的沟通更是如此。所以在工作中，作为下属，要理解上司的处境和苦衷，知道维护上司的威信和地位，懂得尊重上司的看法和意见。如果有与上司不一致的意见和想法，也要学会用恰当的方式和方法进行表达。这么做，无论是对于工作，还是双方的情感和关系，都是大有裨益的。

　　有人把职场中对于上司的尊重误认为是一种讨好和奉承，实际上并非如此。如果说尊重是基于对平等的理解，是基于个体一种基本的素养以及对于人之常情的理解和照顾的前提的话，那么奉承和讨好则更多的是基于一己之私。

　　2. 以解决工作中的问题为出发点

　　上下级之间的关系主要还是工作关系。所以，在沟通的过程中，双方都要摈弃彼此之间的私人恩怨和私利，同时也要摆脱人身依附关系，把工作放在最重要的位置，以客观理性的目光看待工作关系，在任何时候、任何问题上都以解决工作中的问题、完成工作中的任务为第一要务。

3. 学会服从

一般来说，上司由于经验和职务关系，往往更能从大局出发，通盘考虑，思考的角度也会更周全，所以，与上司沟通时懂得服从也是必需的，这样才能让一个组织变成更严密和更高效的整体。

4. 不要理想化

在与上司的沟通中，下属也要明白上司也是一个普通人，具有普通人所具有的所有特点和局限，既要看到他们的优点和长处，也要看到他们的缺点和短处，切勿用自己头脑中形成的理想化模式去要求和期待上司。

（二）与上司沟通的方法

1. 沟通态度要主动

上司因为要承担更多的责任，所以一般工作都比较繁忙，在这种情况下，也鲜有上司能主动深入到员工中去寻求沟通。这时，就需要员工用恰当的方法主动与上司进行沟通。这样的沟通除了可以更好地完成工作和任务之外，也可以因为适当的交流和沟通而使上司和下属之间的关系不至于疏离。

2. 沟通频率要适度

在现实职场中，上下级之间的沟通既不能"不及"，也不可"过分"。实际上，职场中下对上的沟通往往存在两个极端，要么是沟通频率过高，要么是沟通频率过低。就沟通频率过高而言，有些员工为了博得上司的赏识和青睐，有事没事就往上司办公室跑，既容易给上司正常工作造成困扰，也容易让上司怀疑员工缺乏独立工作能力，还可能造成同事之间心理上的不平衡。而有些下属恰恰相反，认为一个好的员工只要默默做好自己的本职工作就好，至于是否要向上司汇报思想和工作情况则不太重要，因而需要请示或汇报的时候缺乏相应的请示和汇报，这样，久而久之，既不利于工作的开展和完成，在一定程度上也会影响团队的凝聚力和自身的发展前景。

3. 沟通机会要适时

要使与上司的沟通更为有效，还要选择合适的时机。

（1）要选择上司相对轻松的时候

在与上司的沟通之前，可以通过电话、短信的方式主动预约，也可以请对方预约沟通时间和地点，自己按时赴约。如果属于自己的私事，则不适合在上司工作的时候去打扰。

（2）要选择上司心情良好的时候

当上司心情欠佳的时候，最好不要去打扰对方，特别是准备向对方提要求、说困难或者表达自己不同看法的时候。

（3）要寻求合适的单独交谈机会

特别是试图改变上司的决定或者意图的时候，要尽量利用非正式场合或没有其他人在场的时候，这样既能给自己留下回旋余地，又有利于维护上司的尊严。

（4）要视上司的不同特点选择灵活的沟通方式

一般来说，如果上司属于权力欲比较强的控制型（性格特点具体表现为实际、果决求胜心切，态度强硬，要求服从），更多关注结果而非过程，那么在进行沟通时就要简明扼要、直截了当、尊重权威，还可以更多称赞成就而非个性或人品。如果上司属于看重人际关系的互动型（性格特点表现为亲切友善、善于交际，愿意聆听困难和要求，同时喜欢参与，愿意主动营造融洽氛围），沟通过程中就要注意多些公开、真诚的赞美，要能开诚布公地发表意见，切勿背后发泄不满情绪。如果上司属于干事创业的实务型（性格特征表现为有自己的一套为人处世的标准，喜欢理性思考而不喜欢感情用事，注重细节并且更愿意探究问题和事情的来龙去脉），那么在沟通中就要注意开门见山、就事论事，同时要注意据实陈述并且切勿忽略关键细节。

此外，在与上司的沟通过程中，一定要正确认识自己的角色、地位，真正做到出力而不越位。

（三）如何进行请示与汇报

请示，是下级向上级请求决断、指示或者批示的行为；汇报，是下级向上级报告情况、提出建议的行为。二者都是职场人士经常要进行的工作。请示或汇报一般包括四个步骤：一是明确指令，主要是清楚了解是谁传达的指令，要做什么，什么时间、地点，为什么做，怎样做等。如果有任何一点不清楚，都要和上司进行及时的沟通，以免贻误工作。二是拟订计划。在明确了工作目标之后要拟订详细、具体的计划，交给上司审批。在拟订计划的过程中，要阐明自己的行动方案和步骤。三是适时请教。在计划进行过程中，要及时向上司汇报和请教，让上司了解工作的进程和取得的阶段性成果，并及时听取上司的意见和建议。四是总结汇报。任务完成之后，要及时而主动地向上司进行总结汇报，包括成功的经验和不足之处，以便在今后的工作中进一步进行改进和完善。这样做既让上司看到自己的责任心和敬业心，也让上司看到自己的才干和能力。此外，请示和汇报还要注意：要按照下级服从上级的原则，坚持逐级请示、报告；要避免多头请示、报告，坚持谁交办向谁请示和汇报，以减少不必要的矛盾，提高工作效率；要尊重而不依赖，主动而不擅权。

二、与同事的沟通

所谓同事关系，是指同一组织内部处于同一层次的员工之间存在的一种横向人际关系。通常是职位平等的，需要日日相处、协同工作，同时又存在利益之争，有很多心照不宣的东西。因此，同事之间的关系有许多微妙之处，既有合作关系，又有竞争关系，需要我们在职场中很好地处理和对待。

（一）与同事沟通的基本原则

1. "三互"原则

（1）互相尊重。古语有云：敬人者，人恒敬之。在职场中要想得到别人的尊重，自己也要学会尊重别人，尊重他们的人格、工作和劳动及他们在团队中的地位和作用。更何况，获得尊重、认同和欣赏，是包括我们自己在内的每一个人的需要和期待。

（2）互相坦诚。在人际沟通过程中，真诚是不二法则，与职场同事沟通同样如此。只有襟怀坦荡、以诚相待，才能激起同事心灵和情感上的共鸣，才能收获真诚和信任。不懂得真诚、说一套做一套的虚伪之人，即便讨得同事一时的喜欢，所谓"疾风知劲草，日久见人心"，日子久了，也会暴露本来面目，被同事厌恶。

（3）互相体谅谦让。同事之间因工作任务聚集到一起，难免会因为经历、性格、价值观、看问题的立场思路等的不同而存在差异、分歧甚至误解和冲突，不要放任自己的情绪、感受扩大冲突，而要通过换位思考等方式理解对方、相互体谅谦让、求同存异。

2. "四不"原则

（1）不谈论私事

根据调查，只有不到1%的人能够严守别人的秘密。因此，当自己出现失恋、婚变等与私生活有关的事件时，注意尽量不要在办公室交流，对上司、同事有不满和意见，也尽量不要向无关人等倾诉。虽然在办公室互诉心事似乎很富有人情味，能使彼此之间似乎更为亲近，但办公室还是因工作关系而存在的一个特殊场所，容易界限不清、公私混淆，给彼此带来麻烦和困扰。

（2）不传播"耳语"

所谓"耳语"，即小道消息，是指非经正式、正常途径传播的消息，往往容易失实，因而并不可靠。当然，实际上，在一个单位要杜绝小道消息几乎是不可能的，所以，对于小道消息，要尽量做到不打听、不评论、不传播。

（3）不当众炫耀

每个人都渴望得到别人的肯定和认同，所以都会尽可能地展现自己好的一面，以维护自己的形象和尊严。但如果当众进行炫耀的话，无论是炫耀地位或者财富，还是炫耀容貌或者才华，都是在无形之中贬低别人、凸现自己，容易让人感觉是对别人自尊和自信的挑战，是为了在别人面前凸现自己的优越性，因此，这样很容易引起别人的防御、反感和排斥。这对同事之间关系的维系有弊无利。

（4）不直来直去

在沟通过程中，常常有人想到什么就说什么、口无遮拦，还美其名曰自己心直口快，刀子嘴豆腐心。实际上这样的表达能给自己带来一时之快，但却容易伤害别人，进而也给自己带来困扰。所以职场同事沟通中切忌直来直去，尤其是在有求于对方或者与对方有不同意见的时候，更加不能直截了当、毫无顾忌。

3. 大局为重

如果与某些同事存在差异分歧、冲突，也尽可能不要"家丑"外扬，不要对自己的同事评头论足甚至恶意攻击，尤其是在与本单位以外的人员进行工作接触的时候，因为这样做常常会让对方质疑攻击者的人格品性，对你心生忌惮。

（二）与同事沟通的基本方法

1. 懂得相互欣赏

职场人士都有得到赞许和欣赏的愿望与期待，都希望自己的工作和劳动得到别人的重视和认同，都希望有来自他人恰如其分的评价和鼓励，所以我们要善于发现同事的优点和长处，以及在工作中付出的努力、取得的进步和成绩，并进行肯定和赞美。

2. 主动交流和沟通

人际关系要融洽和密切，一定的交流和沟通是必需的，所以在职场中我们要学会利用工作之余的闲暇主动找同事谈谈心、聊聊天或者请教问题，只有在这样的交流和沟通中，彼此才能加深了解，融洽相处。

3. 保持适当距离

和同事之间形成良好的关系，并非表示要无话不谈、亲密无间，实际上由于同事之间既存在合作又存在利益竞争，所以很多时候并不适合太过亲密，很多时候过分亲密和随意容易导致隐私被侵犯。同时，太过亲密和随意也有可能逾越彼此的界限，使得工作和私人生活无法清楚分开，反而会带来摩擦和矛盾。

（三）新进员工与同事的沟通之道

任何个体来到一个新的工作环境，都需要尽快融入团体、争取同事的认可，所以对于每一个刚刚走上工作岗位的新进员工而言，能否和同事进行良好的沟通就显得极为重要。

1. 要注意顺应风格，低调行事

任何一个部门或单位，只要能够正常地运行，在长期的协作过程中都已形成了一个完整系统。这样的系统拥有自己比较固定而独特的风格，系统中的成员也基本都有了自己比较固定的位置。当新进员工作为一个外来的陌生个体出现时，一定会对系统和系统中原有成员造成某种程度的影响和扰动，新成员能做的，绝对不是让系统为自己去改变风格，而是要想办法融入系统，这样才能让老成员心甘情愿地对已经基本成形的固定位置做一些改变，以容纳新来者。所以新进员工在不清楚部门或者单位的风格、未被系统和成员认可的时候，尽量不要太过张扬，不要迫不及待地表现自己，而要暂时保持低调，多倾听多观察，多思考，多做事，少说话，这才是了解和适应新环境的明智之举。同时新进员工要保持谦逊，只有懂得谦逊和尊重自己的同事和前辈，才能在需要的时候得到别人的支持和帮助。

2. 要懂得尊重前辈

每个单位，都会有一些资历比较老的前辈员工，这些老员工有的可能从表面上看不出有多厉害，所以有些新进员工就容易对他们产生轻视之心，在与前辈老员工的沟通过程中表现出不以为意甚至对老员工不甚尊重的态度。事实上，前辈员工也许既没有很高的学历，也没有特别拿得出手的业绩，但常常因为资历深、经验多、忠诚度高而在员工中和单位里拥有一定的威望和人脉，需要新进员工加以重视。所以，新进员工要学会很好地与前辈员工进行沟通和交往。首先，新进员工要积极主动，遇事多虚心请教，充分尊重对方的意见或者建议，即使双方存在分歧，也要把敬意和肯定放在前面，用谦虚、委婉的方式表明自己的观点。其次，要以礼相待，尽量多使用"请""麻烦""谢谢"等礼貌用语。

3. 面对工作任务和问题，尽量不要埋怨，少说"不会"

新进员工刚刚进入一个新的环境，当然存在对很多规章制度、程序安排、内外环境等不熟悉的情况，还有一些新进员工刚刚从学校毕业，还没有从学生心态成功转型为职业人心态，再加上原本的性格、习惯模式等影响，碰到困难、面对上司的安排或是同事的请求时，不试着尽力处理和解决，反而抱怨连连或者干脆以"不会""不清楚""不了解"来拒绝。这些都是相当幼稚和没有担当的表现，而职场需要的是成熟、肯学习和能负责任的个体。

4. 不要自以为是地处理问题

有些新进员工由于性格、经验、思维方式等种种原因，喜欢以自己的喜好或猜想自以为是地理解和处理问题，常常导致误解和偏差。尤其是在对工作任务不理解、不明白或者任务完成过程中碰到困难时，如果不去找领导或者同事商量，而是仅凭自己个人的主观意愿来处理，往往会导致任务完成不了或者工作出现失误，到那时，再以"对不起，我以为……"来解释就为时已晚了。

第五节 冲突情境下的沟通

从前，有个脾气很坏的小男孩。一天，他父亲给了他一大包钉子，要求他每发一次脾气，就必须用铁锤在后院的栅栏上钉上一颗钉子。第一天，小男孩在栅栏上钉了37颗钉子。过了几个星期，由于学会了控制自己的愤怒，小男孩每天在栅栏上钉钉子的数目逐渐减少了。他发现控制自己的坏脾气，比往栅栏上钉钉子要容易多了。最后，小男孩变得不爱发脾气了。他把自己的转变告诉了父亲。他父亲又建议说："如果你能坚持一整天不发脾气，就从栅栏上拔下一颗钉子。"经过一段时间，小男孩终于把栅栏上所有的钉子都拔掉了。

父亲来到栅栏边，对男孩说："儿子，你做得很好！但是，你看钉子在栅栏上留下那么多小孔，栅栏再也不是原来的样子了。当你向别人发过脾气之后，人们的心灵上就会留下疤痕。无论你说多少次对不起，那伤口都会永远存在。所以，口头上的伤害与肉体的伤害没什么两样。"

冲突情境是交流和沟通当中一个比较激烈和极端的状态，如果不能妥善处理，常常会带来消极的后果，轻则使彼此疏离避让，重则导致人际关系的断裂甚至仇怨的产生。处在这样的情境当中，个体常常会有相当大的压力，如果没有比较强大的自我调适和沟通能力，个体往往容易产生逃避的冲动，很难直接面对冲突，有时候即便勉强面对，也容易弄巧成拙，使关系急转直下。所以，冲突情境下的沟通就显得尤为重要。

讨论：冲突情境下的沟通需要注意哪些事项呢？

一、处理好自己的负性情绪

在冲突的情境中，当事人往往都带有比较强烈的负性情绪和对彼此的消极感受，如果不能很好地控制自己的情绪，当事人的言行举止很容易过激。而且负性情绪有很大的传染性，会激发彼此用更消极的方式处理问题。所以，我们要学会控制自己的不良情绪。为了不让消极的情绪进一步给彼此的关系带来伤害，发生冲突时我们可以通过暂时停止接触、离开冲突情境、稍候再进行沟通等方式来处理自己的情绪，增加冲突被化解和修复的可能性。再次沟通之前，我们一定要先对自己的情绪做一些处理，力争在心平气和的状态之下进行进一步沟通。

二、牢记沟通目的，对事不对人

为了解决冲突而进行沟通时，我们一定要提醒自己牢记沟通的目的：我们的沟通，是为了解决问题，而非宣泄情绪。所以在接下来的沟通过程中，要理性从容、目的明确，用恰当的方式客观地进行表达，描述事情的经过，表达自己的感受，尽量少判断、少评定，做到对事不对人、不扩大、不泛化。因为冲突情境下，双方的情绪感受都比较消极、敏感性都会增强，所以此种情境下的表达就更加要慎重、谨慎。为了使自己的表达更能让对方所接受，我们要进行换位思考，在表达给对方之前，不妨先说给自己听听，看看自己能否接受、是否认同。

三、要表达自己真正的需求，不要口不对心

人在冲突情境下往往受到强烈情绪的支配，容易口不择言、怎么畅快怎么来，有时候说出来的话、表达出来的情绪，未必是个体内心真正的想法和感受。比如，一对情侣约会，一向不迟到的男方在毫无预兆的情况下迟到了，并且联系不上，女方在约会地等了很久，当终于看到姗姗来迟的男友时，女孩会做怎样的表达呢？也许是发火来表达自己的不满、愤怒和埋怨，但实际上，这可能就掩盖了女生对男友更真实、更深层的担忧和见到对方安全无恙时的释然。但很显然，如果只是表达前者，很容易激起另一方的消极感受，而忽略这浓烈火药味的背后所掩盖的表达者对所爱之人的牵挂和在意。所以在冲突情境下进行沟通，就更加要清楚自己内心真正想要的到底是什么，切勿口不对心、让自己事后追悔莫及。

四、尊重不同，悦纳多样

有的时候，即便我们努力沟通，但可能就是没有办法让别人认同我们的建议、听从我们的劝告，也无法消解彼此的差异和分歧。这个时候，我们要能够尊重彼此的独特性和差异性。实际上，正是有这样多的差异和分歧，世界才丰富多彩，我们的生活才不至于单调乏味。而当我们能够真正悦纳这些分歧、求同存异的时候，也许我们就会发现，冲突就这样在不知不觉中消失于无形了。

知识拓展

沟通漏斗（图 5-1），是指工作中团队沟通效率下降的一种现象。

一个团队要共同完成一项任务，必须要配合默契。一个企业要发展壮大，员工之间必须达成有效的合作，合作的默契源于沟通，是对沟通的升华。在工作中尽可能减少沟通漏斗，才能达到更好的理解，才能更出色地完成工作；还能避免他人不全面的或错误的理解影响人际关系。

沟通漏斗呈现的是一种由上至下逐渐减少的趋势，因为漏斗的特性就在于"漏"。对沟通者来说，是指如果一个人心里想的是 100% 的东西，当你在众人面前、在开会的场合用语言表达心里 100% 的东西时，这些东西已经漏掉 20% 了，你说出来的只剩下 80% 了。而当这 80% 的东西进入别人的耳朵时，由于文化水平、知识背景等关系，只存活了 60%。实际上，真正被别人理解了、消化了的东西大概只有 40%。等到这些人遵照领悟的 40% 具体行动时，已经变成 20% 了；一定要掌握一些沟通技巧，争取让这个漏斗漏得越来越少。

在沟通中，你心里所想的 100%，他人行动时却只有 20%，我们心里要说的话，为什么会层层漏掉？

沟通漏斗的原因、对策分析见表 5-1。

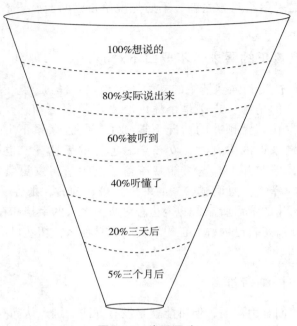

图 5 - 1　沟通漏斗

表 5 - 1　沟通漏斗的原因、对策分析

序号	内容	原因	对策
1	第一个漏掉的 20%（你心里想的 100%，你嘴上说的 80%）	（1）没有记住重点 （2）不好意思讲	写下要点
2	第二个漏掉的 20%（你嘴上说的 80%，别人听到的 60%）	（1）你自己在讲话时有干扰 （2）他人在讲话时有干扰 （3）没有笔记	（1）避免干扰 （2）记笔记
3	第三个漏掉的 20%（别人听到的 60%，别人听懂的 40%）	不懂装懂	（1）质问 （2）问他有没有其他想法
4	第四个漏掉的 20%（别人听懂的 40%，别人执行的 20%）	（1）没有办法 （2）缺少监督	（1）变更工作分工 （2）加强监督

卡耐基演讲"魔术公式"

戴尔·卡耐基被誉为 20 世纪最伟大的心灵导师和成功学大师、美国现代成人教育之父。他利用大量普通人不断努力取得成功的故事，通过演讲和著作唤起无数陷入迷茫者的斗志，激励他们取得辉煌的成就。

在多年的探索实践中，卡耐基总结了演讲讲话的"魔术公式"：

第一步：一开始就描述实例的细节，生动地表达你的思想观点；

第二步：详细而清晰地表达你的观点，确切地说出你想让听众做什么；

第三步：陈述理由，向听众强调，如果按照你所说的，他们会得到什么好处。

利用这个"魔术公式"，你可以确定获得听众注意，并可将焦点对准重点，避免啰唆无趣的开场白，"我没有时间把这场演讲准备得更好或你们的主席请我谈论这个题目时，我在想为什么他要挑选我等"，听众对道歉和辩解不感兴趣，不论是真是假。他们要的是行动，在"魔术公式"里，你一开口便给了他们行动。

看看列兰·史多是怎样用精彩的演讲打动听众支持联合国儿童救援行动的。"我祈祷自己再也不要这样了：一个孩子和死亡之间只差一颗花生。难道还有比这更凄惨的吗？我希望永远不要这样，不要在事后永远活在这种悲惨的记忆里。如果一月的一天，在雅典被炸得千疮百孔的工人区里，你曾听到他们的声音，见到他们的眼睛，可是，我所留下的一切，只是半磅重的一罐花生而已。当我费力地打开它时，成群衣衫褴褛的孩子把我团团围住，疯狂地伸出他们的手。更有大批的母亲，怀抱着婴儿推挤争抢……她们都把婴儿举向我，只剩皮包骨的小手抽搐地伸张着。我尽力使每颗花生都发挥作用。在他们疯狂的挤拥之下，我几乎被他们撞倒。举目只见百来只乞求的手、抓握的手、绝望的手，全是瘦小的可怜的手。这里分一颗盐花生，那里分一颗盐花生。数以百只的手伸着、请求着；数以百双的眼睛闪出希望的光芒。我无助地站在那里，手中只剩下蓝色的空罐子了……。啊，我希望这种情形永远不会发生在你身上。"

这是一则运用卡耐基"魔术公式"的典范。

本章小结

良好的沟通能力是建立和谐、深入的人际关系必不可少的条件，也是让我们的工作和事业顺利发展必须具备的基本能力，前者满足我们的情感需求，后者有利于我们的价值追求，所以我们每一个个体都需要具备良好的沟通能力。而沟通能力中最基本的技巧是倾听和表达。无论是倾听还是表达，都需要我们从语言内容和非语言的内容等方面加以注意和训练，这样我们才能逐渐成为一个合格的倾听者和一个高效的表达者。职场环境中的沟通则需要我们根据不同的沟通对象和情境灵活变化，遵循不同规则，选用恰当方法，成为一个在职业发展中游刃有余的沟通高手。

问题与思考 \\\

1. 倾听的游戏

两人一组，一个人连续说 3 分钟，另外一个人只许听，不许发声，更不许插话，可以用身体语言。完成之后，两人互换角色。结束以后每人轮流先谈一谈听到对方说了些什么，然后由对方谈一谈倾听者描述的所听到的信息是不是自己表达的。

2. 职场沟通

小王是一个大学毕业参加工作不久的"新人"。她做事认真细致，和同事相处地很融洽，可是她不愿意主动和上司交流。她说她其实挺欣赏自己上司的，认为他敬业、有才华、对下属负责，但她不知为什么一见上司就底气不足，对于和上司沟通的事情能躲就躲。有一次，因为没有听清楚上司的意思，导致上司交给她的工作被耽搁了，上司事后问她："为什么你不过来再问我一声？"她说："怕您太忙。"上司很生气地说："我忙我的，怕什么？"时间长了，小王一和上司沟通就紧张，会出现脸红、心跳、说话不利索的状况，大家都认为小王怕上司，她自己也这么认为。上司看见她这样，也就很少和她单独沟通。晋升的机会来临了，小王很想把握住这个机会，但她又犹豫了。因为升职后的工作会面临比较复杂的关系，需要经常和上司保持沟通。她觉得她天生就怕领导，因此就失去了良机。假定你是小王，会采取怎样的措施挽回这种被动的局面？

3. 冲突处理

小张和小刘是同室好友，关系十分密切。小张家境不太好，在学习的同时，每天早晨不到 5 点就要到一家餐厅打工。随着学习压力的增大，期末考试期间两人之间出现矛盾。下面这段对话后，两人的关系出现了裂痕。

刘：你上班就非得把全宿舍的人都闹醒啊？

张：你以为我愿意起这么早？我得自己挣钱养活自己。不像你，懒在屋里，靠家里供养。你自己最清楚，你是我认识的人中最懒的一个。

刘：别来这一套！难道你就不能轻一点吗？怎么那么自私呢，从来就不稍稍考虑一下别人！

思考与讨论：

（1）请分析两人在言语表达上的失误。

（2）如果你是小张或者小刘，你会如何表达以避免一场口舌之争？

第六章

礼仪素养

学习目标 ////

知识目标

1. 了解礼仪素养的重要性。
2. 了解并掌握仪容礼仪。
3. 了解并掌握着装礼仪及服饰穿戴选择的基本原则。
4. 掌握仪态美。
5. 掌握电话礼仪。

技能目标

1. 会化淡妆。
2. 学会梳理 2~3 种适合不同场合的发型。
3. 会搭配服饰。
4. 做到站、坐、走姿的标准、优雅。
5. 能准确使用公务注视、社交注视。
6. 能够熟练运用手势、握手、介绍、致意、递物与接物等礼仪。
7. 有电话修养。

第一节 礼仪的基本理念

导入案例 ////

　　当你刚刚加入一个团体，比如，进入一个新的班级，加入一个新的社团，你会怎样介绍自己？在做自我介绍时，你会注意些什么？同样情况下，当别人做自我介绍之后，你会有什么反应？下次再遇到向你曾做过自我介绍的这个人你该怎么称呼他/她？

　　讨论： 不妨先模拟一下这样的情景，做做看，然后与同学们分享你的感受。

一、礼仪的含义

在人们相互交往的过程中，言谈举止的每一个细节都能流露出彼此间相待的态度，尊重自己、尊重他人是人际交往的通行证。为建立和谐的人际关系，在长期的社会交往过程中，在风俗习惯的基础上，形成了为人们所共同遵守的行为规范，被称为礼仪规范。

礼仪规范具体表现在礼貌、礼节、仪式、仪表等方面。一个人对礼仪规范自觉应用的程度，往往能综合地反映出其内在的修养和素质。礼貌是指人际交往中，表示尊敬和友好的言谈和行为，以尊重他人和不损害他人利益为前提。一个友好的微笑、一个善意的眼神、一次由衷的鼓掌、一句亲切的问候、一次愉快的交谈，都能表达出对他人的尊重与友好。

礼节指在日常生活中，表示问候、祝颂、哀悼、慰问等待人接物的惯用形式，往往要根据具体情境把握行礼的分寸。礼节的形式有握手、鞠躬、献花等。

仪式指特定场合举行的具有专门规定形式和程序的规范活动，如升旗仪式、欢迎仪式、签字仪式、颁奖典礼等。

仪表指人的外表，包括容貌、姿态、风度、服饰等，是一个人内在精神状态的外在表现形式。一个人的仪表应与其年龄、职业、所处的社交场合的要求相符合。礼仪规范不只是对人们交往行为的外在约束形式，更是对人们交往过程中内心态度的一种引导。礼仪修养的过程不单是"修行"的过程，更是"修心"的过程。礼仪的魅力不在于矫揉造作，而在于通过对自身品行的长期修炼，不断完善自我，健全人格，从而在交往过程中的每个细节里都能自然流露出自尊而尊人的良好态度。

二、礼仪的特征

1. 民族性

由于各个民族的文化传统和心理特征各不相同，各个民族和地区的礼仪表达形式及其代表的意义也都存在着差别。

同一个礼仪，不同民族的表达形式各有不同。例如，在我国现代礼仪中，人们相互见面时，通常点头微笑致意；而在社交场合中一般行握手礼，根据双方的性别、年龄、职位高低等因素，决定由谁主动伸手握手。日本人相互见面时行鞠躬礼，鞠躬的深度往往与被问候者受尊敬的程度有关。泰国人相互见面时一般行合十礼。合十礼最初仅为佛教徒之间的拜礼，后来发展成泰国全民性的见面礼，一般行礼时口念"萨瓦蒂"（梵语），原意为"如意"，表示祝福与问候。欧美人相互见面时多行拥抱礼、亲吻礼，在行礼方式上往往因被问候人的身份不同而有所区别。总体来说，各个民族礼仪表达形式的不同，反映出各个民族文化与个性特征的不同，东方人的礼仪表达形式比较含蓄内敛，西方人的礼仪表达形式较为热情奔放。

同一礼仪表达形式在不同的民族中往往代表着不同的意义。例如，在美国的家庭中，子女可以直呼父母的名字，表示双方亲切友好；这一做法在中国往往被视为不礼貌、不尊重长辈的行为。在西方婚礼上新娘穿着白色的婚纱，象征纯洁；而东方婚礼服饰的色调则多为红色，象征喜庆，白色在东方一般是用于丧葬仪式上的。

各民族的礼仪表达形式都是在民族文化长期传承过程中积淀下来的。现代社会各民族、各地区之间的交流与合作越来越广泛，人们应该更进一步加强相互了解，彼此尊重，注意入乡随俗。

十种致意礼仪

（1）点头礼：又称颔首礼，在会场、剧院等不宜交谈的场合遇到熟人时，或同一场合多次遇到同一个人时，及遇到多人无法一一问候时，可以点头致意，即身体略向前倾15°左右，面带微笑，轻点头。

（2）微笑礼：微笑礼是面带微笑、不出声的致意方式，适用于同初次会面，或同一场合多次见面的老朋友间表示问好。

（3）鞠躬礼：一般社交场合中，晚辈对长辈，学生对老师，下级对上级，表演者对观众等都可以使用鞠躬礼。行礼时脱帽，目视对方，上身弯腰前倾。弯腰的幅度根据具体施礼对象和场合来决定。男士行鞠躬礼时，双手垂于体侧；女士行鞠躬礼时，双手搭于腹前。行鞠躬礼时，一般伴有问候语，如"您好""欢迎光临"。

（4）拥抱礼和亲吻礼：拥抱礼和亲吻礼是欧美流行的行礼方式。拥抱礼多用于迎送宾客或表示祝贺、致谢等场合。拥抱礼是双方相对站立，身体微前倾，各自右臂环拥对方左肩，左臂环拥对方右腰，双方头部及上身偏向右侧互拥，然后再反向拥抱一次。亲吻礼往往与拥抱礼相结合使用。一般夫妻间、恋人间行吻唇礼。长辈与晚辈之间宜吻面颊或前额，长辈吻晚辈前额，晚辈吻长辈面颊。平辈间往往以贴面为礼。在公开场合，关系密切的女子间或男女间可行贴面礼；男子对尊贵的女子可行吻手礼，吻其手背或手指。

（5）举手礼：举手礼一般适用于远距离与人打招呼。行礼时，举起右手手臂，掌心向着对方，左右轻轻摆动一两下，以示致意。

（6）脱帽礼：戴帽者在遇见熟人，与人交谈，以及进入室内或参加相关仪式时，摘下自己的帽子，以示有礼。一般来说，现役军人可以不脱帽。

（7）拱手礼：拱手礼是我国民间传统的会面礼。行礼时，右手握拳，左手抱拳，拱手齐眉，由上到下或自内而外，有节奏地晃动两下。拱手礼用于表示祝贺、祝愿、道别、抱歉等意思。常伴有相应的语言，如"恭喜""后会有期"等。

（8）注目礼：注目礼一般用于升旗仪式、检阅仪式、剪彩仪式等场合，也用于送客时目送对方离开的场合。行注目礼时，身体立正，双目正视对象或目光随之缓缓移动。在升旗等庄严的场合中，应保持严肃的表情；在送客时应面带微笑。

（9）合十礼：合十礼多见于佛教国家，如泰国、缅甸、柬埔寨、尼泊尔、老挝等国，也见于我国的傣族和佛教徒间。行合十礼时，两掌心相对相合，十指伸直，掌尖和鼻尖相平，手掌略向外倾，双腿直立，上身微欠身低头。行合十礼时双手举得越高，越体现出对对方的尊敬，原则上不可高于额头。

（10）握手礼：握手礼是许多国家的通用礼仪，应用范围较广，可用于表示欢迎、问候、祝愿、合作、感谢、谅解、安慰、鼓励或道别。握手的次序：男女之间，女士先伸出手；主客之间，主人先伸出手；长幼之间，长者先伸出手；上下级间，上级先伸手；一个人与多人握手时，次序应先尊后卑，如先老师，后学生；先已婚者，后未婚者；先职位、身份高者，后职位、身份低者。

握手的方式为右手相握，根据具体情景采取具体的握手方式。一是平等式，即面带微笑，双方掌心相对，对等相握。适用于初次相见、交往不深的人之间，或一般政务、商务场合。二是抱握手式，即双手握对方右手，表示关系密切，表达深情厚谊。

握手力度不宜过大，也不能太轻，如果是熟人可以力度稍大些。

握手时间则一般控制在 5 秒为宜。若要表示热烈的感情则可适当延长时间，但注意时间不宜过久，尤其是与异性握手时，握得过久容易引起误会。

关于动作幅度，握手时上下晃动若干次，不要左右晃动，幅度不宜过大。

握手的禁忌：握手时注意不要用左手握手；不应仅握对方指尖；不应多人交叉握手；不应面无表情地握手；不应一手握手，另一手插口袋；不应戴手套、戴墨镜握手（女士只可戴薄纱手套）；一般不应拒绝与对方握手，如果因手脏、手湿等特殊情况应予以说明；不应给对方一双冰冷的手，而如果手容易冰冷，不妨在会客前先把手放进口袋里捂热，否则容易给人留下消极的印象。

2. 时代性

一个国家、一个民族的礼仪一旦形成，通常会长时间为后人所沿袭。例如，婚礼作为人生中的一个重要仪式，自古以来就受到人们的高度重视，至今也依然如此。在继承传统的同时，一些礼仪的表达形式也随着社会的进步而进步，随着时代的发展而发展。封建社会旧的礼仪反映人的尊卑等级意识，如采用跪拜礼等形式，反映出施礼者和受礼者双方地位的不平等，阻碍了人们相互尊重的人际交往关系的发展，这种礼节已逐渐被历史潮流所淘汰。在现代社会，以握手礼取代跪拜礼，充分表达出人与人之间相互平等、彼此尊重的新型社会关系。经过代代传承演变，一些礼仪表达形式也发生了很大的变化。例如，现代人们款待宾客，举行庆典活动时，以右为上；而秦汉以前是以左为尊。现代人们见面相互致意，以脱帽为敬；而古代则以戴冠为敬。

3. 共同性

礼仪是社会全体公民所应共同遵守的行为规范。礼仪规范的存在是以建立和维护良好的社会秩序，创建和谐的人际关系为根本目的的。一般来说，社会的文明程度越高，为社会全体公民共同遵守的礼仪所占的比重也就越大，也就是人们存在的交往共识越多。

三、礼仪的原则

1. 尊重原则

尊重原则是礼仪的基本原则。在人际交往中，我们应该尊重他人的人格，尊重他人的劳动，尊重他人的爱好和情感；同时，我们也应该保持自尊，在每一个行为细节中，注重对自身形象的塑造与维护。

要意识到，生活中我们不是独立存在的。我们在生活和工作中会与许多人建立联系，我们身边的人也都有着各自合理的需要。尊重他人是具有同理心的表现，正所谓"己所不欲，勿施于人"。不为他人的生活带来困扰，尊重自己，尊重他人，与他人和谐相处，这些应该成为我们参与社会生活的基本共识。

2. 平等原则

人格的平等是人与人交往时建立情感的基础，也是建立和维护良好人际关系的保障。运用礼仪是为了表达对他人的尊重，出发点是人们心中共有的善与爱、理解与信任。在人际交往中我们既不应该因为年长、位高而骄傲、自负，也不应该因为年轻、位低而自卑、自惭。

与人交往的过程中，不要厚此薄彼，更不要自以为是。我们应该保持一颗平和的心，以阳光的心态与他人相处。

3. 适度原则

礼仪是交往的艺术，我们要学会换位思考，要能够设身处地地为他人着想，恰到好处地向他人表达尊重与善意。日常生活和交往中，人们由于性别、年龄、职业、地位、受教育程度、社会经验以及性格等不同，看问题的角度、思维方式乃至行为方式也会有所不同。我们不但要关注这些不同，在交往中求同存异，而且要注意以恰当的行为方式表达自己对他人的尊重。

在人际交往中，针对不同的场合，面对不同的对象，我们要注意把握好自身行为的分寸，根据具体情况、具体情境使用相应的礼仪。在与人交往时，既要彬彬有礼，又要不卑不亢；既要热情大方，又不能轻浮阿谀；既要保持自尊，又不能自负自大；既要坦诚待人，又不能粗鲁莽撞……在交往中，我们要在行为、态度、言论上都保持适度。

4. 自律原则

礼仪规范不同于法律法规，它的实现并非依靠外在的监督力量去实施。礼仪是要依靠人们内心的信念和内在的动力去实现与维系的。在内心深处建立与他人和谐相处的愿望，是走向自律的第一步。

我们应该认识到，在我们的学习、生活和工作中会涉及很多人，为了让每个人都不受到他人的打扰，都能安心、愉快地生活，都能和谐融洽地彼此相处，就需要我们共同遵守礼仪规范。

不要小看礼仪规范所涉及的每一个细节，每一个细节的背后，都体现着对他人的尊重和对自我形象的维护。例如，"守时践约"这条礼仪规范，体现的就是对他人时间的尊重。如果上课迟到，就会打断课堂的进程，对老师授课和同学们的学习构成打扰；如果上班迟到，就会延误工作，可能导致客户利益和公司利益受损。无论是哪种迟到，都体现出我们自身缺乏自我管理的能力，体现出我们对他人的轻视，体现出我们以自我为中心，缺乏合作精神。所以，学习礼仪知识时要用心去体会、领悟，让心灵变得柔软，保持向善，注重细节。

只有当我们在心中树立与他人和谐共处的愿景，意识到自己的行为对自己和他人都会构成一定的影响，对生活中的不良现象自觉加以识别与摒弃，排除干扰，加强礼仪知识的学习，注重生活细节，时常自我察觉，自我省思，自我规范，才能够不断完善自我，实现个人礼仪修养的提升，使自己的思想境界得到升华。

鞠躬、碰杯、脱帽、握手礼仪的由来

鞠躬起源于中国。商代的祭天仪式中有一种被称为"鞠祭"的仪式，就是将牛、羊、猪这些祭品整体弯曲成鞠形，摆到祭祀处奉祭，以表达恭敬虔诚的心意。后来，人们援引这种形式，以弯腰致礼的方式，表达对地位崇高的人或长者的尊敬。

在古罗马时代，贵族、帝王时常让奴隶决斗。决斗前都要先喝杯酒，因为怕对方在酒杯里放毒药，所以喝酒前决斗双方都要把各自杯中的酒倒给对方一些，使之掺和后再饮用，以证明酒中没有投毒。这种风俗后来渐渐演变成为宴会上的碰杯。

人类为了维持与发展血缘亲缘之外的各种人际关系，避免"格斗"或"战争"，逐渐形成了各种与"格斗""战争"相关的礼仪。如远古时候，人们以渔猎为生，外部环境中充满危险，人们时常要手持武器，以求自卫。后来，在人们相见时，如果双方都怀有善意，便相互举手示意，产生了举手礼。日后，又逐渐演变成伸出手来，手心相向，向对方展示手中没有武器，相互以右手相握，表示友好，就这样沿袭下来，便成了今天的握手礼。为了表示自己对他人的友好与尊重，表示对对方没有戒备，便在对方面前丢弃盔甲，进而渐渐演变成为脱帽礼。

第二节　仪容礼仪

导入案例

有位心理学家曾经做过这样的实验：一位身穿笔挺军服的军官，一位戴金丝边眼镜的学者，一位装扮优雅的女郎，一位神态疲惫的中年妇女，一位留着怪异长发、穿着邋遢的男子，这些人分别到路边拦车。结果，美女、军官、学者的搭车成功率最高，中年妇女次之，而那位邋遢的男子搭车的成功率最低，司机见到他不仅不停车还猛踩油门。

讨论：这个实验说明了什么？如果你不想失去任何成功的机会，首先要注意什么？

形象是职场事业成功的一个助推器，对于那些追求职场晋升和成功的职场新人来说，为自己建立一个值得上司、同事、客户信任与依赖的职场形象是首要的事，至少，要让自己看上去像个成功者。

一、仪容要求

在人际交往中，每个人的仪容都会引起对方的特别关注，影响到对方对自己的整体评价。仪容修饰的基本要点就是干净、整洁、端庄、大方。

（一）干净、整洁

干净、整洁是对职场人是最基本的要求。职场人员在生活里应勤刷牙、勤洗头、勤洗脸、勤洗澡、勤剪指甲、勤换内外衣；在职场工作中注意保持服饰的整洁，保证袜子无破损、鞋面无污迹、鞋跟完好，皮带和皮包外观无磨损；保持面部干净，剃净胡须、鼻毛，特别注意眼角、嘴角、耳朵内部是否有残留物，后肩周围是否有头皮屑，身体各部位是否有异味，如口腔异味、腋下异味、体肤异味。

（二）端庄、大方

职场人员要注意体现端庄、大方的气质。男士忌梳夸张的发型，不留长发、大鬓角，不涂抹过多的定型产品。女士应前发不遮眼、后发不过肩，忌穿"透、露、薄"的服装，忌染颜色夸张的发色；女士的发卡应朴实无华，发箍应以黑色与藏青色为主，忌浓妆艳抹，淡妆更为妥当，不要在公共场合化妆，不喷浓烈、刺鼻的香水。

二、举止礼仪

在日常交往中，人们不仅"听其言"，也"观其行"。一个人的"站、坐、蹲、走"等肢体语言无声地体现出一个人受教养的程度，是一个人素质修养的外在表现。因此，与人交往中，你的举止尤为重要，可以说学礼仪从学习如何"站"开始。

（一）站姿

站姿是我们在日常生活中最常见、最普通的姿势，也是在正式和非正式场合第一个引人注意的姿势。人们常说"立如松"，意思是说人的站立姿势要像青松一样端正挺拔。

1. 标准的站姿

（1）昂头挺胸，头要正，颈要挺直，双肩展开向下沉。

（2）收腹，立腰，提臀。

（3）两腿向中间并拢，膝盖放直，重心靠近前脚掌。

（4）站立时要保持微笑。

（5）男士可以适当把两脚分开一些，两脚之间的距离尽量和肩膀的宽度一致，如图6-1所示。

（6）女士要把四根手指并拢，呈虎口式张开，右手搭在左手上，拇指互相交叉，脚跟互靠，脚尖分开，呈"V"字形结构站立，如图6-2所示。

（7）女性站立时脚也可以呈丁字状，下颌微收，双手交叉着放在肚脐附近。

图6-1　男士标准站姿

图6-2　女士标准站姿

2. 不合适的站姿

（1）正式场合站立时，不可双手插在裤袋里，这样显得过于随意。

（2）不可双手交叉抱在胸前，这种姿势容易给人留下傲慢的印象。

（3）不可歪倚、斜靠，这样会给人十分慵懒的感觉。

（4）男性不可双腿大叉，两腿之间的距离以与本人的肩宽一致为宜。

（5）女性不可双膝分开。

（二）坐姿

坐姿是静态的，但也有美与丑、优雅与粗俗之分。良好的坐姿可以给人以庄重、优雅的印象。坐姿的基本要求是"坐如钟"，指人的坐姿像座钟般端直，这里的端直指上身的端直。优美的坐姿让人觉得安详、舒适、端正、大方。

1. 标准的坐姿

标准的坐姿如图6－3所示。

男士的坐姿

女士的坐姿

图6－3 标准的坐姿

（1）入座时要轻、稳、缓。走到座位前，转身后轻稳地坐下。女子入座时，若是裙装，应用手将裙子稍稍拢一下，不要坐下后再拉拽衣裙，以显得端庄、文雅。在正式场合，一般从椅子的左边入座，离座时也要从椅子左边离开。女士入座时要娴雅、文静、柔美。如果椅子位置不合适，需要挪动椅子时，应当先把椅子移至欲就座处，然后入座，不要坐在椅子上移动位置。

（2）神态从容自如（嘴唇微闭，下颌微收，面容平和自然）。

（3）双肩平正放松，两臂自然弯曲放在腿上，亦可放在椅子或是沙发的扶手上，以自然得体为宜，掌心向下。

（4）坐在椅子上时，要立腰、挺胸、上体自然挺直。

（5）坐在椅子上时，双膝自然并拢，双腿正放或侧放，双脚并拢或交叠呈小"V"字形。男士的两膝之间可分开一拳左右的距离，脚态可取小"八字"步或脚稍分开以显自然洒脱之美，但不可尽情打开腿脚，那样会显得粗俗和傲慢。

（6）坐在椅子上时，应至少坐满椅子的2/3、宽座沙发的1/2。落座后在10分钟左右的时间内不要靠椅背。时间久了，可轻靠椅背。

（7）谈话时应根据交谈者的方位，将上体双膝侧转向交谈者，上身仍保持挺直，不要出现自卑、恭维、讨好的姿态。讲究礼仪要尊重别人但不能失去自尊。

（8）离座时要自然稳当，右脚先向后收半步，然后站起。

2. 不合适的坐姿

（1）男士双腿叉开过大。双腿如果叉开过大，不论大腿叉开还是小腿叉开，都非常不雅。

（2）女士双膝分开。对于女士来讲，任何坐姿都不能分开双膝。特别是身穿裙装的女士更不能忽略这一点。

（3）双腿直伸出去。这样既不雅，也给人一种满不在乎的感觉。

（4）抖腿。坐在别人面前，反反复复地抖动或摇晃自己的腿部，不仅会让人心烦意乱，而且也给人以极不安稳的印象。

（5）双手抱在腿上。双手抱腿是一种惬意、放松的休息姿势，但在正式场合不可以这样。

（三）走姿

走姿可以体现出一个人的精神面貌，女性的走姿以轻松、敏捷、健美为好，男性的走姿要求协调、稳健、庄重、刚毅。

1. 正确的走姿

（1）男性的走姿。

男性走路的姿态应当是：昂首，闭口，两眼平视前方，挺胸，收腹，上身不动，两肩不摇，两臂在身体两侧自然摆动，两腿有节奏地交替向前迈进，步态稳健有力，显示出男性刚强、雄健、英武、豪迈的阳刚之美。

（2）女性的走姿。

女性走路的姿势应当是：头部端正，不宜抬得过高，两眼直视前方，上身自然挺直，收腹，两手前后小幅度摆动，两腿并拢，碎步前行，走成直线，步态要自如、匀称、轻盈，显示出女性庄重、文雅的阴柔之美。

2. 不适合的走姿

（1）身体乱摇乱摆，晃肩，扭臀；方向不定，到处张望。

（2）"外八字"或"内八字"迈步。

（3）步子太快或太慢；重心向后，脚步拖拉。

（4）多人行走时，勾肩搭背，大呼小叫。

（5）行走时弓腰驼背。

（6）行走时只摆小臂。

（7）脚蹭地皮行走。

（四）蹲姿

蹲姿是人在捡拾物品、集体拍照、帮助他人、提供服务等情况下所呈现的腿部弯曲身体高度下降的一种姿态。正确、恰当的蹲姿能够体现一个人良好的修养和风度，不恰当的蹲姿则会有损个人形象。

1. 正确的蹲姿

（1）直腰下蹲：上身端正，一只脚后撤半步，身体重心落在位于后侧的腿上，平缓屈腿，臀部下移，双膝一高一低，如图6-4所示。

图6-4　标准的蹲姿

（2）直腰起立：下蹲取物或工作完毕后，挺直腰部，平稳起立，收步。

2. 蹲姿的注意事项

（1）下蹲时，应与他人保持一定距离，且不可过快、过猛。

（2）下蹲时，应尽量侧身相向，切勿正面面对他人或背对他人。

（3）下蹲时，一定要避免"走光"，特别是女士。

（4）下蹲的姿势应当优雅，切忌弯腰撅臀、两脚平行、两腿分开、弯腰半蹲（即"蹲厕式蹲姿"），否则极其不雅。

（5）不可蹲在椅子上，也不可在公共场合蹲着休息。

三、职场服饰、形象礼仪

服饰显示着一个人的个性、身份、角色、涵养、阅历及其心理状态等。在人际交往中，着装直接影响到别人对你的第一印象，关系到别人对你个人形象的评价，同时也关系到你所代表的企业的形象。越是成功的人，越注意自己的社会形象。李嘉诚之子李泽楷的公司里有副总裁专门负责公司形象和他的个人形象，什么场合穿什么服装，表现什么样的风格，都有专门的人员为其策划。大多数人忽视了最基本的职业素养——职业化形象。一个成功的职业化形象，展示出的是自信、尊严、能力，这不但能使个人得到同事和领导的尊重，也能成功地向公众传达了公司的价值，是保证公司成功的关键之一。

（一）男士正式场合的着装原则

1. 三色原则

三色原则是在国外经典商务礼仪规范中被强调的着装原则，国内著名的礼仪专家也多次强调过这一原则。简单说来，就是男士身上的色系不应超过 3 种，很接近的色彩视为同一种。

2. 有领原则

有领原则说的是，正装必须是有领的，无领的服装，如 T 恤、运动衫等不能称为正装。男士正装中的有领服装通常是有领衬衫。

3. 纽扣原则

绝大部分情况下，正装应当是纽扣式的服装，拉链服装通常不能视为正装，某些比较庄重的夹克事实上也不能视为正装。

4. 皮带原则

男士的长裤必须是系皮带的，有弹性松紧的运动裤不能视为正装，牛仔裤自然也不是。即便西裤不系腰带就很合身，那也不能称为正装。

5. 皮鞋原则

正装离不开皮鞋，运动鞋、布鞋、拖鞋是不能作为正装的。最为经典的正装皮鞋是系带式的。

（二）男士西服礼仪规范

西装是交际场合最常见、最受欢迎的一种国际性服饰。在商务交往中，即使是西装的穿着、搭配方法上出现了小小的失误，也很有可能为此导致商务活动的失败。

1. 男士西服的穿着规范

（1）西服颜色应以灰、深蓝、黑色为主，以毛纺面料为宜。

（2）西装要合体，上衣应长过臀部，袖子刚过腕部，西裤应刚盖过脚面。

（3）西装要配好衬衫。每套西装一般需有两三件衬衫搭配。衬衫的领子不可过紧或过松，袖口应该长出西装 1～2cm。系领带时穿的衬衫要贴身，不系领带时穿的衬衫可宽松一点。和西装一起穿的衬衫，应当是长袖的，以纯棉、纯毛制品为主的正装衬衫，也可以酌情选择以棉、毛为主要成分的混纺衬衫；正装衬衫必须色彩单一，白色衬衫是最好的选择。另外，也可以考虑蓝色、灰色、棕色、黑色等颜色的衬衫；正装衬衫最好没有任何图案。在普通商务活动中也可以穿着较细的竖条纹衬衫，但不要将其和竖条纹的西装搭配。印花衬衫，格子衬衫，以及带人物、动物、植物、文字、建筑物等图案的衬衫，都不是正装衬衫。

（4）西装款式不同，相应的穿着方法也不同。对于双排扣西装，要将扣子全扣上。对于单排两粒扣西装，只扣上边一粒或都不扣；对于单排三粒扣西装，只扣中间一粒或都不扣；对于单排一粒扣西装，扣不扣均可。

（5）为保证西装不变形，上衣口袋只作为装饰，上衣胸前口袋可饰以西装手帕；裤兜也不能装物，以保持裤型美观。

（6）穿西装一定要穿皮鞋，且要将皮鞋上油擦亮，不可穿布鞋、旅游鞋。

（7）穿西装要系领带。领带颜色要与衬衫相协调，通常选用以红、蓝、黄为主的花色领带。领带稍长于腰带为宜。领带夹是西装的重要饰品，现在国外已很少使用，如要固定领带，可将其第二层放入领带后面的标牌内。若西装内穿毛背心，要将领带放在背心里面。在非正式场合，穿西装也可不系领带，但一定要解开衬衫的第一粒扣子。

2. 男士穿西装常犯的错误

（1）一件西服的外袋通常是合了缝的（即暗袋），千万不要随意将其拆开，它可保持西装的形状，使之不易变形。

（2）衬衫一定要干净、挺括，不能出现脏领口、脏袖口。

（3）系好领带后，领带尖不能触到皮带上，否则会给人一种不精神的感觉。

（4）如果系了领带，绝不可以穿平底便鞋。

（5）一定要剪掉西服袖口的商标。

（6）腰部不能装手机、打火机、钥匙等。

（7）穿西装尤其是深色西装时不要穿白色袜子。

（8）衬衫领开口、皮带袢和裤子前开口的外侧线不能歪斜，应在一条线上。

（三）女士职业着装礼仪

女性的职业装既要端庄，又不能过于古板；既要生动，又不能过于另类；既要成熟又不能过于性感。

1. 套裙

现代职业女性流行穿套裙，主要包括一件女式西装上衣、一条半截式的裙子。在正式场合，这样会显得精明、干练、成熟。套裙应该由高档面料缝制，上衣和裙子采用同一质地、同一色彩的素色面料。上衣要平整、贴身，最短可以齐腰，袖要盖住手腕。裙子要以窄裙为主，并且裙长要到膝盖或者过膝，最长则不要超过小腿的中部。

2. 色彩

女性职业装的色彩应当以冷色调为主，以体现着装者的典雅、端庄。女性职业装的色彩搭配原则如下：

（1）基础色彩是黑白两色，搭配一些含灰量较多的色彩，另外点缀一些小面积的艳丽色彩。

（2）作为内装的搭配，在配色方面建议以搭配素雅色彩为主。中灰色是最好配色的基础色，不过要注意搭配的色彩不能有"怯"的感觉。

（3）白衬衫可以说是职业装的最佳搭档，以高雅、清晰的风格成为白领丽人的必备单品。它的魅力在于以不变应万变的百搭风格。利用不同色系的腰带或丝巾，可以给平淡的着装平添一种青春亮丽的亲和感。

3. 饰品

在女士着装方面，饰品搭配得好，可以起到画龙点睛的作用。而饰品的佩戴首先应符合以下三个原则：

（1）数量原则：全身上下的饰品数量不能超过 3 件，否则会显得过于凌乱。

（2）色彩原则：饰品的佩戴要讲究风格的统一，各种饰品要尽可能做到同质同色，这样才能给人端庄大方的感觉。如果色彩过于丰富，则会让人眼花缭乱。

（3）身份原则：职场人员所佩戴的首饰要符合自己的职业身份。过于昂贵、过于耀眼的首饰是不适合出现在商务场合的，因为职场并不是我们炫富的地方。

4. 鞋袜

与套裙配套的鞋子，宜为皮鞋，且以黑色为主，袜子的颜色以肉色、黑色、浅灰、浅棕为最佳，最好是单色。女士穿着鞋袜，要注意以下三点：

（1）鞋、袜、裙之间的颜色要协调。鞋、裙的色彩必须深于或略同于袜子的色彩，并且鞋、袜的图案与装饰均不宜过多。

（2）要讲究鞋、袜的款式。鞋子宜为高跟、半高跟的船式皮鞋或盖式皮鞋，袜子应为长筒袜和连筒袜。

（3）不可当众脱下鞋袜，也不可以让鞋袜处于半脱状态，不可让袜口暴露在外，或不穿袜子，这些都是公认的既缺乏服饰品味又没有礼貌的表现。

5. 不合适的着装

（1）暴露。在职场，不适合穿暴露的衣服，如吊带、短裙，露背、露脐、深开领等服装都不适合穿到办公室。在办公室，要保证上不露肩膀锁骨、中不露肚脐腰身、下不露大腿。

（2）时髦。现代女性喜欢彰显个性、追求时尚，但切忌过分时髦，浓妆艳抹、彩色头发、各色指甲、大片的配饰（包括夸张的耳环、戒指、项链等）等都不适合出现在职场。

（3）随意。正式的反面就是随意，家居服、运动服、牛仔服、休闲服等都不适合出现在职场。

（4）不穿丝袜或穿半截丝袜。在正式场合不穿丝袜会给人轻浮之感，应该根据衣服选择肉色或是黑色丝袜，忌穿半截丝袜、彩色丝袜或带花边的丝袜。

（5）露趾。穿鞋讲究前不露脚趾、后不露脚跟，穿露趾鞋是职场大忌。

（6）穿黑色皮裙。在国际礼仪中，穿着黑色皮裙意味着从事"特殊"职业。

【案例】　一个外商考察团来某企业考察投资事宜，企业领导高度重视，亲自挑选了庆典公司的几位穿着紧身上衣、黑色皮裙的漂亮女模特来做接待工作。下午和考察团见了面，还没有座谈，外商就找借口匆匆走了，工作人员被搞得一头雾水。后来经翻译沟通才知道，通过接待人员的着装，他们认为这是个工作及管理制度极不严谨的企业，完全没有合作的必要。原来，该企业接待人员在着装上，犯了大忌。根据服饰礼仪的要求，工作场合女性穿着紧、薄的服装是工作极度不严谨的表现；另外，国际公认的是，只有从事"特殊"职业的人才穿黑色的皮裙……

第三节　办公礼仪

导入案例 ▎▎▎

　　小李是 A 公司新录用的一位员工，她入职后很快就成为同事们"敬而远之"的对象。她只要对哪位上司有意见，马上就会有不少这位上司的小道消息、绯闻和大家"分享"；她看不惯哪个同事，又会跟其他同事逐个"八卦"；她一旦这个月取得不错的业绩，就会对业绩差的同事逐一表达"关心"，指出他人的不足……很快她就变成了"人见人烦、花见花谢"的人。

　　讨论：为什么小李让人"敬而远之"？

一、办公基本礼仪

　　职场人员的工作环境都比较固定，无论是在自己的工作岗位上还是在公共办公区域或是在公共设备的使用上，都要遵守一定的礼仪规范，这既能反映出个人的礼仪修养，也能折射出企业文化和企业管理水平。

（一）办公室礼仪

　　许多职场人员的工作地点主要是在单位的办公室，办公室既是办公场所也是公共场所，在办公室开展各项活动时遵循礼仪规范，不仅可以构建单位良好的软环境，将工作变成享受，也可以更好地展示个人形象、企业形象。办公室礼仪包括办公室环境设施礼仪和办公室言行举止礼仪。

1. 办公室环境设施礼仪

　　办公室内桌椅、文件柜、茶具的摆放应以方便、安全、高效为原则，要经常开窗换气以保持办公场所空气清新。保持地面清洁，经常清理废弃物，室内不宜长期堆放积压物品。

　　要保持办公桌及办公用品干净整洁，定期擦拭。需分类摆放办公用品，做到整齐有序，不能摆放太多物品，不要把与工作无关的私人物品摆放在办公桌上，一般只摆放目前正在用的、常用的工作资料和必备的办公用品。因进餐或去洗手间而暂时离开座位时，应将桌面文件覆盖、收好，设置电脑屏保，注意保密。如果条件许可，可以摆放盆栽以美化环境。下班时要整理办公桌，将文件或资料一律放在抽屉或文件柜中并做好文件分类归档工作。办公桌虽小，却是一面镜子，整洁的办公桌可以反映出你的干练个性和高效率的工作。

2. 办公室言行举止礼仪

　　（1）仪表仪态大方，符合办公场所要求。一旦进入办公场所，我们应时刻注意自身的仪表仪态，保持得体整洁的着装、规范严谨的举止和良好的工作姿态。在办公桌前就座时，动作要自然轻缓，坐姿要端正优美，绝不能趴在桌上或斜躺于座椅上，也不要当众打哈欠、伸懒腰、跷二郎腿。如果觉得精神不振，可以到室外或走廊里走一走，适当调节一下情绪。在办公区域走路时身体要挺直、步幅要适中，从而给人庄重、积极、自信的印象，切不可慌慌张张，给人不可信任的感觉。

　　（2）遵守劳动纪律，准时出勤。严格遵守单位的工作时间规定，准时上班，按时下班。

上班时，一般以提前 10 分钟进入办公室为宜，路遇同事时应主动微笑问候。进入办公室后应开窗透气，调整好室内的温度、亮度，准备好当日办公所需的资料、用品和茶水。如遇雨雪天气应先将泥污水渍清理干净再进入办公室。下班时，以到点完成工作为宜，切忌未到时间就坐等下班。离开时应整理好办公用品及资料，以便次日继续使用，关闭所有办公设备，确认无误后方可离开。下班时应向上司、同事致意，千万不要不打招呼就自行离开。如果有特殊情况可能导致缺勤或迟到，应提前跟主管联系以便主管安排工作。

（3）公私分明，言行规范。规范的职场言行要求我们在办公期间严格区分公事和私事，遵守工作规范，恪守职业操守。这要求我们不在办公时间阅读与工作无关的书籍或资料，不在办公时间上网聊天、玩游戏、看影视剧、听音乐、炒股、网购，不用办公室电话拨打私人电话，尽量少接听私人电话，不在办公时间约朋友到办公室拜访，不用办公设备处理个人事宜。

在职场，我们与人交流时要时刻注重文明礼貌。与人交谈要音量适中、称呼文雅，多使用谦语、敬语，讲普通话；在办公区域不宜吸烟、大声喧哗、打扮化妆、吃零食、打瞌睡，出入时要轻手轻脚，与同事交流问题应起身走近同事不要影响他人，要注意保持办公环境的安静；没事不要在办公室来回走动，以免影响他人工作；需出入他人办公室时，切记进入前要轻叩房门，未经允许绝不要贸然进入；如借用公用或他人物品，使用后应及时放还原处或送还；未经许可，不得翻阅不属于自己负责的文件；如需在办公时间离开办公室一段时间，应向主管告知去向、原因、用时、联系方式，若主管不在应向同事交代清楚，离开之前，还须将离开时间内可能要发生的事情（如某一约定的客人来访）向他人交代清楚，必要时可委托同事代为处理。

（二）办公场所公共区域礼仪

1. 楼道电梯

在楼道或电梯遇到同事或他人应主动微笑、点头致意，可略做寒暄。上下班时电梯里人多拥挤，先进入者应主动往里走以便为后来者腾出空间；后进入者应视情况而定，不要强行挤入。当电梯显示超载时，最后进入的人应主动退出电梯，如果最后进入的是年长者，年轻人应主动让出。进入电梯后应主动为他人按电梯楼层键或开关键，如要请他人代为按键应使用礼貌用语。在电梯内不宜接打电话、大声喧哗，不宜谈论单位或部门的内部事务。

2. 茶水间、洗手间

在公用茶水间、洗手间应正确、节约使用设备，避免浪费，随时注意保持环境卫生。人多时应礼貌谦让，遇到同事时不要装作没看见或低头不理，应主动跟对方打招呼，稍做寒暄。不要在洗手间、茶水间长时间扎堆聊天，尤其不要在那里议论公事、同事、上司或他人隐私，成为是非的制造和传播者，以免影响同事间的关系。

3. 会议室

会议室往往由多部门共用，为使工作能顺利进行，安排会议时应事先与管理人员进行预约，使用完后要带走有关资料，关闭设备，恢复会议室的整洁，按时交还钥匙。

（三）使用公共设备礼仪

在当今职场，打印机、复印机、传真机、电脑都是我们完成工作必备的现代化办公工具。但受条件所限，许多单位的这些办公设备都是公用的，从而产生了相应的职场礼仪规范。

第一，这些办公设备都是为了完成工作而配备的，不可用来打印、复印、传真私人材料。

第二，使用中应遵循先后有序的原则。一般是先到者先用，并礼貌地请排在后面的同事等一会儿。但如果你手头的资料很多，而轮候在你后面的同事赶时间或只有一两页的资料要打印、复印或发送，应让他先处理，当然后者应该表示感谢。

第三，要有公德心，如遇纸张用完，应及时添加；如遇机器故障，应处理好再离开。如不会处理，可请别人帮忙，千万不要一声不吭、一走了之，将问题留给下一位同事，造成他人使用不便。

第四，注意保密，使用完后要将原件带走，以免丢失资料、泄密。

公司食堂用餐礼仪

如今许多大型公司都有专门的食堂为员工提供午餐，而公司食堂也被认为是最考验人的办公室外的职场场合之一。由于就餐时间集中，往往人多拥挤。员工在公司规定的时间段内可自行选择就餐时间，但不可过早或过迟。就餐时应自觉按先后次序排队购买饭菜，以吃饱为度，不要超量购买饭菜，以免吃不完造成浪费。取用餐具时要轻拿轻放，就餐后应及时将餐具、剩饭剩菜等分别放到指定位置，保持就餐地点的干净整洁。在就餐高峰时段，同事间要互相礼让关照，用餐结束后及时离座让位，不要在食堂长时间闲聊。

办公室用餐礼仪

有些公司没有统一的餐厅，员工往往会在办公室用午餐。但办公室毕竟不是餐馆，因此，有一些特别事项需要注意：首先，在办公室用餐时，要控制时间，尽快用餐。其次，不要将有强烈气味或吃起来声音很响的食品带到办公室，以免影响他人。最后，进餐完毕后要及时清理餐具、打扫卫生、开窗通风。

二、职场人际关系礼仪

良好的人际关系可以帮助我们顺利开展工作，有助于我们的事业发展。要想避免在职场人际关系方面出差错、闹笑话，对职场人际关系礼仪的了解、掌握是必不可少的。

人际关系礼仪是职场日常工作礼仪中的重要组成部分，主要体现在与上司、同事、下属相处的礼仪这三个方面。

（一）与上司相处的礼仪

很多职员尤其是新晋职员不知如何与上司相处，但在工作中又无法避免与上司相处，因此，掌握与上司相处的基本礼仪就显得尤为重要了。

1. 尊重上司，维护上司权威，不越级越位

职场是一个注重等级的场所，作为下属应该牢记等级差别，切不可忘乎所以，越过上下级界限。该由上司管的事，不要主动插手；在该上司说话的场合，不要抢着说。在工作上，该请示的请示，该汇报的汇报，不要越位。工作上与上司产生分歧时，不要当众与上司争辩；上司对你的工作提出批评时，要专注地倾听、虚心地接受，不要表现得心不在焉。即使你觉得上司的批评有不当之处也不要当面顶撞上司，应该避免与上司正面冲突，事后可以言辞礼貌、委婉地向上司表明自己的看法，与上司沟通解决问题，切不可因此对上司满腹

牢骚。

　　遇到上司出错时，如果只是不起眼的小错，不妨"装聋作哑"。如果是需要纠正的明显失当，可以用眼神、手势暗示或写小纸条、低声耳语的方式提醒，千万不可当众纠正上司的错误，过度表现自己，让上司没面子。

　　在职场，如果你越过自己的直属主管向高层或老板汇报工作，那无疑是在告诉大家你与上司之间存在问题，别人也会认为你不尊重上司，这是职场大忌。

　　2. 注重礼节，牢记下属身份，把握好与上司间的距离

　　见到上司时应面带微笑，热情大方地主动上前打招呼，如果距离远或者上司正与其他人谈话，则应微笑点头示意。对上司的称呼要分清场合，在正式场合需要使用正式称呼，不要使用简称。与上司握手时一定要等上司先伸手再热情回应，握手的时间和力度都应由上司掌握。当上司出现在你面前，而你正忙于其他工作时，应暂停工作并起立。如果正与客户商谈，那么也应对上司的出现做出反应，置之不理或让上司久等，都是不礼貌的表现。无论在公司内外，只要上司在场，离开时都应向上司致意。

　　与上司相处时要时刻牢记自己身为下属的身份，保持适当的距离。即使你比上司年长、资历老，抑或是上司原来曾是你的下属，上司也不会接受你倚老卖老地随意指点。同时，下属也不要期望在工作岗位上与上司成为知心朋友，即便你跟上司年龄相仿、私底下是同学，那也并不意味着你在职场可以对他毫不避讳地直呼其名、称兄道弟、随意开玩笑、不分场合地勾肩搭背。身为下属还应注意尊重上司的私人空间，不要牵扯到上司的私人生活中，以免带来不必要的麻烦。

　　3. 注意仪态，遵守汇报的礼仪

　　向上司汇报工作时，应该依约准时到达，过早或迟到都不礼貌。进入上司办公室前，应先轻轻敲门，非请勿入。进入后非请勿坐，应做到举止得体、文雅大方、彬彬有礼。汇报前一定要提前准备好汇报的内容和措辞，否则汇报时容易内容残缺不全、条理不清、词不达意，那是对上司的不尊重，非常失礼。汇报时应力求用词准确、语句简练，避免使用口头禅，还要注意语速适中、音量适度。汇报时间不宜过长，一般应控制在半小时以内。如果汇报过程中手机响起，应该按掉，不要接听。如果对方再次来电，可以侧转身体后小声接听，向对方致歉并告知对方此时自己不方便接听电话，稍后会回电。如果汇报过程中，上司接到重要来电，下属应用眼神向上司示意然后回避。汇报结束后应注意礼貌离场。

　　（二）与同事相处的礼仪

　　在同一职场工作的同事，彼此相处得如何，直接关系到大家的工作、事业的进步与发展。如果同事之间彼此尊重、以礼相待、关系融洽，就能共同营造和谐的工作氛围，有益于大家的共同成长。处理好同事关系，在礼仪方面应注意以下七点：

　　1. 平等相待，互相尊重

　　相互尊重是处理任何一种人际关系的基础，同事关系也不例外。同事关系是以工作为纽带的，一旦失礼，隔阂难以愈合。所以处理同事间的关系，最重要的是尊重对方。

　　（1）尊重同事的人格。每个人都有自己独特的生活方式和性格，在公司里我们会遇到不同的同事，虽然大家的出身、经历有所不同，工作风格也多有不同，但在人格上是平等的。我们不能用同一把尺子衡量每一个人，苛求别人。给同事乱起绰号，拿别人的事情当笑料，讽刺挖苦别人的长相、口音、衣着、习惯、爱好、背景，或将自己的观念、想法强加于

人都是极不礼貌的行为。

（2）尊重同事的工作成果。当同事展示自己的工作成果时，要意识到这是他人付出时间、心血、智慧的劳动成果，要懂得欣赏其中的闪光点。如果轻易出言否定会伤害对方的自尊心，会很不礼貌。即使你觉得不够好，也不应直接说出来，你应该委婉地表达，先肯定其优点再指出其不足，这样更容易让人接受。

（3）尊重同事间的距离感。对正在办公的同事，无论他在看什么写什么，只要他不主动跟你聊，最好不要刻意追问，刨根问底。

对于同事的东西，如果同事不在或未经允许不能擅自动用。如果必须要用，最好有第三者在场或留下便条致歉。向同事借用任何东西都应该尽快归还，要保持东西完好，将其摆放在原来的位置，同时不忘以口头或文字的方式表达谢意。

每个人都有不愿为人所知的隐私，对于同事的私事、秘密，不要窥探，更不要背后议论、传播同事的隐私。如有人找同事谈话，不要旁听、偷听。不要留意同事的信件的发信人地址，不要去揣摩同事的电话，同事与异性谈话时更不要去凑热闹。总之，即使是关系密切的同事也没有必要变得"亲密无间"，保持适当的礼仪距离有助于减少同事间的无礼之为。

2. 友好相处，礼貌相待

尽管同事之间每天都见面，但上班见面时仍应主动问候对方或点头微笑致意。办公期间中途离开办公室应主动告知其他同事，下班时也应向同事道别。

平时与同事交流时要使用"您""请""劳驾""多谢"等文明用语，不要心不在焉、爱理不理的。尤其应尊重公司里的前辈、老员工，遇事多虚心请教，交谈时尽量使用敬语和礼貌用语。

开会或讨论问题时，应认真倾听同事的发言和意见，有分歧时就事论事，不盛气凌人，不随意打断他人讲话进行纠正、补充，不急于反驳，不质问对方，不在同事面前说狠话、过头话，不当众炫耀自己或故意贬低别人抬高自己。

当休息闲谈时，同事之间可以开开玩笑，但要注意对象和场合，对长者、前辈和不太熟的同事都不适合开玩笑。闲谈时说话音调宜低不宜高，忌讲粗话、低俗的笑话。如果谈话中出现了不同意见，不必太当真，可以开个玩笑并转移话题，不要因为闲谈伤了同事之间的和气。闲谈还应把握尺度、适可而止，绝不能耽误了正常工作。

3. 诚心帮助，真诚关心

当同事工作表现出色时，应予以肯定、祝贺；当同事工作不顺利时，应予以关心、帮助。但在协作过程中，不可越俎代庖，以免造成误会，令对方不快。

由于个人生活与工作常难以决然划分，同事偶尔会谈到家庭琐事，不妨也留神倾听或主动关心同事的近况，让他感觉到你是在关心，而非打探。如遇同事受伤、生病住院，可邀集其他人一起前去慰问以示关心，还可向对方介绍单位最近发生的事情，让他安心养病。如同事请求帮助时，应尽己所能、真诚相助。

4. 把握与异性同事相处的分寸

对年长的异性同事应保持礼貌，男性青年与年长的女性同事交谈，要避开有关年龄、婚姻及个人隐私的话题。女性青年不要因年龄悬殊而对年长男性同事撒娇，以免出现信息误导，让人产生非分之想。年龄相当的异性同事之间也要保持适当的距离，即使在工作中配合默契、共同话题很多的异性同事，也不宜经常单独在一起，尤其是下班后。工作时间如果单独相处、交流，应敞开办公室的门，以免引起他人的误解。

5. 不要把公事以外的个人情绪带进工作中

当个人生活或工作不顺心时，不要逢人就诉苦，让同事成为你的"垃圾桶"，更不应将自己的坏情绪、坏脾气带到职场，把同事当成"出气筒"。这一方面会影响工作的正常进行，另一方面也会影响人际关系，别人没有理由为你的任性买单。

6. 同事间物质往来应一清二楚

同事之间可能有相互借钱、借物或馈赠礼品等物质上的往来，但切忌随意，应将每项都记得清楚明白，即使是小的款项，也应记录下来，提醒自己及时归还，以免遗忘后引起误会。向同事借钱、借物，应主动给对方出具借条，以增进同事对自己的信任。在物质利益方面无论是有意或者无意地占对方的便宜，都会引起对方心理上的不快，从而损害自己在对方心目中的人格地位。

7. 对自己的失误或同事间的误会，应主动道歉说明

同事之间经常相处，一时的失误在所难免。如果自己出现失误，应主动向对方道歉，征得对方的谅解，对双方的误会应主动向对方说明，不可小肚鸡肠、耿耿于怀。

（三）与下属相处的礼仪

（1）尊重下属的人格。每个人都具有独立的人格，上司不能因为在工作中与其具有领导与服从的关系而损害下属的人格，这是作为上司最基本的修养和对下属的最基本的礼仪。

（2）善于听取下属的意见和建议，了解下属的愿望，认真研究并及时回复。

（3）宽待下属。身为上司，应心胸开阔，用宽容的胸怀对待下属的失礼、失误言行，对事不对人，尽力帮助下属改正错误，而不是一味打击、处罚下属，更不能记恨在心、挟私报复。

（4）一旦工作出现问题时，上司应勇于担当、不推卸责任、不迁怒于下属、不随意对下属发脾气。

第四节　职场通信礼仪

导入案例 ▶▶▶

利华公司最近新招聘了一批大学生，小刘就是其中之一。第一天上班，肖经理向同事们介绍了小刘并带小刘熟悉办公环境，安排他负责接听办公室电话。小刘心想："接电话有何难，我三岁就会了，小菜一碟。"第一个外来电话铃声刚响起，小刘立刻抓起电话："喂，你找谁？"紧接着，他朝经理大声喊着："肖经理，你的电话！"第二次接电话时，小刘一听就告诉对方："你打错了。"然后就挂断了电话。第三个电话又是找经理的，此时经理已外出公干，小刘回复说："肖经理外出去长峰公司谈业务了。"对方说："你知道肖经理的手机号吗？"小刘热情地告知对方并在对方的道谢声中说了再见。第二天，经理专门找小刘谈话，叮嘱他好好学学电话礼仪。

讨论：小刘在通信礼仪方面有哪些需要改进的地方？

随着科学技术特别是网络技术的不断发展，电话、传真、电子邮件已成为职场通信的主要手段，QQ、微信等即时通信工具也被越来越多地运用于职场。正确高效地利用这些通信工具不仅有利于工作的开展，还有利于人际沟通的便捷，掌握职场通信礼仪是我们提升职场魅力指数的重要途径。

一、电话礼仪

（一）电话礼仪的基本要求

打电话看似很容易，其实不然，使用电话进行沟通也是一门艺术，其中大有讲究。正确掌握这门艺术需要我们遵循一些电话礼仪的基本要求。

（1）通话时应做到语言文明、规范，勤用礼貌用语。语言是信息传递的载体，因此，语言的使用是电话礼仪中的一项重要内容。用语是否礼貌，是对通话对象尊重与否的直接体现，也是个人修养高低的直观表露。要做到用语礼貌，就应当在通话过程中较多地使用敬语、谦语，如"您好""请""谢谢""麻烦您"等。

通话用语往往是有一定规律可循的，这种规范性主要体现在通话人的问候语和自我介绍、通话结束时的道别语上。通常，致电方在电话接通后应主动问好，询问对方的单位或姓名，得到肯定答复后再报上自己的单位、姓名，其规范模式是："您好！请问是某某公司某某部吗？我是某某公司某某部的李某某，麻烦您请王经理听电话，谢谢。"接听电话方不能使用"你有什么事""你是哪儿，你是谁，你找谁"等用语，特别不能一开口就毫不客气地查问对方或者以"喂，喂"开场，通常应以问候语加上单位、部门名称及个人姓名作为开场语，如"您好！某某公司某某部张某某，请讲。"

（2）为确保信息的准确传递，通话人在通话过程中应当力求发音清晰、咬字准确、音量适中、语速平缓，确保语句简短、语气亲切，这样易使对方产生好感，利于沟通。通话时语气的把握至关重要，因为它直接反映着通话人的办事态度。语气温和、亲切、自然，往往会使对方对自己心生好感，从而有助于交流的进行；语气生硬傲慢、拿腔拿调，则无助于工作的顺利开展。语调过高、语气过重，会使对方感到尖刻、严厉、生硬、冷淡；语气太轻、语调太低，会使对方感到无精打采、有气无力；语速过快，会显得应付了事，对方容易听不清楚或听错；语速过慢，则显得懒散拖沓，容易让对方失去耐心。一般来说，语气语速适中、语调稍高些、尾音稍拖一点才会使对方感到亲切自然。

（3）通话时应全神贯注，举止文明。通话虽然是个"只闻其声，不见其人"的过程，但通话人可以根据声音来判断对方是全神贯注还是心不在焉、是和蔼可亲还是麻木呆板进而推断对方是否尊重自己，从而微妙地影响了交流的进程与效果。因此，我们通话时应暂时放下手头的工作，集中注意力与对方交流，除了必须执笔做些适当、简短的记录，以及查阅一些与通话内容相关的书面材料以外，切不可一心二用。有人为了方便而使用免提通话，以便腾出手来做其他事，殊不知这不仅不能提高工作效率，反而有可能引起对方的误会和不满，进而影响工作。

通话时我们应端坐或端立，不可趴着或仰着、斜靠或双腿架高，也不要将电话夹在脖子上通话，不可边通话边与旁人聊天或边通话边做其他事情，给人以三心二意的感觉。切忌边打电话边抽烟、喝茶、吃零食，这是极不礼貌、极不尊重对方的行为。

通话过程中，应轻拿轻放电话，避免过分夸张的肢体动作，以防带来嘈杂之声。若电话中途中断，如中断原因明确，应由失误方重新拨打，并在拨通之后稍做解释。如原因不明，通常由致电方重打。接听方也应守候在电话旁，不宜转做他事，甚至抱怨对方。一旦发现自己拨错了电话，拨打者要立刻向被打扰的一方致歉，不可挂断了事。如果发现对方拨错了电话，也应礼貌告知本单位或本人是谁，必要而可能时，不妨告诉对方所要找的正确号码或予以其他帮助，切勿恶语相向责备对方。如果对方道歉，要记得礼貌回应。

结束电话交谈时，通常由致电方提出，接听方不宜越位抢先。双方可以将刚才交谈的问题适当重复总结，然后彼此礼貌致意、道别，再挂断电话。

（二）拨打电话的礼仪

1. 选择恰当的通话时间

选择恰当的通话时间通话。时间的选择看似平常，实际上至关重要。为确保信息的有效传达，我们应根据通话对象的具体情况择时通话，以方便对方为基本原则。一般而言，工作电话应当在工作时间拨打，但应避开刚刚上班、即将下班、午餐前后，更不宜在下班之后或节假日拨打，尤其不应在凌晨、深夜、午休或用餐时间"骚扰"他人。如确有急事不得不打扰别人休息时，在接通电话后首先应向对方致歉。如果是拨打国际长途，则应考虑到本地与目的地的时差，然后选择合适的时间。

2. 提前准备，言之有物

通话前我们应做好充分准备，不打无意义的、可打可不打的电话。在拨打电话之前，必须确认通话对象的情况，如姓名、性别、职务、年龄、所属部门等，以免出错造成尴尬；还应明确自己所要表达的内容，可以事先在便笺上列出一个条理清晰的提纲，以免遗漏要点或因一时想不起来该说什么而尴尬地停顿。电话接通后要简明扼要地直奔主题，言之有物，切忌东拉西扯、无话找话。

3. 耐心拨打

拨打电话时，要沉住气，耐心等待对方接听电话。一般而言，至少应等铃声响过6遍或大约半分钟时间，确信对方无人接听后才可以挂断电话。切勿急不可待，铃声未过响3遍就断定对方无人而挂断电话，或挂断后反复重拨，更不可在接通电话后责怪对方。

4. 遵循"通话3分钟"原则

使用电话作为通信工具，其目的在于提高工作效率。因此在使用电话时，务必要做到"去粗取精"、长话短说，除非有重要问题须反复强调、解释，在正常情况下，一次通话时间应控制在3分钟之内。这一做法在国际上被通称为"通话3分钟"原则，已成为一种共识。

遵循"通话3分钟"原则，我们可以在通话前大致估算一下所需的时间，明确通话内容。通话时直奔主题，抓住要点，言简意赅地表达。如果要传达的信息已陈述清楚，就应当及时结束通话，无须唠叨，以免给人留下做事拖拉、缺乏效率的感觉。

如果预计电话交谈的内容较多、时间较长，那么在通话之初就应告知对方，简短概括要涉及的事务并礼貌地询问对方此时沟通是否方便，如对方表示无碍则可继续交谈，如对方表示不方便则应与对方商量另约时间。

通话过程中，若通话人需取一些相关资料或暂时离开去办重要事宜，应在30秒内解决。若超过30秒，须征得对方同意并致以歉意，或先暂时挂断电话，事后再拨打过去。当然，"通话3分钟"原则旨在要求通话时用语简洁、节省时间，而并不要求通话人刻意追求3分钟的精确时限。

（三）接听电话的礼仪

1. 勤于接听

电话铃一响，应即刻停止手中的工作，拿起记录的纸笔，做好接电话的准备。然而接电话也不宜过于迅速，铃声响一遍后就立即接听，会给对方以唐突之感。接电话的最佳时机，应当是铃声响两遍或三遍后，因为此时双方都已做好了通话的准备。如果确有重要原因而耽误了接电话，电话铃响了五声才拿起话筒，则务必向对方解释一下，并表示歉意。

2. 做好记录准备和补缺准备

任何一次来电都有可能是一次重要的信息传递。因此，我们应当在电话旁配备好完整的记录工具，要养成一听到电话铃声就拿起纸笔的习惯。为了避免记不清致电人所传递的信息甚至遗漏信息要点的情况，接听人应在接听电话时适当地进行要点记录，电话记录既要简洁又要完备，在工作中这些电话记录是十分重要的。

由于种种原因，在办公时间需暂时离开以致无法接听他人来电时可委托他人代为接听，可以请受托之人留下致电者的姓名、单位及电话号码，转告致电者自己会在回办公室后即刻复电，并致歉意。一般不宜要求对方隔时再来电，以免给人以"摆架子"之嫌。也可请受托之人在对方同意的情况下，代为记录来电内容，但须确保记录准确，以免误事。

3. 合理安排接听顺序

在工作中我们有时会遇到这样的情况，即同时有两个电话待接，而办公室内暂时只有自己一人，这一问题如何应对呢？可先接听第一个打进来的电话，在向其解释并征得同意后，再接听另一个电话，并让第二个电话的通话对象留下电话号码，告之稍候再主动与他联系，然后再迅速转听第一个电话。如果两个电话中有一个较另一个更重要，则应先接听重要的那个。例如，应当先接听长途来电再接听市内来电，先接听紧急电话再接听一般性的公务电话等。

不管先接听了其中的哪个电话，都应当在接听完毕后迅速回拨第二个电话，不宜让对方久等。切不可同时接听两个电话，或只听一个电话而任由另一个来电铃响不止，更不可接通了两个电话后只与其中一个交谈，而让另一个在线上空等。

4. 殷勤转接

如果接电话时发现对方找的是自己的同事，应请对方稍候，然后热忱、迅速地帮对方找接话人，切不可不理不睬、漠然视之或直接挂断电话，也不可让对方久等、存心拖延时间。如果对方要找的人不在或不便接电话时，应向其致歉，让其稍后再拨。如果对方愿意留言，可代为传达信息，并准确做好记录。如果对方不愿留言，切勿刨根问底。在解释所找之人为何不在或不便时，不可过于"坦率"，如说"他在厕所""他说他不愿接"之类的话，以免失礼于人或引起误会。

二、手机礼仪

手机是现代化的通信工具，被称作"第五媒体"。虽然移动电话给我们带来了便捷与高效，但使用手机除了应遵循电话礼仪外，还应注意一些特殊的礼仪规范。

（一）手机的拨打和接听要注意场合

在开会、会客、谈判、签约及出席重要的仪式、活动时，应将手机设置为振动状态或暂时关机；若有重要来电必须接听时，应先迅速离开现场，再开始与对方通话；如果实在不能离开，又必须接听，则音量应尽量放轻，一切以不影响在场的其他人为原则。与人共进工作餐（特别是自己做主人请客户）时，如果有电话，最好说一声"对不起"，然后去洗手间或走廊接听，而且一定要简短，这是对对方的尊重。

（二）应保持手机畅通

告知工作对象自己的手机号码时，务必力求准确无误。必要时，可再告知对方其他几种联络方式，以求有备无患。看到他人打在手机上的来电后，一般应该及时与对方联络，因故暂时不方便使用手机时，可在语音信箱上留言，说明原因。

（三）应将手机放在妥当之处，设置恰当的铃声

一般应将手机放于随身携带的公文包或上衣的内袋里，开会时可将手机置于不起眼的地方，不要放于桌面上。手机铃声间接反映了手机使用者的个性形象，设置手机铃声时不宜使用怪异、搞笑、过于幼稚的铃声，否则会降低自己的专业度，影响职业形象。

（四）手机的使用应重视私密性

未经同事、上司、客户的同意，我们不宜将他们的手机号码随意告诉他人，也不宜随意将本人的手机借与他人使用，当然随意借用别人的手机亦不适当。工作中的重要信息，业务往来的具体资料都不宜存储于手机中，以免手机遗失造成泄密。

（五）正确使用短信

在一切需要手机静音或关机的场合，可以使用短信，但不要在别人注视你的时候查看编写短信，一边与人交谈一边收发短信是对他人的失礼；短信内容的选择和编辑反映着发送者的品位和水准，不要编辑或发送不健康的、无聊的短信；发送短信要署名，信息传递要简明扼要，阅读涉密短信后要及时将其删除，以免泄密或引起不必要的误会；收到短信要及时回复，发送短信的时间不能太晚，以免影响对方休息。

三、传真礼仪

传真作为远程通信的重要工具，因其方便快捷得到广泛应用。使用传真时我们应该做到：

（一）传真内容要简明、严谨

传真内容要简明扼要、严谨准确。为确保这一点，在写完后须校对一遍再发送。传真首页上的内容应该有传送者和接收者双方的单位名称、人员姓名、日期、总页数。每页纸上都应有页码，既方便阅读也方便补发。若传真加盖公章的文字材料，需将公章盖得清晰，以保证传真的效果。

（二）传真信件须规范

传真信件的内容一定要规范，必要的称呼、问候语、签字、敬语、致谢词等均不能少，特别是要注意信尾的签字，因为签字代表发信者本人知道并同意发出。若签字被忽略，则任何人都可以轻易冒名发信件了。

（三）纸张、字号大小不可随意

最规范的传真用纸是 A4 大小的白纸，最好不要用有颜色的纸，否则既不规范又浪费传真机扫描的时间，而且发过去可能影响效果。传真的字号应比普通打印件稍大，以保证传真

过去的文字清晰、方便阅读。

（四）注意保密

未经事先许可，不应传送保密性强的文件或材料，因为公共传真机保密性不高，任何刚好经过传真机旁边的人，都可以轻易窥得传真纸上的内容。

（五）传真前后勤确认

发送传真前，应先向对方通报，因为在很多单位大家共用一台传真机，如果不通知对方，信件就可能会落到别人的手里。若传真页数较多应向对方特别说明，让对方选择是否发送或更换方式。发送后要再次与对方确认是否收到、页码是否正确、内容是否清晰。同理，收到传真后如对方没有打电话来确认也要尽快通知对方。

四、电子邮件礼仪

当前职场中，电子邮件已成为必备、常用的通信工具，越来越多的公司专门设置工作邮箱，使用内部邮件系统。学会职场中的电子邮件礼仪可以促进交流合作，提高工作效率。

（一）使用工作邮箱的基本要求

工作邮箱的账号、密码一般都由人事行政部门或网管部门统一设置，员工领取后可以重置密码，但不可以将其账号、密码转让或出借予他人使用。设置工作邮箱是为了方便工作，员工不应将其用于非工作用途，尤其不能利用工作邮箱上传、展示或传播任何虚假的、骚扰性的、中伤他人的、辱骂性的、恐吓性的、庸俗淫秽的或其他任何非法的、侵害他人合法权益的信息资料，这些都会对公司的正常运转造成不利的影响。

（二）写邮件的注意事项

1. 明确邮件主题

电子邮件主题是邮件接收者了解邮件的第一信息，它能帮助收件人迅速了解邮件内容并判断其重要性。因此，发送电邮必须有明确的主题，主题空白是极失礼的，主题行的标题既要简短又要能反映出邮件的内容和重要性，发件人应认真填写，通常用邮件内容的关键词作为主题，如果邮箱名与发件人的姓名不符的，还需在主题行注明发件人的真实姓名。

2. 礼貌使用称呼和问候

电邮的文体格式类似于信函格式，虽不需要冗长的客套语，但开头要有合适的称呼和礼貌的问候语，如"尊敬的先生/女士：您好！"，结尾要有祝福语，如"祝工作顺利！"等。

3. 合理组织正文、添加附件

邮件通常只围绕一个主题展开，电邮正文和附件的内容是否简明扼要、行文是否通顺、表述是否明晰，直接影响到这封邮件的有效作用。如果正文内容比较复杂，应分段进行说明并保持每个段落的简短。在不影响精准表达的前提下，多用简单词汇和短句。所用字体和字号大小要让收件人看起来不费力，写完后检查有无错别字和不必要的话。如果邮件有附加的文档、表格、图片，通常将其以添加附件的方式直接发出，这既便于收件人阅读也便于保持源文件的信息、格式。附件的文件名最好能概括附件的主要内容，以便收件人下载后整理归档。附件一般不超过 4 个，附件数目较多时应将其打包压缩成一个文件，同时在正文中对附件内容做简要说明。

4. 注意邮件语气、行文方式

根据邮件的对内对外性质、收件人与自己的熟络程度、等级关系等选择适当的语气和行文风格。要尊重对方，应时常使用礼貌用语，以避免引起对方的不适，从而增强沟通效果，达到沟通目的。

（三）发送及回复邮件的礼仪

发送大邮件时要确认邮件不会给收件人带来不便，按规定控制邮件的接收范围，避免超范围发送。各收件人（包括收件人、抄送人、密送人）的区分和排列应遵循一定的规则，如可以按部门排列，也可以按职位等级从高到低或从低到高排列，一般来说如是部门内部的工作安排、工作回复、跨部门沟通等情况，只抄送给相关人员即可。公司层面的通知、报告、公函等，必须由经理级以上人员经过相关主管领导批准后再发送邮件，不得以个人名义发送；如果员工利用工作邮箱群发文章分享的，内容必须符合公司文化和要求，不应分享与工作无关的文章、图片等。

必须定期查看工作邮箱，收到邮件应认真阅读、及时回复，对于有时限的邮件，一定要在时限内完成查看和回复。如果正在出差或休假，应设定自动回复功能提示发件人，以免耽误工作。回复邮件不能寥寥几字、过于简短，这是对对方的不尊重。

五、QQ、微信等网络即时通信工具礼仪

日益成熟的网络通信技术使人们的生活发生了天翻地覆的变化，随着智能手机、平板电脑等移动设备的普及，QQ、微信等即时通信方式更是让人们的沟通呈现出崭新的模式。人在享受交流、展示自我的同时，应注意使用的安全性，遵守相应的礼仪。

（一）QQ礼仪

QQ不仅融入了我们的日常生活中，而且成为许多单位的工作交流工具，方便快捷地传递着各种工作信息，使我们的工作变得更加高效。

1. 工作时间使用QQ的基本要求

工作期间应将工作QQ与个人QQ区别使用，不宜使用私人QQ，更不宜通过QQ与亲友聊天。工作时段应依照自己的实际情况设定在线忙碌状态，以方便工作中的沟通联络，原则上工作QQ只能用于工作交流，不要交流与本岗位无关的信息。

使用QQ工作群时，应按照统一规则命名群名片，一般为单位部门＋真实姓名，不要使用昵称。工作QQ的个性签名要积极向上，一般多采用自我激励、鼓舞团队的话语，避免使用消极负面的话语。员工要留意工作QQ群的公告、通知和群文件，及时做出回复并按要求落实相关工作，不应在工作群中聊天和讨论与业务无关的话题。因特殊情况不能在线时，应及时查看当日群内有关工作部署的留言和最新消息。需要申请加为他人好友时，务必要填写相关的身份信息，方便对方确认同意。

2. QQ信息发布及回复的基本礼仪

总体上来说，在工作QQ群内的发言应围绕工作而展开，必须主题积极、内容健康、语言文明。既不得在群内发布黄色淫秽、暴力、低级趣味的表情、信息、图片、网址链接和虚假、骗人信息，也不要随意传播网络和社会上未被证实的言论，更不能讨论有关涉密的信息。群内成员聊天必须把握分寸，不应拿他人的尊严、名誉、私人问题等进行调侃取乐，不进行人身攻击、不使用污言秽语或侮辱、诋毁、诽谤、嘲讽性质的语言。

在 QQ 上最好不要设置成"请勿打扰""忙碌"状态，发起会话和下线时，应与对话人礼貌地打招呼，不要闲聊，将要解决的问题简要说明，发链接时也要简要说明。如果要找人尤其是找不那么熟悉的同事或关联对象时，不要直接打出对方的姓名，而应以"请问"开头，然后在使用"你好"等礼貌用语之后与对方沟通，和盘托出你要问的问题、要说的话。如果对方不在，也可以利用 QQ 的留言功能主动礼貌留言，体现你的诚恳态度及不想打扰、追逼人家的善意。看到别人针对自己的发问或咨询，或收到别人的留言都应及时回应。自动回复要慎用。

留言或回复时，应检查是否有错别字及易引起歧义的内容，避免引起对方的误解。等待回应时，一般不宜使用 QQ 的"抖动"功能催促对方，"抖动"易使被"抖"的人产生反感，特别是"抖动"与你不太熟悉的同事、客户，这就如同在日常生活中，你在某人楼下大喊"某某，你给我下来"，如果彼此不够熟稔，这样是很不合适的。

QQ 丰富的个性表情、图案、动画很受欢迎，使用得恰当可以增强交流效果，但如果选择的内容格调不高则易使人心生反感，而过于频繁使用有恶意刷屏之嫌，表情、图案、动画毕竟不可取代语言沟通，要慎用。

3. 传输文件的礼仪

发送文件前需先联系、告知对方，询问对方是否方便接收文件，不要一言不发就直接发离线文件或大文件、视频文件、截图。收到文件后需及时回复留言，表示感谢。传输大文件应先将文件进行压缩再进行发送，这样可以节省对方接收文件的时间。如果文件传输过程中出现故障，双方应及时沟通解决。接收文件后及时阅览，如发现文件损坏或存在其他问题应立即与对方联系，礼貌地请对方协助解决。

总之，应与 QQ 群内其他成员文明交流、互相尊重、团结互助、友好相处，共同维护这个交流平台。

（二）微信礼仪

微信是腾讯公司于 2011 年推出的一个为智能终端提供即时通信服务的免费应用程序，它具有公众平台、微信群、朋友圈等功能，可以通过网络快速发送语音短信、视频、图片和文字，现已成为拥有亚洲最大用户群体的移动即时通信软件，其传播时效之快，覆盖面之广，影响力之大，令人惊叹。当刷微信成为人们的一种生活方式时，微信礼仪也应运而生。

1. 申请关注要谨慎

尽管微信加关注的方式多种多样、十分便捷，但是在选择同事、上司、客户加好友时不能贸然行事，应考虑对方的感受。或许对方并不十分愿意让你看到他在微信上呈现的较为个人化的信息，但又不便拒绝，这就会使对方陷入尴尬境地。恰当的做法是事先进行沟通，如果感觉到对方有所勉强就不要提出申请，大家可以在微信群里交流。此外，申请时还需表明身份，还可通过设置一张微笑的、职业感强的本人头像来增加辨识度。

2. 发送时间和数量要控制

有人每天不分早晚地在微信上密集发送、频繁更新，这样做不仅影响他人休息、干扰他人的正常生活，还容易惹人生厌，而且会让人产生不好的联想，感觉你把时间和精力都花在了刷微信上，从而对你的工作专注度及工作效率产生怀疑。发送微信应尊重他人的作息时间、控制数量。

3. 发送问候要用心

当我们使用微信和他人保持情感联络时，总会涉及日常的问候或者节假日的祝福问候。日常问候要有具体内容，避免只发一个表情符号、惜字如金；节庆时可在朋友圈内针对所有微友发祝福微信，但对圈内关系特别密切的朋友、同事、重要的合作伙伴、客户、师长等应一对一地单独发送祝福微信，应有对对方的称呼，使用敬称，可在末尾附上自己的职务名称和名字，以便让他人记住你。

4. 发送消息要简明

发送文本消息时要确保文本正确无误，如果不小心把带错别字的文本发出去了，一定要再补发一条作为说明；文本内容应简短明了、有针对性，千万不要长篇大论，那样很容易让人产生视觉疲劳，从而遗漏了你所发的重要信息；文本需用语健康文明，可以配以适当的图片，作为补充说明。

发送语音消息要慎重，由于微信语音稍不小心就可能转换为外放模式，双方所说的都可能会被别人听见，这样不仅容易泄露交谈内容，还易干扰别人。语音发送应在安静环境下进行，防止对方无法听清，或者因为背景人多嘈杂导致客户觉得你太过随意，对他不够重视。如果对方是你的重要客户或上司，发送语音前应该先征求对方的意见；对于紧急的事情，不要使用语音，以防对方因故不方便听语音，影响回应。此外，发送语音消息时应尽量讲普通话，做到口齿清晰、语速恰当。使用语音功能时还要考虑到对方的上网条件，照顾到那些包月套餐内流量不多的朋友，应避免发过长的语音消息，增加对方网费负担。

发送图片消息时，应确保图片内容健康无害，图片画面清晰完整，图片数量、大小适宜，可以配简短的文字说明。

发送视频要说明视频的主题，确保视频画面和声音连续、清晰、大小合适，同时合理命名文件。

5. 回复消息要及时

在朋友圈、微信群里收到消息应当第一时间回复，评论他人消息应彰显诚意，避免总是使用单纯的笑脸表情。应考虑到对方的立场，不要催促对方回复，不能因为对方没有及时回应就责备埋怨。重要又需要立刻得到回复的事情还是电话联系为好，以免对方因为网络问题而无法收到，从而耽误工作；回复时要注意文明用语，不使用粗俗的语句。

6. 发送内容要讲究

如果微信主要用于工作则建议使用真实姓名作为昵称，可以包括公司名称或者产品名称；个人签名代表了你的形象，要积极、阳光。不管是原创还是转发，微信都应多发布正能量的内容，避免发送低俗信息或涉及国家、工作单位机密甚至他人隐私的信息；在微信群里不要长时间单独与某人聊天，以免干扰别的微友，可以单独"微他"或把相关人拉在一起另外建聊天群；微信群里的发言要切合主题，不要谈论和转发太多跑题的内容及敏感话题，可以单独私聊私密的话题；转发前先点赞或以评论的方式写出转发理由，转发自微友原创的内容须注明来源，这是对原创者的尊重；不发或不转发带"如果不转发就……只有转发才能得好报"等强制性字眼的微信，微友间应相互尊重而非要挟，转发链接或求助微信时需谨慎，应尽量予以核实。你的分享，代表你的态度，如果你不加个人观点就转发，就等于你支持作者的观点。

知识拓展

接打电话的注意事项

1. 电话中的语言礼仪应注意下列五点

（1）语调不要过高或过低。过高，会使人感到严厉、生硬、冷淡，刚而不柔；过低，使人感到无精打采、有气无力。

（2）语调不能过长或过短。语调过长，则显得懒散拖沓；过短，又显得不负责任。

（3）一般情况下，语气要适中，语调稍高些，尾音稍拖一点，才会使人感到亲切自然。

（4）要微笑着说。通电话时，彼此之间的表情可以通过语调、言辞运用来表达。对着电话微笑，尽管对方见不到，但声调可以表达出友谊的微笑，语调也会柔和亲切。

（5）使用"五声十字"礼貌用语，即"你好""请""对不起""谢谢""再见"。拨错电话号码应说声"对不起"。

2. 通电话时应注意下列问题

（1）不要聊闲话，在办公室不要用公家的电话谈私事或者闲聊天。电话的发明，本意在便利地传送消息，提高工作效率，并不是消遣用的游戏机，冗长的闲话会耽误正事。试想因为占着线，真正需要通话的却挂不通，在信息就是金钱的时代，该会付出多少代价。

（2）挂电话时不必做手势，因为对方毕竟不在对面，手势不能加强语气，反而会使周围的人发笑。

（3）接电话时应保持良好的坐姿与站姿。在办公室接电话时，双脚起搭在办公桌上摆来摆去，有失礼节，也不可在办公桌上或半倚半坐在办公桌上接电话。

中国传统成人仪式——冠笄之礼

成年仪式标志着一个人走向成熟，古已有之。成年仪式按照性别差异，分别为男子的成丁礼和女子的成女礼，即我国古代的冠笄之礼。

冠礼，据《礼记》记载，古代男子20岁行冠礼。冠礼是庄重的仪式，男子加冠以后标志着他已步入成年人的行列，不再是个孩子了，自己的言行举止要以成年人的标准来要求了，社会上其他人对待他也都要以对待成年人的礼节来相待了。

笄礼，据《礼记》记载，古代女子15岁行笄礼。在头发上用笄簪上，标志着女子成年了。古时候，无论男女，年幼时都不结发，头发是自然披散的，最多在脑后扎成两撮，称之为"总角"，并且不加修饰。但到了一定年龄就要对头发进行精心打理，男子加冠，女子加笄。举行这样的仪式意味着：从此他们将由昔日在家庭中毫无责任的"孺子"转变为对家庭、社会承担责任的成年人了。

本章小结

润物细无声，细处见素养。对于职场人员而言，整洁适宜的着装、优雅规范的言行，甚至一次得体亲切的电话沟通、一份简单的传真、一份快捷的电邮、QQ或微信上的一次发言都展示着你的工作态度和礼仪水准，需要我们自觉遵守合乎身份的职场礼仪规范，知晓并恰如其分地运用职场日常礼仪技巧。这不仅有利于完成本职工作、构建和谐的工作环境，也关系到职场人员未来的发展，对完善个人的职场形象、提升个人的职业素养大有裨益。

思考练习

1. 举止礼仪包含哪些方面的内容?
2. 男士正式场合的着装原则有哪些?
3. 站姿、坐姿、走姿、蹲姿的基本要领是什么?
4. 人际关系礼仪主要体现在哪几方面?
5. 与上级相处的礼仪包括哪些内容?
6. 拨打电话应注意哪几点?
7. 模拟练习接打电话。

第七章

解决问题素养

学习目标

知识目标：

1. 掌握认识问题的内涵及方法。
2. 掌握认识自我的意义。
3. 掌握分析问题的方法。
4. 了解分析问题的步骤。
5. 掌握解决问题的条件。

技能目标：

1. 初步具备深刻认识问题的意识。
2. 学会运用认识问题的方法。
3. 明确自己缺失哪些认识问题的素养。
4. 学会科学地分析问题。
5. 学会正确地分析自我。
6. 明确自身的优缺点。
7. 提升解决问题的能力。

第一节　认识问题

导入案例

　　小林家生活比较困难，看到别人穿好衣服，心里就急，家里又没钱买，于是小林产生一个念头，到市场上的服装摊点去偷。穿上偷来的衣服，对别人说是自己结交的一个有钱的朋友送给她的，后来在一次偷窃中被人发现，送到公安机关，受到了法律制裁。

　　讨论：小林的问题在哪里？从该案例中你能汲取哪些教训？

我们生活的现实世界当中，每天都会面对很多问题，怎样认识问题，直接影响我们的决策与行动。

一、认识问题的内涵

（一）认识的内涵

认识是主体在主观意识的支配下，主动收集客体知识的行为，是认识意识的表现方式。主体的行为的主导和实行者，是有生命的物体。人作为生物主体，具有行为的主观需要和行为的能力，行为是认识主体的日常生活方式。

1. 人是认识的主体

认识分为认识主体和客体。人是具有知、情、意的高级动物，是认识的主体。人在个体主观意识的指挥下，有目的、有计划、有方法地去认识客观事物，经过一系列的思维加工，不仅能认识事物的表面现象，而且运用抽象逻辑思维能深入事物的内部，揭示事物的本质规律，找到事物发展变化的根本原因。认识客体包括认识主体自身。

人的主观意识指挥着认识行为的发生、发展和结束，认识行为是认识意识的具体实践与落实。认识的过程是将认识发生以前制定的认识蓝图从主观变为现实的过程。人借助于自身的感觉器官去感知主体接收到的客体，如温度、湿度等，感觉器官将接收到的客体信息通过中枢神经系统传递给人的大脑，大脑将信息处理之后，形成人对客体的主观认识并调动身体的相应部位做出反应。

2. 认识主体的主观意识指挥着认识的发展变化

随着时间的推移和认识活动的不断发展，当认识主体意识到阶段性的认识目标已经实现之后，就会发出进入下一个认识阶段的命令，使认识活动不断向前推进。当认识主体意识到这一阶段的认识任务中已经获得了新的经验，就会发出调整认识行为的指令，使认识行为更合理化并更有效率性，同时主体的认识水平也获得了提升。

3. 认识主体的主观意识指挥着认识行为的结束

伴随着主体认识的不断深入和认识预期目标的全部实现，人的大脑思维组织通过对外在感性材料的分析、加工、处理，运用抽象逻辑思维，产生对相关事物的正确认识之后，便会向认识主体发出停止认识行为的命令。于是，有目的、有计划、有方法地认识行为便结束了。例如，一个人学会了26个英文字母之后，就不会再继续学习了，这项学习任务就结束了，这是在他的大脑思维组织指导之下的行为。

4. 认识同思维和实践是既有联系又有区别的具体行为

思维、认识和实践在认识主体的整个心理活动过程中是交替进行的，实践是认识的来源，是认识产生的条件。思维是认识主体对认识客体的加工过程，是实践变成认识的中介和桥梁。实践是在认识指导下进行的，没有认识指导的实践是盲目的、无意义的。

知识的产生往往是在实践、认识、再实践、再认识的过程中产生的，思维在这一过程中发挥了非常重要的作用，如果缺失了思维这一中间环节，实践与认识将无法连接起来，对客观事物本质规律的认识便不会产生。人如果在面对外界客观事物时采取冷漠、无视的态度，对事物不进行任何思考，那么将不会产生新的认识，获取新的知识。

（二）认识的特点

1. 认识具有反复性

从认识的主体来看，人作为认识的主体，在认识客观事物的过程中总会受到自身主观条件的制约。从认识的客体来看，客观事物是不断发展变化着的，其本质的暴露和展现也有一个过程。这就决定了人们对一个事物的正确认识往往要经过从实践到认识、再从认识到实践的多次反复才能完成。

2. 认识具有无限性

认识的对象是不断变化着的物质世界，世界上的一切事物都处在无限的变化之中，一成不变的事物是不存在的，每天这个世界上都有旧的事物灭亡、新的事物产生。因此，人类的认识将永远处于无限的发展过程中、对客观世界的无限探索过程中、对真理的无限追求过程中。

3. 认识具有前进性和曲折性

对事物的认识既要受到外在客观条件的制约，又要受到认识主体在主观条件的限制。客观世界是不断发展变化的，人的主观认识世界受到认识主体自身知识、经验、生活环境等的影响，不可避免地具有局限性，决定了对事物的认识过程往往并不是一帆风顺，这期间会经历许多曲折、反复甚至是停滞不前或陷入认识误区，所以对事物的认识过程中具有曲折性。同时，世界上的一切事物都是处在持续的发展变化之中的，不存在一成不变的事物，所以事物的发展是波浪式的前进和螺旋式上升的过程。

（三）问题的内涵

问题是指要求认识主体回答或解释的题目，包括需要研究讨论并加以解决的矛盾、疑难，事物的关键和重要之点，日常生活中的事故或意外，造成差距的因素。例如，某个成年人在工作时注意力很难集中，这就是一个他迫切需要解决的问题，不然会影响工作效率。

（四）认识问题的内涵

认识问题是指认识主体对需要回答或解释的题目，包括需要研究讨论并加以解决的矛盾、疑难，事物的关键和重要之点，日常生活中的事故或意外，造成差距的因素等问题产生的原因、背景因素、问题性质、影响等进行全面深入的分析，为问题的最终解决奠定良好的基础。例如，一个人哭了，当你看到这种状况的时候，首先想到的就是他为什么哭，然后根据哭的原因想办法进行劝解，让这个人停止哭泣。

二、认识问题的方法

（一）矛盾分析法

矛盾分析法是马克思主义方法论之一，包括一分为二地看问题、普遍性与特殊性相结合、具体问题具体分析、坚持两点论和重要论的统一。矛盾分析法是唯物辩证法的根本方法，对人们正确地认识问题具有重要的指导意义。

（二）理论联系实际法

理论联系实际法，就是运用马克思主义的立场、观点和方法，同中国历史和现实的实际情况相结合，让理论更好地为实践服务。理论联系实践的原则，体现了认识与实践相统一的原则，就是要将学习到的知识与具体实践情况相结合，而不是在遇到了困难时不考虑实践情况将知识生搬硬套。

三、正确认识自我

对所有问题的认识当中，最重要的是对自我的认识，俗话说："人贵自知之明。"同时对自我的认识也是最难的。在希腊神庙的柱子上刻着非常著名的一句话"认识你自己"。老子曾经说过："知人者智，自知者明。胜人者有力，自胜者强。"人的一生中如果能充分地认识自己，那将是一件十分不易和了不起的事，所以说认识自己是每个人一生中都无法回避的课题，认识自我包括认识自己的长处和短处。

（一）明确自身优势

1. 我与生俱来的优点

全面分析自身的优势，发现自己擅长的事物，如家庭条件方面的优势、性格方面的优势、智力方面的优势、父母教育方式方面的优势、天赋方面的优势等，认识到自身的优势之后，要善于运用自身的优势弥补自身的弱势，并进一步优化自身的优势，为将来的职业发展奠定好基础。

2. 我后天学会了什么

明确自己经过后天的系统学习掌握了哪些知识与技能；参加过哪些社会实践活动，在实践活动中哪些技能获得了提升；是否担任过班级干部，积累了哪些宝贵的经验；去过哪些地方，增长了哪些方面的阅历等，所有这些对自我素质的提升有哪些帮助，对今后的职业发展有哪些帮助。

（二）发现自身不足

1. 与生俱来的性格方面的弱点

"金无足赤，人无完人。"每个人来到这个世界都不是完美的，都有着这样或那样的缺点，性格的某一方面都会存在缺陷。例如，有的人天生就是一个急性子，做事总是很急躁；有的人天生就是慢性子，于是总是不紧不慢；有的人天生性格比较内向，不善于言辞；有的人天生就性格比较外向，活泼好动。这些性格弱点是人无法避免的，这个世界本来就是多元的，我们必须正视性格弱点，尽量减少它们对我们日常生活的不利影响。

2. 后天经历所欠缺的方面

每个人的生长环境和成长经历是不同的，有些人生长环境相对优越，有些人生长环境相对较差；有些人成长体验丰富，阅历较广，有些人成长体验贫乏，阅历较窄；有些人成长中没有经历过风浪，有些人成长中经历过很多挫折。其中有些是家庭环境决定的，无法改变，有些是后天环境决定的，可以改变。正如一个人没办法选择出身，但可以选择自己的人生道路，所以，先天环境的不足可以通过后天的努力去弥补。

四、认识自我的意识

（一）激发自身的潜在能量

人有部分能量是不容易被自己察觉到的，需要在全面地认识、分析自我之后才能被感知到，不去全面客观地认识自己，充分发挥个人的主观能动性，就不会知道自己到底能成长到什么程度，这部分潜在的能量一旦被激发出来，将有益于自我的成长与发展。

（二）明确人生的努力方向

人只有全面地认识自我之后，发现自身的长处和兴趣爱好，将自身的优势和兴趣、社会需要相结合，才能明确自身的努力方向，给自己进行正确定位，做适合自己的事情，发挥自身的最大潜能，更快更好地成长起来。

第二节　分析问题

导入案例

　　B公司是一家民营企业。该公司的张总经理是B公司的创始人，他今年已经60岁了。平常使张总经理最感骄傲的就是B公司内部有如大家庭一样的团队精神，而且他也一向在公司中以"家长"的身份自居，经常表示公司有照顾员工如子弟的义务。除非员工犯下了不可原谅的错误（如盗窃），B公司几乎不会解雇任何员工。公司各级主管的离职率也很低，大部分管理人员都视B公司为终身服务的事业，他们之中有不少人是当年随张总经理"打天下"的老员工，其中有些人虽然岁数大、能力有限，但仍在公司中担任很重要的职务。

　　1997年1月10日，B公司召开了一年一度的经营会议。通常，经营会议的主要活动是颁奖和会后的盛大聚餐。今年与以往略有不同。在颁奖完毕后，张总经理起立向大家着重地宣布了两件事：第一，国内某大型公司最近和B公司建立了密切合作关系，将共同携手创造美好的未来；第二，出现在张总经理座位旁的一位生面孔——范先生将要担任B公司的常务副总经理，负责公司的全盘经营管理。张总经理接着强调了范先生的高学历背景以及过去在企业界担任"专业管理人士"的丰富经验。张总经理号召大家在今后的工作中全力支持范副总经理。几天以后，在一个非正式的场合里，范副总经理和几个部门经理广泛地交流了意见。他首先表示他对B公司过去成就的敬意，但他强调指出，"贯彻能力主义，排除万难，追求胜利"是他的一贯作风，过去他在其他企业的成就就是凭借这种精神干出来的。一年过去了，范副总经理虽然在B公司的经营业绩不错，但却不得不主动辞职。

　　讨论：试分析范副总经理辞职的原因。

世间万物都是因果关系的结合，任何事情的发生都是有原因的，所以，我们在面对问题、矛盾的时候，一定要深入分析事情背后的原因，不能被事物的表面现象所迷惑，这样才能对症下药，真正解决问题。

现代社会中，问题无时无处不在，每个问题都有着自己的始末，因而要注意追根溯源，深入分析问题，弄清事情的来龙去脉，以便找到正确解决问题的钥匙，开启解决问题之门。

一、分析问题的内涵

（一）分析的内涵

分析就是将特定认识对象分为各个部分、方面和层次，并对各个因素分别进行细致深入解析的思维认知活动。分析问题产生的深层次原因，找到解决问题的正确方法。分析是一种科学的思维活动，要在掌握大量经验材料的基础上，从表面现象入手进行深度分析，经过"去粗取精、去伪存真、由此及彼、由表及里"，从对事物的感性认识上升为理性认识，揭示事物的本质规律。

1. 人是分析的主体

分析包括分析主体与客体。人是具有知、情、意的高级动物，是分析的主体。人在自身主观意识的指导下，按照既定的认识目标和方案，主动地去分析客观事物，运用一系列的分析方法，把事物按照一定的标准分解为各个因素，经过理性思维加工，深入事物的内部，揭示事物的本质规律，解析出事物发展变化的根本原因，找到解决问题的正确方法。分析客体包括客观世界中的一切事物，也包括分析主体自身。

人作为分析的主体，自身的主观意识指挥着分析行为的发生、发展和结束。分析行为是认识目标实现的途径，分析的过程是对选择的分析方法具体运用于实践的检验，是问题顺利解决的必经环节。离开了主体的人，分析活动就会失去思维载体，分析活动将无法正常进行。

2. 分析主体的主观意识指挥着分析的发展变化

伴随着实践的发展和分析活动的不断深入，当分析主体感知到阶段性的分析成果时，在充实自身分析经验的同时，还会发出调整分析行为指令，使分析行为更加理性并更具效率性，主体的分析能力将获得一定的提升。当分析主体意识到按照认识计划，阶段性的分析目标已经实现之后，就会发出进入更深层次分析的指令，使分析活动不断向前发展。

3. 分析主体的主观意识指挥着分析行为的结束

随着主体分析的不断深入和分析预期目标的全部实现，大脑思维组织通过对感知组织获得的全部知识的分析处理，发现已经找到了问题产生的根本原因，揭示出了事物的本质，分析主体主观上就会发出停止分析行为的意向和命令，这样，在分析主体主观意识指挥下的分析行为就结束了。例如，一个人通过全面深入的分析，知道自己考试失败的原因了，这项分析任务就结束了，这是在他的主观意识指导之下的行为。

4. 分析是主体揭示客体本质规律的思维活动

主体在分析客体的过程中，会收集、整理客体的相关材料，了解课题的各个方面，尽可能地全面掌握客体的相关情况，经过分析主体的思维加工，从感性认识上升为理性认识，这时分析客体对象的本质规律便被揭示出来了。分析主体通过对客体的分析和处理，会发现问题产生的根本原因，并寻求解决问题的方式、方法，这也是揭示客体本质规律的过程。

规律的发现是分析主体主动行为的结果，同时客体对分析主体的刺激只是在主体对客体感兴趣的情况下才能发挥作用，再经过一系列的思维加工过程，才能揭示事物发展的本质规律。例如，一个小孩对学习奥数一点兴趣都没有，甚至一听奥数两个字就反感，无论家长再怎么逼迫孩子学奥数都没有意义，因为外在的刺激只有在分析主体对它关注、有兴趣的条件下才能发挥作用。

（二）分析能力

分析能力是指将问题整体分解为各个部分，并对问题的各个部分和不同的特征进行深入细致的分析与比较，对问题的各个部分进行选择性的取舍，通过理性思维对问题的前因后果进行分析的能力等。分析能力受到遗传因素的影响，但后天的思维训练对分析能力的强弱也有很大的影响。面对同一个难题，分析能力较强的人往往能轻而易举地解决，而分析能力较差的人一般经过反复思索也不得其解，不知如何应对。

（三）分析问题的意向

1. 拥有分析问题的意向

在社会生活过程中，人们都会遇到一些问题，这些问题既有自然科学方面的，也有社会实践和心理方面的。如果我们想有效地解决这些问题，我们首先要拥有分析问题的意向，即对发生的问题进行科学的理论分析，做出正确合理的决策，采取有效的措施。拥有分析问题的意向和决策，我们才不会毫无章法地分析问题，我们才能对问题有更好、更有效的分析。

2. 拥有足够的，能反映问题全貌的真实信息

在我们分析问题时，一方面，一定要掌握关于问题的丰富信息，了解问题的基本情况，这样才能进一步解决所发生的问题；另一方面，掌握的信息内容一定要真实、准确，由于我们获取的信息渠道各有不同，一定要对接收的信息进行核查、验证，以保证信息的可靠性、可利用性，便于对发生的问题更好地剖析。

3. 拥有扎实的基本理论知识

在分析问题时，必须拥有扎实的基本理论，因为只有具备了这个条件，我们才有能力对问题进行全面、深入的分析，掌握基本理论在我们分析问题时拥有决定性作用。但是，随着社会的进步、科学技术的发展，我们面对的问题也是多种多样、复杂多变的，所以需要我们掌握多方面的理论知识，把我们自身拥有的理论知识进行整理、融合，才会更好地分析发生的问题。

4. 拥有一定的实践经验

在分析问题时，具有一定的实践经验是必不可少的条件之一，在社会实践中我们可以见识许多，学到许多。事态是瞬息万变的，我们不应只知基本理论，实践经验也是不可缺的。书本上的知识和理论，是对前人知识的总结和升华，放在当前可能会有局限性，而实践经验是从书本上无法学到的。基本理论是我们分析问题的基础，拥有的实践经验是我们分析问题的辅助基础，两者相辅相成，才能全面、高效地把问题分析好。

（四）分析问题的步骤

1. 发现问题

善于发现问题，就要仔细观察身边发生的各种现象，因为现象是发现问题的先导。要做一个热爱生活、勤于观察、乐于观察的人，仔细留意发生在身边的各种现象，从现象入手发现问题。

2. 收集发生问题的相关信息

要想正确地分析问题，就要尽可能收集和该问题相关的资料，全面了解问题的背景及来龙去脉。在收集的大量感性资料的基础上进行思维加工，去伪存真，还原事物的本来面目。

3. 分析问题发生的过程

问题的发生是有着一定过程的，过程中的每一个环节对问题都有着这样或那样的影响，对问题变化的每一个环节进行逐一分解、深入剖析，这将有利于问题的顺利解决。

4. 估计判断问题发生的原因

掌握了问题发展的相关资料，了解了问题产生的过程，知道了问题产生的来龙去脉，结合自身的知识储备和以往的实践经验，经过理性思维，判断问题产生的真正原因。

5. 确定采取解决问题的措施

一把钥匙一把锁，每个问题都有一个对应的最合适有效的解决方法，要在多个方法当中选择最优的方式，即根据问题产生的本质原因确定解决该问题的具体方法。

6. 验证问题分析的结果

实践是检验真理的唯一标准，问题分析完之后，要通过实践对问题分析正确与否、是否采用了最有效的问题分析方法进行检验，对问题分析的结果进行检验。

（五）分析问题的方法

1. 因素分析法

一个问题的产生往往是由多种内外因素引起的，此时就应该从引起问题的内因和外因两个方面来分析问题，内因包括个体的主观努力程度、方式方法、知识和实践经验等，外因包括家庭因素、社会因素、教育因素、自然因素，分析找出能引发该问题的真正因素。

2. 过程分析法

问题的出现有着它的产生和发展的过程，过程分析法就是对问题产生的整个过程进行梳理，对问题变化的每个阶段进行逐一分析，分析问题产生的质变环节。

3. 原理分析法

某些现象发生时都有着一定的原理在背后，例如，苹果从书上掉落会朝着地面的方向，而不会飞向天空，原因是因为地球是有引力的，也就是牛顿发现的万有引力定律，所以事情发生之后要学会分析它产生的真正原理是什么。

4. 对比分析法

对比分析法也叫比较分析法，通过将实际发生的事情与理想条件下事情的状态进行对比，来揭示实际情况与理想情况之间的差异，借以了解事情发展过程中存在哪些问题的一种分析方法。

5. 综合分析法

综合分析法是根据事情发生的具体情况，综合运用以上两种或两种以上的分析方法。

（六）分析问题的注意事项

1. 只停留在表面现象，不做深入分析

某个问题出现时，如果仅从问题的表面来看，没有深入地了解，就做出判断并妄下结论，采取措施，很快就会发现问题并不是人看见的原因那么简单，从问题的表面现象出发，问题不一定能被解决。因为能引发某种问题的因素往往有很多种，有些原因是显而易见的，通过简单观察就能做出判断；有些原因则需要运用多种分析方法将问题分解为多个方面进行系统分析，在厘清每个要素之间的相互关系之前，不能轻易做出判断。

2. 只看局部，以偏概全

整体有部分，众多的部分构成整体，整体居于主导地位，统率着部分，整体和部分密不可分，为此我们要树立全局观念，立足全局。局部是全局的部分，不能代表全局。单一的局部分析，只见树木、不见森林是片面的，是以偏概全的。对待问题我们应该全面调查，综合分析，最终得到一个严谨的结论。而看问题只从某个角度出发，没有全方位考虑问题就得出结论，这种对待问题的方式很难发现问题的本质，有时甚至得出和问题的本质相反的结果，结果缺少真实性、准确性以及说服力。同时，这种看问题的方式是完全不值得赞同的，会将我们的思维引向错误的方向，只有分析得全面，才能认识得透彻。

二、正确分析自我

（一）充分认识自我

人生是一个不断变化发展的过程，随着时间的流逝，我们的思想也在不断地改变，这就需要我们对自己进行不断地分析和审视，需要我们在生活中不断地探索和反思。应该充分地认识自我，分析自己的性格，了解自己的脾气秉性，掌握自己的情绪，分析自己的特长和缺点，并且准确评估自己的能力。通过分析自我，给自己一个明确的定位。

（二）明确自身的优缺点

要通过客观地分析，明确自己的优点和缺点，优点我们要继续保持，缺点我们要在实践中不断改正，并且要正视自身的不足，用全面发展的眼光看待自己。同时也可通过他人对自己的描述来分析了解自己，对待他人的建议态度要诚恳，尊重他人对自己的评价，并将他人对自己的建议进行客观的分析，不能盲从，也不能忽视，要根据自己的生活阅历和理性的分析去辨别。

（三）确立积极的人生目标

要想树立正确的人生目标，首先要正确地分析自己。分析自己的兴趣爱好，根据自己的兴趣和能力设置不同阶段的人生目标，并且不断努力充实自己，在实现人生目标的实践中不断地认清自己、完善自己，以倒推的方式来确立每个阶段要完成的任务，最终实现人生总目标。

三、分析自我的意义

（一）分析自我的意义

分析自我是对自己进行深入、细致、理性的分析，可以使我们深化对自己的认识，提升自我察觉能力。通过分析自己的性格、气质、兴趣特点，准确评估自己的能力水平，提升自我认知能力。

（二）提升自我调节与控制能力

我们必须用发展的眼光看待自己，正确分析自我，及时发现自己的问题，并且通过自己的努力，弥补自身的不足，改正自己的缺点。通过学习充实完善自己，同时不断从社会实践中汲取经验，改善我们的人际交往、社会关系，获得更多的社会资源，从而提升自我的调节与控制能力。

（三）清晰定位人生方向

随着年龄的增长，丰富的实践经验会使我们不断更新、完善对自己的认识，人生目标也会越来越清晰。随着思想的进一步成熟，会更加理性地分析自己、理解自己，找准人生方向，并最大限度地开发和挖掘自己的潜力，做自己人生的主人。

第三节   解决问题

导入案例 ▶▶▶

6S 是海尔本部实行多年的"日事日毕、日清日高"管理办法的主要内容。在海尔美国南卡工厂，6S 班前会同样每天都必须召集一次。

2001 年的圣诞夜，一个美国人的欢庆聚会上，会场正中却悬挂着一面鲜艳的五星红旗。

缝制这面红旗的是海尔南卡罗来纳工厂的员工丹尼。他对采访的记者说："我们今天晚上的活动很特别。因为海尔是一个中国公司，我想找点有代表性的东西表达我的心情。所以就搬出大百科全书看中国国旗到底什么样。我找到一个我认识的女士请她为我做了这面旗子。这面旗子太能代表中国啦。"

这个故事也太能代表海尔美国南卡工厂员工对中国、对海尔的认同了。海尔首席执行官张瑞敏开发海外市场的观念是：要让当地人接受你的产品，首先要让他们认同你的人和你的文化，让海尔文化本土化。

海尔在美国的工厂位于南卡罗来纳州，占地600亩，是海尔目前最大的海外生产基地。这个工厂看起来完全是一个美国的企业。所有的员工除了总部派去的总经理和两名技术人员之外，都是美国人。工厂的管理虽然体现的是美国企业的风格，但也融入了一系列独特的海尔管理模式。

海尔集团在十几年快速发展中，铸造了独具特色的企业文化。作为企业的灵魂，生机勃勃、创新不止的海尔文化，成为海尔人创造奇迹的强大动力。到海外建厂，海尔人同样不会丢掉自己的灵魂。但文化背景不同，海尔文化移植到美国，移植到欧洲，会不会"水土不服"？

海尔美国南卡工厂总裁张金民介绍说，海尔文化在美国是行得通的，比如追求效率、效益和利益的管理核心是相同的。海尔文化的一个核心是以人为本，注重员工的个性化需求，从这个角度讲，管理美国人和管理中国人是相同的。但海尔文化也不能照搬照抄，也要根据不同的情况适当作一些措施上的变革。

海尔美国南卡工厂的员工喜欢一边听收音机一边工作。于是，海尔管理人员遇到了如何用企业文化整合这支队伍的难题。

海尔集团有一种优胜劣汰的制度，每个月对员工都会有优劣的考评。最初海尔美洲事业部部长习云峰跟迈克讲这个问题的时候，迈克觉得这非常可笑，因为员工会觉得这是对他的一种侮辱。于是，他们变换一种做法，把评劣的那部分去掉，先从评最优开始。

这是海尔美国南卡工厂的6S班前会一个片段——

一个管理人员说："按照6S的要求，我们每天要对现场进行清理。做得比较出色的，今天我们把她请出来，希望大家能够按照她的方式，严格处理自己的工作现场。"

一位女工走出队列，站到了两个大脚印上，说："今天站到这个地方我非常激动。我注意保持安全、卫生、质量，在这方面我尽了最大的努力。对我的表扬是工厂对我的工作的认可，我非常高兴。在今后的日子里我会继续努力，为海尔贡献我的力量。"

像这样的6S班前会在所有海尔海外工厂每天都必须召集一次，工作表现优异的员工要站在6S大脚印前面向同事们介绍经验。

6S是整理、整顿、清扫、清洁、素养、安全6项工作的头一个字母。6S是海尔本部实行多年的"日事日毕，日清日高"管理办法的主要内容。每天工作表现不佳的员工要站在6S大脚印上反省自己的不足，海尔称这种做法叫"负激励"。

这样一套在海尔本部行之有效的办法在美国却遇到了法律和文化上的困难，美国的员工根本不愿意站在什么大脚印上充当"反面教员"。6S班前会这种富有特色的海尔管理方法在漂洋过海后开始了它的本土化过程。"负激励"变成了"正激励"，争强好胜的欧美员工们，很乐意站在大脚印上介绍自己的工作经验。当站在大脚印上的演讲者越来越多后，车间里的烟卷和收音机也逐渐消失了踪影。

6S 班前会的欧美做法很快又传回了海尔本部。现在每天站在青岛 6S 脚印上的也是表现优异的员工。

海尔美国南卡工厂的总经理艾伦举了这样一个例子来说明如何解决类似 6S 的冲突："在海尔的企业管理中，中国的企业喜欢用哭脸和笑脸来代表工作表现，这在美国是不适宜的。我们于是在美国的工厂里发明了黑熊和粉猪，来代表不同的工作情况，美国工人很多都乐意接受这种方式。"

海尔文化的主要内容就这样经过了移植、改造，再移植再改造的过程，在不同文化的熔炉中，海尔文化的内涵得到了极大的丰富。在经历了一段时间的磨合之后，海尔文化得到了当地人的认可。海尔的海外员工现在都很乐意遵循海尔文化提供的行为准则。比如，员工创造了一种创新的工作方式，便以员工名字命名；车间里设有意见箱，员工的意见和建议可以随时写出来放进意见箱里去；甚至海尔本部员工用漫画、标语等表达意见的习惯，也得到了海尔海外员工的喜爱。走进南卡工厂宽敞明亮的车间，使人感受到的是浓郁的海尔文化氛围，海尔旗同星条旗庄重地并挂在车间上方，生动的海尔文化 "EXCELLENT PEOPLE PRODUCE EXCELLENT PRODUCTS"（优秀的产品是优秀的人干的）、"CUSTOMER IS ALWAYS RIGHT"（用户永远是对的）等标语既醒目又激人奋进，而这些译文，恰恰是美国海尔员工对海尔文化理解后用自己的语言表达的。

海尔还力图将东方人特有的人情味和亲和力融入企业的管理中。如果员工过生日，管理人员就会送上鲜花和贺卡。员工因为表现突出而受到奖励，他们全家人的照片都会挂到车间的墙上。哪一位员工生病，管理人员都会带上礼物去医院探望。感恩节前，公司发给每个员工一只火鸡，这让员工非常感动。

海尔用东方人特有的人情味和亲和力，打破了不同民族和语言的障碍。海尔文化在最细微处得到了融合。张瑞敏在视察完美国南卡工厂离开时，南卡的美国员工在送给张瑞敏的贺卡上写着："中国海尔和美国海尔是一家人，我们共同关怀和照顾这个海尔大家庭。"

讨论：海尔在美国设立分公司的管理制度开始时为什么得不到美国员工的认可？后来又为什么得到了认可？

（资料来源：人民网）

大千世界纷繁复杂，问题层出不穷，出现问题，我们就要想办法去解决，人类社会就是在解决问题的过程中得到不断的发展与进步的。

从某个角度讲，思维的价值，重要体现在解决问题上。一个人是否能够成功，体现在是否能面对和解决问题上。无论你是大学生，还是职场人士，解决问题的能力都是你必须拥有的基本功能。在不断的解决问题中，人的能力得到不断的提高，人类社会才能不断的进步。

一、解决问题的内涵及特点

（一）解决问题的内涵

解决问题是由一定的情境引发的，是指在个体主观意识的指导下，按照一定的既定目标，综合分析相关背景资料，运用各种解决问题的方法，经过一系列的思维操作，使问题得以解决的过程。例如，爱迪生发明灯泡的故事，故事中关于灯泡的相关已知的条件和最终想要达到的结果构成了解决问题的情境，而要达到最终的结果，必须应用已知的条件进行一系列的认知操作，操作成功，问题便得到解决。爱迪生在实验室里面不断地进行各种材料的试验，经过了很多次的失败，最终发现钨丝是做灯泡的绝佳材料，发出的光线十分明亮，又不易烧断，适合长期使用。

（二）解决问题的特点

1. 问题情境性

我们生活中经常会出现问题情境，这种问题情境让我们感到困惑又不能用经验直接解决。问题总是由相应的情境引起的，这种外在的情境性会引发我们对问题进行思索的兴趣，同时运用各种思维策略，采取各种措施去脱离这种情境，解决问题的过程就是问题情境消失的过程。当一个问题解决之后，再遇到同类情境时，我们就不会感到困惑。

2. 目标指引性

问题的解决是在一定的目标的指引下进行的，通过问题的解决达到相应的目标。简单的问题有时通过直觉与猜测即可解决，复杂的问题则需经过深入细致的分析与推理，还可以通过联想与想象等思维过程加以解决，但所有问题的解决都是在一定目标的指引下完成的。

3. 操作顺序性

解决问题是出于一系列心理操作相互配合完成的，这种操作是有顺序系统性的操作。顺序一旦出现错误，问题就无法顺利解决。当然，采用不同的方法和途径解决同一问题时会呈现出不同的顺序。

4. 认知参与性

解决问题的过程中离不开认知活动的参与。解决问题时人的知、情、意一同参与过程。其中，认知成分在问题的解决中占有非常重要的位置，可以说是解决问题的前提条件，离开正确认知的参与，问题将无法解决。

二、解决问题的条件及步骤

（一）解决问题的条件

1. 主观解决问题的意向

在日常生活中，我们会遇到许多问题，在问题出现时我们要有主观上希望解决问题的意向，有积极的心态，带着足够的热情去解决。同时我们也要有努力钻研的精神，查阅关于问题的相关资料，收集相关素材，把收集到的信息进行整理加工，并进行认真严谨的分析，找到解决问题的突破点，这样我们才能更顺利地把问题解决好。

2. 质量兼具并能反映问题全貌的信息

在我们解决问题时，我们会收集到关于问题的一些信息，这些信息既要有质也要有量。质是指对于获取的信息要保证其真实性、可靠性，量是指要收集到关于问题的大量信息，通过信息的资源整合，能更全面、更直接地反映问题的本质，这样我们才能更好地解决问题。

3. 扎实的基本理论知识

问题的顺利解决，拥有扎实的基本理论知识是必不可少的条件之一。因为在解决问题的过程中需要相关的知识来帮助我们进行问题的分析，需要一些科学有效的方法来帮助我们进行问题的解决。自身拥有的理论知识越丰富，对问题的分析就会越透彻，而正确地分析问题又是顺利地解决问题的前提，所以问题就越容易解决。但是，随着社会发展的越发多元化，科学技术发展水平的不断提高，新问题、复杂问题层出不穷，如果一味地不加思考地用我们以往的理论知识去解决问题，难免会犯教条主义的错误，这就需要我们不断地与时俱进，掌握多方面的理论知识来应对，这样才能把问题解决好。

4. 一定的实践经验

在解决问题时，一定的实践经验是帮助我们解决问题不可或缺的重要因素，因为理论知识更多的是帮助我们有效地分析问题，但解决问题是一个实践操作的过程，离不开实践经验的指导。社会实践能开阔我们的眼界，增加解决问题的思路。世界上的事物是在不断的发展变化的，如果我们总是用以往的经验来生搬硬套，将会犯经验主义错误，不利于问题的顺利解决。所以，我们要多参加社会实践，增强实践能力，在遇到问题时要能更灵活地应对，做到具体问题具体分析，也能让我们更好、更高效地解决问题。

（二）解决问题的步骤

1. 发现问题

为了善于发现问题，我们就要仔细观察身边发生的各种现象，因为现象是发现问题的先导。要做一个热爱生活、乐于观察、勤于思考的人，仔细留意发生在我们身边的各种现象，从现象入手去发现问题。

2. 分析问题

要想正确地解决问题，就要综合运用各种分析方法将问题分解为各个部分，全面分析问题的来龙去脉，明确问题的主要矛盾。在收集的大量感性资料的基础上进行理性思维加工，去伪存真，还原事物的本来面目。

3. 提出假设

在全面分析该问题的基础上，提出解决问题的假设，即可采用的解决方案。一个问题的解决方式有时并不是单一的，而是有多种方法，这时我们可以通过比较的方式选出最佳的解决方案。

4. 检验假设

实践是检验真理的唯一标准，假设只是对问题提出一种可能的解决方案，问题最终是否能被解决，还得放在实践中去接受检验。通过实践的检验，如果获得了预期的效果，可以继续进行；如果未获得预期结果，则还需要再提出假设并进行检验，直至达到预期效果，解决问题的任务才算完成。

三、解决问题中的注意事项

（一）一切从实践出发，理论联系实际

解决问题要从客观实际出发，考虑问题、办事情要尊重物质运动的客观规律，以事实为出发点，这就要求我们在解决问题的过程中，做到主观符合客观，要根据客观事实来决定我们的行动，并在实践中将我们的理论知识与客观实际相结合，不断分析问题、解决问题。同时，在解决问题之前还要开展全面深入调查研究，具体问题具体分析，全面认识客观实际，并且把握事情发展的方向及变动，从而掌握实时的真实情况。然后，根据客观存在的真相去思考解决办法，充分发挥我们的主观能动性，提出我们的意见，坚持以联系的、全面的、发展的观点看问题，最终将问题顺利解决。

（二）立足整体，认真分析

整体在事物中居于主导地位，统率着部分，具有部分不具备的功能，我们在看问题时要树立全局观念，立足整体，统筹全局。分析问题的方法多种多样，我们要立足整体加以分析，站在全局的高度分析问题的不同空间分布，了解它的各个组成部分，并且认真分析问题发展的各个阶段，把复杂的问题简单化，变整体为部分，化难为易，实现整体的最优目标。

（三）端正态度，平和心态

人生的道路曲折漫长，我们会遇到许许多多的困难，无论怎样，我们都要相信前途是光明的。树立正确的挫折观，不断学习充实自己，直视人生中的各种挑战。实践的一切都是相对的，顺境与逆境会随着自身的选择而不断改变。对待逆境，我们要端正态度，积极面对，寻求正确的解决方法，不断地挑战自我、战胜自我。挫折既是一种不良的境遇，也是一股能激发人潜力的力量，它可以增强人的斗志，催人进取，激发创造力，磨炼人的性格和意志。挫折也会在一定程度上催人冷静，让人进行反思。面对困难，良好的心理品质也必不可少。良好的心理品质会使人在面对挫折时迸发出不一样的力量，也会增强人们对挫折的耐受性，让人们冷静面对，理性思考，善于化压力为动力，保持积极、乐观的生活态度。我们要能容忍挫折，学会自我宽慰，心怀坦荡、情绪乐观、发奋图强、满怀信心去争取成功。

四、提高解决问题能力的途径

（一）充实自身的知识储备

解决问题能力的形成离不开后天的学习，强大的办事能力离不开日积月累的知识沉淀。日常生活中，我们要加强对各种理论知识的学习，树立终身学习的目标，根据自己的目标和兴趣，学习自己想学也需要学习的内容，扩充自己的知识量，完善自己的知识结构，提升自己解决问题的能力。

（二）积极参与社会实践锻炼

知识来源于实践，实践出真知，解决问题能力的形成也离不开后天的实践锻炼。青年大学生是社会实践的中坚力量，通过参加社会实践活动，体验社会、了解社会、了解国情，可以丰富在校大学生的社会阅历，更好地把自身所学的理论知识和社会实践相结合，提高知识的实际运用能力。同时，通过实践经历，大学生可以开阔视野、增长见识、积累经验，从而在实践中锻炼自己，不断完善自己，调整自己的处事方法，树立正确的问题观，增强解决问题的能力，正确进行自我定位和合理的职业生涯规划。

五、解决问题能力对于人生发展的意义

（一）实现自我价值

实现自我价值是每一个人的人生追求，要实现自我价值，就必须学会面对各种问题、解决各种问题，融入社会。在实践中遇到形形色色的问题，运用我们的聪明才智去解决它，从而实现自己的价值。同时，我们要树立正确的人生价值观，保持健康向上的精神状态和奋斗精神，把握方向，积极创新，坚持不懈地在奋斗过程中实现人生的价值。

（二）为社会贡献力量

衡量人的社会价值的标准是个体对他人和社会所作的贡献，而个人在实现社会价值的过程中并不是一路坦途的，会遇到很多问题，这就需要我们不断提高解决问题的能力。面对困难我们要有坚定的信念和意志，碰到挫折时我们要调整好心态，面对困难不退缩，以坚韧不

拔的毅力，不断超越自我，奉献自我，把问题解决好，为社会的发展贡献一份力量。

知识拓展

到底是谁的错

这个寓言故事叫《牧人和狼》。故事的内容是：一个牧人在打猎的时候，发现了一只小狼，他见它可怜，就把它抱回家，和狗一起养着。它们长大后，就让他们一起看护羊。有一天，一匹狼夜里来叼走了一只羊，家狼就去追，可这羊已经被咬死了，它就和那一匹狼一起吃羊，它这时候才发现，羊肉是那么好吃。回家后，它什么都不想吃了。又有一天，狼又来偷羊，家狼就假装去追那只狼，跑出去后，就又和野狼一起吃羊。野狼好几天都不来了，狼就把羊叼来和狗一起吃。这一切都被牧羊人尽收眼底，第二天，牧人就把狼给杀了。

读完这个寓言，我发现了几个疑点。

第一，牧人为什么叫狼看羊？难道他不知道狼吃羊？

第二，既然这一切都被牧人尽收眼底，为什么不在第一次发现时把狼杀死？

第三，野狼来吃羊，狗干什么去了？

第四，既然狗和狼一起吃的羊，为什么牧人只把狼杀死了？

这可能只是为了写故事而写的一个故事，我们不难发现，这个故事想告诉我们：人不能相信恶的东西，正所谓"江山易改，本性难移"。这样的话，其实第一个问题，我们已经找到答案了。就是说，牧人知道狼吃羊，但是他相信狼只要从小被人培养、训练，从未吃过羊肉的话就会变得跟狗一样听话。显然，如果没有野狼来偷羊，那么家狼就不会知道羊好吃，但是话又说回来，如果没有狼来偷羊，那么，要狼和狗还有什么作用？所以说，这是牧人的错误，他轻信了邪恶的东西。

下面看第二个问题。牧人发现了家狼吃羊，但是还不管它，为什么呢？他可能还抱有侥幸心理，认为家狼会改正自己的错误。这样的话，问题又来了，第一个问题中他认为狼没吃过羊肉就不会去吃羊是正确的，那么现在这只狼已经吃过羊肉了，它难道会放弃身边这一片的食物？这是不可能的。牧人之所以放过它，可能是因为从小养大的感情，或者是想犒赏它之前看羊有功吧。

第三个问题是狗的问题。前两次野狼来偷羊，家狼迎了出去，与狼共同吃羊，狗呢？难道狼还懂狗语，和狗说自己去？这一点也是很可疑，或许狼跟狗已经串通好了，或许这个狼从小就是以卧底的身份潜入牧人家中，又认识了狗，里应外合来偷羊，但是野狼后来不去了，这又是为什么呢？这个问题不在寓言故事内，就不做讨论了。

最后一个问题，牧人为什么把狗放了，把狼杀了。其实自古以来，狗就是人类的好朋友，狗以看家、忠诚、友爱受到人的喜欢。寓言中犯错误的狗是在被动的情况下出问题的，它并没有主动去偷羊，这可能就是它活下来的原因吧。人非圣贤，圣狗非人，孰能无过。当然，狗是不吃羊的，这是主要原因。

其实分析到这里，我们又得到了一些结论。社会中，不稳定因素，不和谐的事情，邪恶的人，数不胜数。在遇到困难的时候，我们要靠自己，实在不行的话，我们要找自己的家人、朋友帮忙，千万不能为了贪图一时的富贵，铤而走险。像是寓言中的牧人，他养狼来看羊，单纯是为了省下一只狗的钱而已，可是他失去的是三只羊，要不是觉醒得早，失去的将会更多。或许，在某些时候，我们真要学习狼，当然不是学习它去做坏事，而是学习它那不怕死的精神，学习它偷羊的智慧。然而，我们不能做傻狼，要做的话，就做一只披着羊皮的狼。

抱怨，从来就不能解决问题

没有谁的生活是一帆风顺的，每个人都会碰到坎坷挫折。不同的处世态度，决定了不同的结果。总会听到一些人抱怨，但这解决不了任何问题。

许多人在面对挫折的时候总是习惯抱怨而不是去思考解决问题的办法。他们只会张张嘴巴却不会行动。他们把失败归咎于外界因素，而不会在自己身上找原因。这就是向困难服输的表现。

其实少说几句"天要亡我"，多想想办法，付诸行动，就不会留下什么遗憾。南宋的文天祥是我们都熟悉的人物，他的遭遇是常人无法想象的。当年他考上状元的时候，意气风发正准备在仕途上大展宏图。但是就在这时，元军却恰好打了进来，并且迅速占领了宋朝的重要城市。文天祥没有抱怨，而是迅速做出决策，召集了一万余人的军队与元军进行顽强的斗争。在之后逃跑的路途中，更是凶险异常，危险重重，但是他没有抱怨过那种命悬一线的感觉，他硬是坚强地活了下来。再后来被困元军之中，他还是尽力维护自己国家的尊严，没有放弃，没有破口大骂，而是冷静地思考未来，并且用笔记录自己的感受。他的文学作品至今还被保留，他那种处事不惊的态度也给我们留下了深刻的印象。

正确地直面困难，就算失败也不会留下遗憾。相反，只会抱怨的那种人，即使能一举战胜困难，却还是在抱怨中接受失败。向困难低头，那么你就已经输得很惨了。

有一个故事：美国的海关里，有一批没收的脚踏车，在公告后决定拍卖。拍卖会中，每次叫价的时候，总有一个十岁出头的男孩喊价，他总是以5美元开始出价，然后眼睁睁地看着脚踏车被别人用30、40美元买去。拍卖暂停休息时，拍卖员问那小男孩为什么不出较高的价格来买。男孩说，他只有5美元。拍卖会又开始了，那男孩还是给每辆脚踏车相同的价钱，然后被别人用较高的价钱买去。后来聚集的观众开始注意到那个总是首先出价的男孩，他们也开始察觉到会有什么结果。直到最后一刻，拍会要结束了。拍卖员问："有谁出价呢？"这时，站在最前面，而几乎已经放弃希望的那个小男孩轻声地又说了一次："5美元。"拍卖员停止唱价，只是停下来站在那里。这时，所有在场的人全部盯住这位小男孩，没有人出声，没有人举手，也没有人喊价。直到拍卖员唱价三次后，他大声说："这辆脚踏车卖给这位穿短裤白球鞋的小伙子！"此话一出，全场鼓掌。那个小男孩拿出握在手中仅有的5美元钞票，买了那辆毫无疑问是世上最漂亮的脚踏车，他脸上流露出从未见过的灿烂笑容。

这位小男孩没有抱怨手中的钱太少，没有抱怨拍卖员不近人情，他仍旧执着地对自己的目标不放弃，他那坚定的信念终于帮他获得了他梦寐以求的自行车。

从来没有一位成功人士是通过抱怨来走向成功的，没有一件事情是用抱怨来解决的。抱怨只会徒增烦恼，只会让人家看不起，只会让心情更加失落。

本章小结

本章重点介绍了认识问题、分析问题、解决问题的内涵、方法及意义，并阐述了解决问题的条件及步骤，详尽解析了解决问题中的注意事项，同时介绍了提高解决问题能力的途径及培养解决问题能力对于人生发展的重要意义。

思考练习

1. 练习解决问题的能力。
2. 学会用马克思主义的实践论解决问题。
3. 学会解决问题的方法，掌握全面认识自我的方法。
4. 通过学习找出自己的优缺点，分析自己的长处及短处。

第八章

团队合作素养

知识目标：

1. 了解、掌握团队的含义、分类与特点。
2. 掌握团队的构成要素。
3. 掌握融入团队的意义、途径。
4. 掌握团队合作的含义、基础、原则、技巧。
5. 掌握团队精神的内涵和作用。
6. 掌握培养团队精神的重要性。
7. 掌握培养团队精神的途径。

技能目标：

1. 能顺利融入团队。
2. 掌握团队合作的技巧，能进行团队合作。
3. 有团队精神。

第一节　了解团队

每当秋天来临，一个完美的团队——天空中成群结队南飞的大雁就是值得我们借鉴的企业经营的楷模。雁群是由许多有着共同目标的大雁组成的，在组织中，它们有明确的分工合作，当队伍中途飞累了停下休息时，它们中有负责觅食、照顾年幼或老龄的青壮派大雁，有负责雁群安全放哨的、有负责休息、调整体力的领头雁。在雁群进食的时候，巡视放哨的大雁一旦发现有敌人靠近，便会长鸣一声示警，群雁便整体冲向天空、列队远去。而那只放哨的大雁，在别人进食的时候自己无法进食，拥有团队牺牲的精神。

科学研究表明，大雁组队飞要比单独飞提高22%的速度，在飞行中雁的两翼可形成一个相对真空状态，飞翔的领头雁是没有谁给它真空的，在漫长的迁徙过程中总要带头搏击，这同样是一种牺牲。而在飞行过程中，群雁大声厮鸣互相鼓励，通过共同扇动翅膀来形成气流，为后面的队友提供"向上之风"，而且"V"字队形可以增加雁群70%的飞行范围。如果在雁群中，有任何一只大雁受伤而不能继续飞行，雁群中会有两只大雁自发留下来守护，直至恢复或死亡，然后它们再加入新的雁群，继续南飞。

讨论：我们可以从大雁身上学到什么？

团队合作素养是时代发展对人才提出的要求，是人格、个性健全发展的高素质人才的必备素养。一个人的学习、生活、工作都离不开他人的帮助，一个团队的发展也离不开队员之间的合作。只有具备良好的团队精神，才能在激烈的人才竞争中占据优势并获得主动，才能获得事业的成功。

一、团队的内涵

团队是由基层和管理层人员组成的一个共同体，它合理利用每一个成员的知识和技能来协同工作，解决问题，达到共同的目标。

1994年，斯蒂芬·罗宾斯首次提出了"团队"的概念：为了实现某一目标而由相互协作的个体所组成的正式群体。在随后的十年里，关于"团队合作"的理念风靡全球。当团队合作是出于自觉和自愿时，它必将会产生一股强大而且持久的力量。

团队和群体有着一些根本性的区别，群体可以向团队过渡。

二、团队的分类与特点

（一）分类

一般根据团队存在的目的和拥有自主权的大小，将团队分为以下几种类型：

1. 问题解决型团队

问题解决型团队是指团队成员就如何改进工作程序、方法等问题交换看法，对如何提高生产效率等问题提出建议。它的工作核心是为了提高生产质量，提高生产效率、改善企业工作环境等。如我国国有企业的生产车间、班组等，都是问题解决型团队，是团队建设的一种初级形式。

2. 自我管理型团队

自我管理型团队也称自我指导团队，它保留了工作团队的基本性质，但运行模式具有自我管理、自我负责、自我领导的特征。这种团队通常由10～15人组成，其责任范围很广，决定工作分配、步骤、作息等，这类团队的周期较长、自主权较大。比如，一条生产线上的员工，就组成了最基本的自我管理团队，由组长负责管理这个团队。

3. 多功能型团队

多功能型团队，由来自不同领域、不同层面的员工组成，成员之间交换信息、激发新的观点、解决所面临的重大问题，诸如任务突击、技术攻坚、突发事件处理等。这类团队工作范围广、跨度大、团队周期不确定。这类团队在一些大型的企业组织中比较多，比如，麦当劳就有一个危机管理团队，由来自营运、训练、采购、政府关系部等部门的一些资深人员组成，重点负责应对突发的重大危机。

4．职能型团队

职能型团队是指由一个管理者及来自特定职能领域的若干下属所组成的团队，通常团队成员为同一个职能部门的同事。在传统意义上，一个职能团队就是组织中的一个部门，比如，公司的财务分析部门、人力资源部门和销售部门，每个团队都要通过员工的联合活动来达到特定目的。

（二）特点

（1）团队以目标为导向；

（2）团队以协作为基础；

（3）团队需要共同的规范和方法；

（4）团队成员在技术或技能上形成互补。

三、团队的构成要素

团队的构成要素总结为5P，分别为目标、人、定位、权限、计划。

（一）目标（Purpose）

团队应该有一个既定的目标，为团队成员导航，知道要向何处去，没有目标，这个团队就没有存在的价值。

我们所在的组织可以说是一个大团队，因为我们有共同的使命、愿景和目标。同时，组织内部又可以划分为若干小团队，包括常设团队（职能部门）和临时团队（项目部、公关小组）。组织的大目标可以分解成小目标，小团队的目标必须跟组织的目标一致，小团队的目标还可以具体分解到各个团队成员身上，大家合力实现这个共同的目标。同时，目标还应该有效地向大众传播，让团队内外的成员都知道这些目标，有时甚至可以把目标贴在团队成员的办公桌上、会议室里，以此激励所有的人为这个目标去工作。

（二）人（People）

人是构成团队最核心的力量。两个以上的人就可以构成团队。

目标是通过人员具体实现的，所以人员的选择是团队中非常重要的一个部分。在一个团队中需要有人订计划，有人出主意，有人实施，有人协调，还要有人去监督评价工作进展与业绩表现。不同的人通过分工来共同完成团队的目标，所以在人员选择方面要考虑团队的要求如何、人员的能力如何、技能是否互补、人员的经验如何、性格搭配是否和谐等因素。

组建团队时，选择团队领导是重中之重。俗语说得好："兵熊熊一个，将熊熊一家。"看《亮剑》当中的李云龙，硬是把一支杂牌军打造成能征善战的精锐之师。也有纸上谈兵的赵括，长平之战葬送40万军队，使赵国一蹶不振，直到灭亡。

（三）定位（Place）

定位包含两层意思：一是团队的定位，团队在组织中处于什么位置，由谁选择和决定团队的成员，团队最终应对谁负责，团队采取什么方式激励下属等；二是个体的定位，作为成员在团队中扮演什么角色，是订计划还是具体实施或评估等。

（四）权限（Power）

团队当中领导人的权限大小跟团队的发展阶段相关，一般来说，团队越成熟，领导者所拥有的权限相应越小，在团队发展的初期阶段，领导的权限相对比较集中。在确定团队权限时，要考虑组织规模、团队数量、业务类型，以决定授予何种权限及多大权限等。

团队权限关系的两个方面：

（1）整个团队在组织中拥有什么样的决定权？比方说财务决定权、人事决定权、信息决定权。

（2）组织的基本特征，比方说组织的规模多大、团队的数量是否足够多、组织对于团队的授权有多大、它的业务是什么类型等。

（五）计划（Plan）

计划有两个层面的含义：

一是目标最终的实现，需要一系列具体的行动方案，可以把计划理解成目标的具体工作的程序；二是提前按计划进行，可以保证团队的顺利进度。只有在有计划的操作下团队才会一步一步地贴近目标，从而最终实现目标。

木桶原理

短板理论又称"木桶原理""水桶效应"。该理论由美国管理学家彼得提出。盛水的木桶是由许多块木板箍成的，盛水量也是由这些木板共同决定的。这块短板就成了木桶盛水量的"限制因素"（或称"短板效应"）。

若要使木桶盛水量增加，只有换掉短板或将短板加长才可以。有人这样说：比最低的木板高出的部分是没有意义的，高出越多，浪费越大；要想提高木桶的容量，就应该设法加高最短的那块木板的高度，这是最有效也是唯一的途径。短板理论也就是我们经常所说的主要矛盾，只有明白事物的薄弱环节，抓住问题的关键所在，抓住问题的主要矛盾，才能抓住解决问题的关键，获得最大限度的成功。日常生活中也是这个道理，克服"短板"的过程其实就是找到事物发展过程中的关键薄弱环节，并加以克服，使事物更好地发展。

一个水桶的储水量，还取决于水桶的直径大小。

每个团队都是不同的一个水桶，因此，水桶的大小也不可能完全一致。直径大的水桶，其储水量自然要大于其他直径小的水桶。

每块木板都相同的情况下，水桶的储水量还取决于水桶的形状。

学过物理的人都知道，在周长相同的条件下，圆形的面积大于方形的面积。因此，圆形水桶是所有形状的水桶中储水量最大的，它强调组织结构的运作协调性和向心力，围绕这个圆心，形成一个最适合自己的圆。

因此，从团队来说，团队的每一块资源都要围绕一个核心，每一个部门都要围绕这个核心目标而用力；作为团队领导来说，偏颇任何一个部门都会对水桶的最后储水量带来影响。有一句话说得好：结构决定力量。结构也决定着水桶的储水量。

第二节　融入团队

导入案例

在广袤的非洲大草原上，三只小狼一同围追一匹大斑马。面对着身体高大的斑马，三只两尺多长的小狼一拥而上，一只小狼咬住斑马的尾巴，一只小狼咬住斑马的鼻子，无论斑马怎样挣扎反抗，这两只小狼都死死咬住不放，当斑马前后受敌、疼痛难忍时，一只小狼就开始啃它的腿，终于，斑马支撑不住倒在了地上。一匹大斑马就这样被三只小狼吃掉了。

讨论：这个故事告诉我们了什么？

一、融入团队的意义

（一）融入团队才能获得安全感和归属感

融入团队，我们会感到更强大，更自信，可以减轻"孤立无援"时的不安全感，也多了一份对外来威胁的抵抗力，进而得到安全感和归属感。

（二）融入团队才能获得指导和支持

每个人都有自己的优点，同时，也有着自身的不足，虽说勤能补拙，然而，要求每个人都做到这一点，却不是那么容易的事情。团队中人才多，且团队一般都会安排以老带新，优秀团队更是有新员工培训计划，对新员工在日常工作、经验传授等方面进行全方位的培训，新员工在各方面获得指导、支持，进步更快。

（三）融入团队才能实现个人价值的最大化

是团队成就了个体。在这个世界上，任何一个人的力量都是渺小的。想成为卓越的人，仅凭自己的孤军奋战，单打独斗，是不可能成大气候的。你必须融入团队，必须借助团队的力量。只有融入团队，只有与团队一起奋斗，充分发挥出个人的作用，你才能实现个人价值的最大化，你才能成就自己的卓越！

（四）融入团队才能实现团队力量的强大

是个体组成了团队。俗话说："三个臭皮匠，赛过诸葛亮。""人多力量大。""一根筷子容易弯，十根筷子折不断。"这就是团队力量的直观表现。在一个团队里，如果每个人都能够充分发挥自己的优势，那么，这个团队将是无比强大的。正如一首军歌里所唱：这力量是铁，这力量是钢……

二、掌握融入团队的途径

（一）主动了解团队文化

首先，就是文化认同。初入团队，最难适应的就是每个团队独特的团队文化。但要想在团队立足，你必须理解、认可、传播团队文化。只有你认可了团队的文化理念，快乐工作，自我价值的实现才会变成可能。

其次，决定加入哪个团队，除了考虑团队提供的薪水可以满足自己的要求外，最重要的还是看团队的整体氛围好不好、项目有没有可持续发展的前景、团队的核心领导有没有较强的人格魅力、团队提供的岗位和你自身的优势资源能不能有效对接。用四个"跟"来概括：跟自己的感觉走，跟品牌的理想走，跟团队的文化走，跟老板（核心领导）的魅力走。适应和从内心接受了团队的文化，你就为自己开始的工作打下了一个良好的心态基础，为自己的坚持和不放弃找到了理由，这样你才可能做到先升值，再升职；先有为，后有位！

（二）主动了解团队目标

每个团队都有一个既定的目标来为团队成员导航，不同的人通过分工来共同完成团队的目标。作为团队的一名成员，我们要了解团队的目标，了解自己应该完成的小目标，跟大家合力实现这个共同的团队目标。

（三）主动了解团队成员

人是构成团队最核心的力量，两个（包含两个）以上的人就可以构成团队。目标是通过人员具体实现的，所以了解团队成员非常重要。

团队中不同的人有不同的分工，有人出主意，有人订计划，有人实施，有人协调不同的人一起去工作，还有人去监督团队工作的进展，评价团队最终的贡献。了解团队成员的能力、技能、经验等，我们一定要和优秀者合作，一定要争取靠近优秀者，水涨船高，有助于帮助自己为团队做出努力，为实现团队目标贡献自己的聪明才智，同时也实现自己的职业理想。

（四）主动学习，勤于工作

初入团队，太多的东西需要了解和学习。制度流程、岗位职责、团队文化、产品知识、销售政策、网络渠道、网络营销、工作方法、礼仪知识……太多的东西需要我们在最短的时间内就要熟知和了解。学习的途径和方法除了团队正常的培训外，更多的应该是员工用心去自学领悟和掌握，当然向老员工和前辈请教也是一个捷径。互联网是学习的最好老师，掌握和熟练运用互联网是员工必须具备的一项技能，这不仅仅对于现在的工作有用，对未来的人生也至关重要！

（五）主动沟通

初入团队，进入一个陌生的环境，失落和焦躁情绪是任何人都无法抵挡的。应善于沟通、熟悉工作岗位，让自己能投入工作状态中，尽快建立人际关系网。沟通无疑是我们进入团队必须习惯的事。如果我们一味地将自己封闭起来，沉默于自己的"一亩三分地"，拒绝和同事沟通交流，结果可想而知，你会被拒之于这个团队之外，沦为"孤家寡人"。

（六）主动完成岗位工作

初入公司，一个主动积极的工作态度很重要，要主动参加团队活动、主动完成岗位工作。先不要问自己会做什么，而是要问问自己现在能做什么！我们工作生活在一个开放性的环境当中，创造性的工作是我们一贯倡导的工作方法，主动无疑是推进剂，凡事如果都要领导来安排，那么，我们已经失去了工作的意义。

（七）建立本人的人际网络

你知道普通人才与顶尖人才的真正区别在哪里吗？你可能会毫不犹疑地回答：是才能。那你就错了。哈佛大学商学院曾经做过一个调查发现：在事业有成的人士中，26%的靠工作能力，5%的靠关系，而人际关系好的占了69%。建立本人的人际网络，才能更好地融入团队，为团队奉献。

要想成为出类拔萃的顶尖人才，不仅要提升你的才能，更重要的是拓展你的人际关系，提升你的人际竞争力，只有这样，你才会锋芒毕露，取得自己和团队事业的成功。

丰富的人际资源可使工作愈加得心应手。一个人在人际关系上的优势，就是人际竞争力。哈佛大学为了解交际能力在一个人取得成就的过程中起着怎样的作用，曾针对贝尔实验室顶尖研究员作过调查。他们发现，被大家认同的专业人才，其专业能力往往不是重点，关键在于"顶尖人才会采取不同的交际策略，这些人会多花工夫与那些在关键时刻可能对本人有协助的人培养良好的关系，在面临问题危机时便容易化险为夷"。他们还发现，当一名表现平平的实验员遇到棘手问题时，会去请教专家，却往往因没有回音而白白浪费工夫；顶尖人才则很少碰到这种情况，由于他们在平时就建立了丰富的资源网，一旦前往请教，立刻便能得到答案。

第三节　团队合作

导入案例

　　2016 年，微软公司招聘两名部门人员，很多人去面试，经过初步的筛选，最后留下了12 个人竞争两个岗位，他们被要求将房间里的木箱移动到指定区域。12 个竞聘者迅速走进了各自的房间。他们发现，房间里除了大木箱外，还有棍子、绳子、锤子等很多工具。木箱非常重，怎么也推不动，想搬起一个角都很难。测试结束了，除了两个人提前把木箱推到指定区域外，其余十个人都没能完成任务，有的甚至没有把木箱移动分毫。面试官问那两个提前完成任务的人："你们是怎么推动木箱的？"他们回答："我们两个人一起推一个木箱，推完一个再一起推下一个。"面试官微笑着说："欢迎你们加入微软。这次的测试本意就是要告诉大家，只有善于合作的人才能获得成功，鼓励个人竞争不假，但我们微软更加注重团队合作精神。"

　　讨论：通过上述案例你有什么感想？

一、团队合作的内涵

　　团队合作是一种为达既定目标所显现出来的自愿合作和协同努力的精神。它可以调动团队成员的所有资源和才智，并且能够自动减少不和谐、不公正现象，同时会给予那些诚心、大公无私的奉献者适当的回报。如果团队合作是出于自觉自愿，它必将会产生一股强大而且持久的力量。

　　团队合作的重要性：

　　（1）可以打造一个具有较强凝聚力的工作队伍；

　　（2）可以为团队成员提供一个较好的学习平台；

　　（3）可以营造一个相对和谐的工作环境；

　　（4）可以有效地提高工作效率。

二、团队合作的基本要素

　　良好的团队合作包括四个基本要素：共同的目标、组织协调各类关系、明确制度规范管理与称职的团队领导。

　　1. 共同的目标

　　共同的目标是形成团队精神的核心动力，是建立良好团队合作的基础。因此，建立团队合作的首要要素，就是确立起共同的愿景与目的。目标是一个有意识的选择并能被表达出来的方向，要能够运用团队成员的才能促进组织的发展，使团队成员有一种成就感。但是由于团队成员的需求、思想、价值观等因素的不同，要想团队的每个成员都完全认同目标，也是不易的。

2. 组织协调各类关系

关系包括正式关系与非正式关系。例如，上级与下级，这是正式关系；他们两人恰好是同乡，这就是非正式关系。组织协调各类关系，则是要通过协调、沟通、安抚、调整、启发、教育等方法，让团队成员从生疏到熟悉、从戒备到融洽、从排斥到接纳、从怀疑到信任，团队中各类关系越稳定、越值得信赖，团队的内耗就越少，整个团队的效能就更大。

3. 明确制度规范管理

团队中如果缺乏制度规范会引起各种不同的问题。如果人事安排没有相应的制度、工作处事没有明确的流程，奖惩没有规范，不仅会造成困扰、混乱，也会引起团队成员间的猜测、不信任。所以，要制定出合理、规范的制度流程，把各项工作纳入制度化、规范化管理的轨道，并且使团队成员认同制度，遵守规范。

4. 称职的团队领导

团队领导的作用，在于运用自己调动资源的权力，调动团队成员的积极性，在团队成员的共同努力下实现工作目标。因此，团队领导要运用各种方式，以促使团队目标趋于一致、建立良好的团队关系及树立团队规范。团队领导在团队管理过程中，对有些不好把握、认识不清的问题，最有效的方法就是进行换位思考，把自己置身于被管理者的角度去感受成员的所思、所感、所需，将他人需求和特性作为出发点制定出相应的管理办法和制度规范。

三、促进团队合作的基础

（一）信任

建立信任是团队合作的基础，没有信任就没有合作。团队是一个相互协作的群体，它需要团队成员之间建立相互信任的关系。而团队间的信任感比较特殊，它是以人性脆弱为基础的信任，这就意味着团队成员需要平和、冷静、自然地接受自己的不足和弱点，转而认可、借助他人的长处。尽管这对团队成员是个不小的挑战，但为了实现整个团队的目标，成员们必须要做到和实现这种信任。

（二）良性冲突

冲突是团队合作中不可避免的阻碍，它是由于团队成员间对同一事物持有不同态度与处理方法而产生的矛盾、某种程度的争执。

团队管理者有时会为冲突担忧：一是怕丧失对团队的控制，让某些成员受到伤害；二是怕冲突会浪费时间。其实，良性的团队冲突是提升团队绩效不可或缺的因素之一，在冲突过程中，坦率、激烈的沟通和不同观点的碰撞，可以让团队拓展思路并避免群体思维，进而通过对不同意见的权衡斟酌，能提高决策的质量，增强团队的创造力和生命力。同时，团队成员也能在良性的冲突沟通过程中充分交换信息，更为清晰地认知任务目标及实现路径。

（三）坚定的领导决策

团队是个有机的整体，离不开成员间的相互协作与信任。但"鸟无头不飞"，在团队合作时，更重要的是要有坚定的领导决策，有团队领导为团队指明方向、进行决策。决策的过程实际上是对诸多处理方案或方法的提出与选择，在这个过程中，面对各种影响决策的因素，团队领导则需要依靠自身的经验、思维等对它们进行筛选和运用，另外团队领导还需要广泛听取团队成员的各种建议，兼收并蓄、博采众长，从而进行决策，为团队引领方向。

（四）彼此负责

有效的团队合作是自然而主动的合作，团队成员不需要太多的外界提醒，就能全力地进行工作。团队成员了解既定的团队目标，清楚自身的角色定位，在合作过程中，彼此提醒注意那些无益于团队既定目标的行为和活动。因此，促进团队合作很重要的一个基础就是团队成员间能够彼此负责、协作出力、共同完成目标。

四、团队成员应具备的基本素质

一个优秀的团队离不开每个成员的努力，如果每个成员都能从大局出发，严格要求自己，多从其他成员的角度考虑问题，在团队合作中能尊重同伴、互相欣赏、宽容待人，那么一个优秀的团队就形成了。

（一）尊重同伴

尊重没有高低之分、地位之差和资历之别，尊重只是团队成员在交往时的一种平等的态度。平等待人、有礼有节，既尊重他人、又尽量保持自我个性，这是团队合作能力之一。团队是由不同的人组成的，每一个团队成员首先是一个追求自我发展和自我实现的个人，然后才是一个从事工作、有着职业分工的职业人。虽然团队中的每一个人都有着在一定的生长环境、教育环境、工作环境中逐渐形成的与他人不同的自身价值观，但他们每个人不论其资历深浅、能力强弱，也都同样有渴望尊重的要求，都有一种被尊重的需要。

尊重，意味着尊重他人的个性和人格、尊重他人的兴趣和爱好、尊重他人的感觉和需求、尊重他人的态度和意见、尊重他人的权利和义务及尊重他人的成就和发展。尊重，还意味着不要求别人做你自己不愿意做或没有做过的事情。当你不能加班时，就没有权力要求其他团队成员继续"作战"。

尊重，还意味着尊重团队成员有跟你不一样的优先考虑，或许你喜欢工作到半夜，但其他团队成员也许有更好的安排。只有团队中的每一个成员都尊重彼此的意见和观点、尊重彼此的技术和能力、尊重彼此对团队的全部贡献，这个团队才会得到最大的发展，而这个团队中的成员也才会赢得最大的成功。尊重能为一个团队营造出和谐融洽的气氛，使团队资源形成最大程度的共享。

（二）互相欣赏

学会欣赏、懂得欣赏。很多时候，同处于一个团队中的工作伙伴常常会乱设"敌人"，尤其是大家因某事而分出了高低时，落在后面的人的心里很容易就会酸溜溜的。所以，每个人都要先把心态摆正，用客观的目光去看看"假想敌"到底有没有长处，哪怕是一点点比自己好的地方都是值得学习的。欣赏同一个团队的每一个成员，就是在为团队增加助力改掉自身的缺点，就是在消灭团队的弱点。欣赏就是主动去寻找团队成员尤其是你的"敌人"的积极品质，然后，向他学习这些品质，并努力克服和改正自身的缺点和消极品质。这是培养团队合作能力的第一步。"三人行，必有我师焉。"每一个人的身上都会有闪光点，都值得我们去挖掘并学习。要想成功地融入团队之中，就要善于发现每个工作伙伴的优点，这是走近他们身边、走进他们之中的第一步。适度的谦虚并不会让你失去自信，只会让你正视自己的短处、看到他人的长处，从而赢得众人的喜爱。每个人都可能会觉得自己在某个方面比其他人强，但你更应该将自己的注意力放在他人的强项上，因为团队中的任何一位成员，都可能是某个领域的专家。因此，你必须保持足够的谦虚，这样会促使你在团队中不断进步，并真正看清自己的肤浅、缺点和无知。

总之，团队的效率在于成员之间配合的默契，而这种默契来自团队成员的互相欣赏和熟悉——欣赏长处、熟悉短处，最主要的是扬长避短。

（三）宽容待人

美国人崇尚团队精神，而宽容正是他们最推崇的一种合作基础，因为他们清楚这是一种真正的以退为进的团队策略。雨果曾经说过："世界上最宽阔的是海洋，比海洋更宽阔的是天空，而比天空更宽阔的则是人的心灵。"这句话在无论何时何地都是适用的，即使是在角逐竞技的职场上，宽容仍是能让你尽快融入团队之中的捷径。宽容是团队合作中最好的润滑剂，它能消除分歧和战争，使团队成员能够互敬互重、彼此包容、和谐相处，从而安心工作、体会到合作的快乐。试想一下，如果你冲别人大发雷霆，即使过错在于对方，谁也不能保证他不以同样的态度来回敬你。这样一来，矛盾自然也就不可避免了。

相反，你如果能够以宽容的胸襟包容同事的错误，驱散弥漫在你们之间的火药味，相信你们的合作关系将更上一层楼。团队成员间的相互宽容，是指容纳各自的差异性和独特性以及适当程度的包容，但并不是指无限制地纵容，一个成功的团队，只会允许宽容存在，不会让纵容有机可乘。

宽容，并不代表软弱。在团队合作中它体现出的是一种坚强的精神，是一种以退为进的团队战术，为的是整个团队的大发展，同时也为个人奠定了有利的提升基础。首先，团队成员要有较强的相容度，即要求其能够宽厚容忍、心胸宽广、忍耐力强。其次，要注意将心比心，即应尽量站在别人的立场上，衡量别人的意见、建议和感受，反思自己的态度和方法。

五、团队合作的原则

（一）平等友善

与同事相处的第一原则便是平等。不管你是资深的老员工，还是新进的员工，都需要平等对待他人，无论是心存自大或心存自卑都是同事相处的大忌。同事之间相处具有相近性、长期性、固定性的特点，彼此都有较全面深刻的了解。要特别注意的是，真诚相待才可以赢得同事的信任。信任是联结同事间友谊的纽带，真诚是同事间相处共事的基础。即使你各方面都很优秀，即使你认为自己以一个人的力量就能解决眼前的工作，也不要显得太张狂。以后你并不一定能完成一切工作，还是要平等友善地对待同事。

（二）善于交流

同在一个公司办公室里工作，你与同事之间会存在某些差异，知识、能力、经历的差异造成你们在对待和处理工作时，会产生不同的想法。交流是协调的开始，把自己的想法说出来，同时听对方的想法。你要经常说这样一句话："你看这事该怎么办，我想听听你的看法。"

（三）谦虚谨慎

法国哲学家罗西法古曾说过："如果你要得到仇人，就表现得比你的朋友优越；如果你要得到朋友，就要让你的朋友表现得比你优越。"当我们让朋友表现得比我们还优越时，他们就会有一种被肯定的感觉；但是当我们表现得比他们还优越时，他们就会产生一种自卑感，甚至对我们产生敌视情绪，因为谁都在自觉不自觉地强烈维护着自己的形象和尊严。

所以，要学会谦虚谨慎，只有这样，我们才会永远受到别人的欢迎。为此，卡耐基曾有过一番妙论："你有什么可以值得炫耀的吗？你知道是什么原因使你成为白痴？其实不是什么了不起的东西，只不过是你甲状腺中的碘而已，价值并不高，才五分钱。如果别人割开你颈部的甲状腺，取出一点点的碘，你就变成一个白痴了。在药房中五分钱就可以买到这些碘，这就是使你没有住在疯人院的东西——价值五分钱的东西，有什么好谈的呢？"

（四）化解矛盾

一般而言，与同事有点小摩擦、小隔阂，是很正常的事。但千万不要把这种"小不快"演变成"大对立"，甚至形成敌对关系。对别人的行动和成就表示真正的关心，是一种表达尊重与欣赏的方式，也是化敌为友的纽带。

（五）接受批评

如果同事对你的错误大加抨击，即使带有强烈的感情色彩，也不要与之争论不休，而是从积极方面来理解他的抨击。这样，不但对你改正错误有帮助，也避免了语言敌对场面的出现。

（六）具有创造能力

培养自己的创造能力，不要安于现状，试着发掘自己的潜力。一个有不凡表现的人除了能保持与人合作以外，还需要有人乐意与你合作。

总之，作为一名员工应该注重个人的思想感情、学识修养、道德品质、处世态度、举止风度，做到坦诚而不轻率、谨慎而不拘泥、活泼而不轻浮、豪爽而不粗俗，这样就一定可以和其他同事融洽相处，提高自己团队作战的能力。承担责任看似简单，但实施起来则很困难。领导如何纠正自己的伙伴做出的损害团队的行为是一件不容易的事情。但是，如果有清晰的团队目标，有损这些目标的行为就能够轻易地被纠正。

六、使自己成为团队中最受欢迎的人

要想成为优秀团队的优秀人物，就要成为团队中最受欢迎的人。怎样使自己成为团队最受欢迎的人呢？

（一）出于真心，主动关心帮助别人

一个人可以去拒绝别人的销售、拒绝别人的领导，却无法拒绝别人对他出于真心的关心。大多数人都在期望着别人对自己的关心，所以你要做到别人做不到的事情，如果别人不肯去关心其他人，那你要付出更多去关心他们。每一个职场人士都希望与同事融洽相处团结互助。因为人们深知，同事是和自己朝夕相处的人，彼此和睦融洽，工作气氛好，工作效率自然也就会更好。反之，同事关系紧张、相互拆台、发生摩擦，正常工作和生活不但会受到影响，就连事业发展也会受到阻碍。

（二）要谈论别人感兴趣的话题

每个人一生中都在寻找一种感觉，这种感觉是什么呢？就是重要感。在和别人沟通的时候，你是一直不断地在讲还是认真地在听别人讲呢？如果你认真地在听别人讲，同时你又再

问一些别人感兴趣的话题，别人就会对你非常有好感，因为人们都喜欢谈论自己。如果你愿意拿出时间来关心他人，谈论感兴趣的话题，你愿意了解他人所讲出来的他非常感兴趣的话题，那你一定会成为一个非常受欢迎的人。

如何让自己成为一个受团队欢迎的人呢？这就要你去了解别人的兴趣所在，并且同别人去沟通他最感兴趣的话题。两个人之间总会有共同之处，比如，谈及到什么样的城市去旅游时，他会说到自己喜欢的城市，你可以跟他讨论那个城市，因为那是他最感兴趣的话题。当你跟他沟通这样的话题的时候，他感受到了你对他的关切，就会变得非常喜欢你。

（三）赞美你周围的同事

赞美被称为语言的钻石，每个人一生都在寻找重要感，所以人们都希望得到别人的赞美。人们希望获得很大的成长和成就感，如果团队能为成员提供空间，使他们很好地获得成长感，大多数情况下团员都会留在团队，而且全力以赴，认真地为之付出。

不断地赞美、支持、鼓励周围的朋友和同事是使自己成为团队中受欢迎的人的有效办法。每一个人都有优点和独特性，所以要找到每个人独特的优点去赞美他。比如，一个成员取得了一些绩效，当你希望这种绩效再一次被延伸的时候，就要去赞美他，然后这种结果就会再一次地发生，受赞美的行为也会持续不断地出现。如果有一个销售人员刚刚签了一个很大的合同，团队当中的每一个成员都应去赞美他、都应该认为他是团队当中的英雄，因为只有当他受到了这种赞美和鼓励，才会愿意下一次再去采取同样的行为，为这个团队付出。

1. 不要批评，要提醒

团队成员可以去提醒别人而不是批评别人。比如说你觉得他哪里不够好，可以说我想提醒你一下，你哪里还可以更好，因为你是非常有潜质的，所以我才拿出时间来跟你沟通，你介意吗？他当然会说我不会介意。这个时候你就可以开始去关心他。

如果真的一定要批评他呢，就不妨采取三明治批评法。你可以用积极正面来引导消极负面的东西，然后采取积极正面的一个行动，就能达到积极正面的结果。

2. 不要总提意见，要多提建议

意见是一种对现实的不满，可能会带有一点点抱怨。建议也是一种不满，但它是将不满转化为可以达到满意结果的过程。当你养成一个提建议而不是提意见的习惯的时候，你会发现，团队当中的人都愿意贡献出更多的建议出来，这种建议对团队帮助是非常大的。

3. 不要抱怨，要采取行动

抱怨不会解决任何问题，只有采取行动，才会产生结果。不要抱怨任何一个结果，因为抱怨会让这个结果在团队变得夸大，使每一个人都注意到这种事实，然后影响到每一个人的心情。同时，受抱怨影响最大的是自己，越抱怨，情绪越不好，情绪越不好，产生的绩效越不好。

（四）对别人的成就感到高兴，并真心地予以祝贺

如果真心地祝福获得财富的人，你也会慢慢地获得财富。如果你忌妒别人或者说你为别人取得成就而感到不舒服，那是因为你的心胸不够宽广。如果你的心胸宽广，你会为别人取得的成就而感到高兴，并且替他祝贺，因为你是个对自己非常有自信的人。做一个能够为别人取得成就而祝福的人，你就会取得跟他一样的成就。

（五）激发别人的梦想

人最重要的一个能力就是使别人拥有能力，所以人际关系当中最重要的就是要敢于去激

发别人的梦想。当你激发了别人的梦想，别人通过你的激发和鼓励取得成就时，他就会衷心地感谢你。每一个人都期望别人给他十足的动力，帮他做出人生的决定，所以你要去激发别人，使他产生梦想，让他拥有应该拥有的"企图心"和上进心，激发他去获得最想要的结果。

第四节　团队精神

导入案例

三国时期，刘备善用精神力量凝聚人心，在不具备天时、地利的条件下，以人和为核心竞争力，以"义"聚得关羽、张飞、赵云等名将；以诚感人，三顾茅庐，请出诸葛亮辅佐，并以兴复汉室天下为共同目标，发挥团体的力量，终于三分天下得其一。

讨论：这个故事告诉了我们什么？

一、团队精神的内涵

所谓团队精神，就是大局意识、协作精神和服务精神的集中体现，简单地说，就是一种集体意识，是团队所有成员都认可的一种集体意识。团队精神的基础是尊重个人的兴趣和成就，核心是协同合作，最高境界是全体成员的向心力、凝聚力，反映的是个体利益和整体利益的统一，并进而保证组织的高效运转。

团队精神的核心是无私的奉献精神，是自动担当的意识，是与人和谐相处、充分沟通、交流意见的智慧。它不是简单地与人说话、与人共同做事，而是不计个人利益，只重团队全体的奉献精神。

团队精神的形成并不要求团队成员牺牲自我，相反，挥洒个性、表现特长保证了成员能够共同完成任务目标，而明确的协作意愿和协作方式则产生了真正的内心动力。

团队精神是团队文化的一部分，良好的管理可以通过合适的团队形态将每个人安排至合适的岗位，充分发挥集体的潜能。如果没有正确的管理文化，没有良好的从业心态和奉献精神，就不会有团队精神。

二、团队精神的作用

（一）目标导向

团队精神能够使团队成员齐心协力，拧成一股绳，朝着一个目标努力。对团队的个人来说，团队要达到的目标就是自己必须努力的方向，从而使团队的整体目标分解成各个小目标，在每个队员身上都得到落实。

（二）凝心聚力

任何组织群体都需要一种凝聚力，传统的管理方法是通过组织系统自上而下的行政指令，淡化了个人感情和社会心理等方面的需求，团队精神则通过对群体意识的培养，通过队员在长期的实践中形成的习惯、信仰、动机、兴趣、爱好等文化心理，来沟通人的思想，引导人们产生共同的使命感、归属感和认同感，逐渐强化团队精神，产生一种强大的凝聚力。

（三）促进激励

团队精神要靠每一个队员自觉地向团队中最优秀的员工看齐，通过队员之间正常的竞争达到督促和提醒的目的。这种激励不是单纯停留在物质的基础上，而是要能得到团队的认可，获得团队中其他队员的认可。

（四）约束规范

在团队里，不仅队员的个体行为需要控制，群体行为也需要协调。团队精神所产生的控制功能，是通过团队内部所形成的一种观念的力量、氛围的影响，约束、规范、监管团队的个体行为。这种控制不是自上而下的硬性强制力量，而是由硬性控制转向软性内化控制；由控制个人行为，转向控制个人的意识；由控制个人的短期行为，转向对其价值观和长期目标的控制。因此，这种控制更为持久且更有意义，而且容易深入人心。

三、培养团队精神的重要性

（一）团队精神是进入团队的重要考核标准

几乎所有大公司在招聘新人时，都非常留意人才的团队合作精神，他们认为一个人能否和别人相处与协作，要比他个人的能力重要得多。

（二）团队精神直接关系到个人的工作业绩和团队的业绩

一个没有团队精神的人，即便个人工作干得再好，也无济于事。由于在这个讲究合作的年代，真正优秀的员工不只要有超人的能力、骄人的业绩，更要具备团队精神，为团队全体业绩的提升做出贡献。一个人的成功是建立在团队成功的基础上的，只要团队的绩效获得了提升，个人才会得到嘉奖。

（三）团队精神决定个人能否自我超越、达到完美

认清团队精神，完成自我超越。个人不可能完美，但团队可以。在知识经济时代，竞争已不再是单独的个体之间的斗争，而是团队与团队的竞争、组织与组织的竞争，任何困难的克服和波折的平复，都不能仅凭一个人的英勇和力量，而必须依托整个团队。对每个人来讲，你做得再好，团队垮了，你也是失败者。21世纪最成功的生存法则，那就是抱团打天下，必须有团队精神。所以作为团队的一员，只要把本人融入整个团队之中，凭借整个团队的力量，才能把本人所不能完成的棘手的问题处理好。明智且能获得成功的捷径就是充分利用团队的力量。

有位专家指出："如今年轻人在职场中普遍表现出的自大与自傲，使他们在融入工作环境方面表现得缓慢和困难。这是由于他们缺乏团队合作精神，项目都是本人做，不愿和同事同想办法，每个人都会做出不同的结果，最后对公司一点用也没有，而那些人也不可能做出好的成绩来。"

（四）团队精神能推动团队运作和发展

在团队精神的指引下，团队成员产生了互相关心、互相帮助的交互行为，显示出关心团队的主人翁责任感，并努力自觉地维护团队的集体荣誉，自觉地以团队的整体荣誉感来约束自己的行为，从而使团队精神成为公司自由而全面发展的动力。

（五）团队精神能培养成员之间的亲和力

一个具有团队精神的团队，有利于激发成员工作的主动性，由此而形成集体意识、共同

的价值观、高涨的士气、团结友爱的氛围，团队成员才会自愿地将自己的聪明才智贡献给团队，与其他成员积极主动沟通，同时也使自己得到更全面的发展。

（六）团队精神有利于提高组织整体效能

通过发扬团队精神，加强建设团队精神，能进一步节省内耗。如果总是把时间花在怎样界定责任、应该找谁处理这些问题上，让客户、员工团团转，这样就会减少企业成员的亲和力，损伤企业的凝聚力。

四、培养提升团队精神的途径

（一）培养勇于奉献的精神

具备团队精神，首先就要检视本人的灵魂，只有高尚的、无私的、乐于奉献的、勇于担当的灵魂，才可能具备这种优点。

最能表现团队精神真正内涵的莫过于登山运动。在登山的过程中，登山运动员之间都以绳索相连，假如其中一个人失足了，其他队员就会全力援救。否则，整个团队便无法继续前进。但当队员绞尽脑汁，试了一切的办法仍不能使失足的队员脱险的时候，只有割断绳索，让那个队员坠入深谷，只有这样，才能保住其他队员的性命。而此时，割断绳索的常常是那名失足的队员。这就是团队精神。

（二）培养大局意识

培养以实现团队目标为己任的主动性和大局意识。团队精神尊重每个成员的兴趣和成就，要求团队的每一个成员，都以提高自身素质和实现团队目标为己任。团队精神的核心是合作协同，目的是最大限度地发挥团队的潜在能量。新一代的优秀员工必须树立以大局为重的全局观念，不斤斤计较个人利益和局部利益，将个人的追求融入团队的总体目标中去，从自发地服从到自觉地去执行，最终完成团队的全体效益。

（三）培养团队角色意识

与人合作的前提是找准本人的地位，扮演好本人的角色，这样才能保证团队工作的顺利进行。若站错位置，乱干工作，不但不会推进团队的工作进程，还会使整个团队堕入混乱。要想创造并维持高绩效，员工能否扮演好本人的角色是关键也是根本，有时它甚至比专业知识更为重要。

（四）培养宽容与合作的品质

应该时常反思自己的缺点。比如，自己是否对人冷漠，或者言辞锋利。团队工作需要成员之间不断地进行互动和交流，如果你固执己见，总与别人有分歧，你的努力就得不到其他成员的理解和支持，这时，即便你的能力出类拔萃，也无法促使团队创造出更高的业绩。如果你认识到了这些缺点，不妨经过交流，坦诚地讲出来，承认缺点，让大家共同协助你改进。培养宽容与合作的品质，不必担心别人的嘲笑，你得到的只会是理解和协助。

（五）培养虚心请教的素质

向专业人士请教本人不懂的问题是一种非常宝贵的素质，它可以提升我们的能力，拓展我们的知识面，使我们的工作能力变得更强，更重要的是，请教别人还有利于我们获得良好的人际关系。由于每个人都有一种做个重要人物的冲动，请求同事帮忙，对你很重要，而且也能为你博得友谊和合作。

有时，我们并未自动请教，别人也会对我们的工作发表一些意见。千万不要对这种意见产生反感，不管意见是对是错，我们都要真诚地向对方道谢，并客观地评价这些建议。这些建议通常都极其有价值，可以为我们提供一个崭新的工作思绪或为我们开辟出一段崭新的职业生涯。

团队精神是一种精神力量，是一种信念，是一个团队不可或缺的精神灵魂。它反映团队成员的士气，是团队所有成员价值观与理想信念的基石，是凝聚团队力量、促进团队进步的内在力量。

（六）忌个人英雄主义

个人英雄主义是团队合作的大敌。如果你从不承认团队对自己有协助，即便接受过协助也认为这是团队的义务，你就必须抛弃这一愚笨的态度，否则只会使自己的事业受阻。

`知识拓展`　　　　　　　**华为新员工怎样融入团队：180天、8阶段行动清单**

华为的新员工融入管理计划：180天、8阶段的行动清单，值得参考。让新来的伙计快速融入，他好，你也好。

华为180天培训计划：

第一阶段：新员工入职，让他知道是来干什么的（3~7天）

为了让新员工在7天内快速融入企业，管理者需要做到下面七点：

1. 安排位置：给新员工安排好座位及办公的桌子，拥有自己的地方，并介绍位置周围的同事相互认识（每人介绍的时间不少于1分钟）；

2. 开欢迎会：开一个欢迎会或聚餐介绍部门里的每一人，相互认识；

3. 公司介绍：直接上司与其单独沟通，让其了解公司文化、发展战略等，并了解新员工的专业能力、家庭背景、职业规划与兴趣爱好；

4. 岗位介绍：HR主管沟通，告诉新员工的工作职责及给自身的发展空间及价值；

5. 第一周的工作任务介绍：直接上司告诉，每天要做什么、怎么做、与任务相关的同事部门负责人是谁；

6. 日常工作指导：对于日常工作中的问题及时发现及时纠正（不作批评），并给予及时肯定和表扬（反馈原则）；检查每天的工作量及工作难点在哪里；

7. 安排新老员工接触：让老员工（工作1年以上）尽可能多地和新员工接触，消除新员工的陌生感，让其尽快融入团队。关键点：一起吃午饭，多聊天，不要在第一周谈论过多的工作目标以给予工作压力。

第二阶段：新员工过渡，让他知道如何能做好（8~30天）

转变往往是痛苦的，但又是必须的，管理者需要用较短的时间帮助新员工完成角色过度，下面提供五个关键方法：

1. 熟悉公司各部分：带领新员工熟悉公司环境和各部门人，让他知道怎么写规范的公司邮件，怎么发传真，电脑出现问题找哪个人，如何接内部电话等；

2. 安排老员工带新员工：最好将新员工安排在老员工附近，方便观察和指导；

3. 积极沟通反馈：及时观察其情绪状态，做好及时调整，通过询问发现其是否存在压力；

4. 经验传授：适时把自己的经验及时教给他，让其在实战中学习，学中干，干中学是新员工十分看重的；

5. 肯定与表扬：对其成长和进步及时肯定和赞扬，并提出更高的期望，要点：4C、反馈技巧。

第三阶段：让新员工接受挑战性任务（31~60天）

在适当的时候给予适当的压力，往往能促进新员工的成长，但大部分管理者却选了错误的方式施压。

1. 讲清工作要求和关键指标：知道新员工的长处及掌握的技能，对其讲清工作的要求及考核的指标要求；

2. 开展团队活动：多开展公司团队活动，观察其优点和能力，扬长避短；

3. 给予包容：犯了错误时给其改善的机会，观察其逆境时的心态，观察其行为，看其培养价值；

4. 多给机会：如果实在无法胜任当前岗位，看看是否适合其他部门，多给其机会，管理者很容易犯的错误就是"一刀切"。

第四阶段：表扬与鼓励，建立互信关系（61~90天）

管理者很容易吝啬自己的赞美的语言，或者说缺乏表扬的技巧，而表扬一般遵循三个原则：

1. 表扬的及时性：当新员工完成挑战性任务，或者有进步的地方及时给予表扬和奖励；

2. 表扬的多样性：多种形式的表扬和鼓励，要多给他惊喜，多创造不同的惊喜感；

3. 表扬的开放性：向公司同事展示新员工的成绩，并分享成功的经验。

第五阶段：让新员工融入团队主动完成工作（91~120天）

对于新生代员工来说，他们不缺乏创造性，更多的时候管理者需要耐心地指导他们如何进行团队合作，如何融入团队。

1. 鼓励发言：鼓励新员工积极踊跃参与团队的会议并在会议中发言，当他们发言之后作出表扬和鼓励；

2. 团队经验分享：对于激励机制、团队建设、任务流程、成长的经验要多进行会议商讨、分享；

3. 鼓励提建议：与新员工探讨任务处理的方法与建议，当新员工提出好的建议时要去肯定他们；

4. 处理矛盾：如果出现与旧同事间的矛盾要及时处理。

第六阶段：赋予新员工使命，适度授权（121~179天）

当度过了前3个月，一般新员工会转正成为正式员工，随之而来的是新的挑战，当然也可以说新员工真正成为公司的一分子，管理者的任务中心也要随之转入以下5点：

1. 帮助新员工重新定位：让新员工重新认识工作的价值、工作的意义、工作的责任、工作的使命、工作的高度，找到自己的目标和方向；

2. 及时处理负面情绪：时刻关注新员工，当新员工有负面的情绪时，要及时调整，要对新员工的各个方面有敏感性；当新员工问到一些负面的、幼稚的问题时，要转换方式，从正面积极的一面去解答他的问题；

3. 提升新员工的企业认同感：让新员工感受到企业的使命，放大公司的愿景和文化价值、放大战略决策和领导意图等，聚焦凝聚人心和文化落地、聚焦方向正确和高效沟通、聚焦绩效提升和职业素质；

4. 引导分享公司成长：当公司有什么重大的事情或者振奋人心的消息时，要引导大家分享；

5. 适当放权：开始适度放权让新员工自行完成工作，发现工作的价值与享受成果带来的喜悦，放权不宜一步到位。

第七阶段：总结，制订发展计划（180 天）

6 个月过去了，是时候帮新员工做一次正式的评估与发展计划，一次完整的绩效了。面谈一般包括下面 6 个步骤：

1. 准备绩效面谈：每个季度保证至少 1~2 次 1 小时以上的正式绩效面谈，面谈之前做好充分的调查，谈话做到有理、有据、有法；

2. 明确绩效面谈内容：明确目的；新员工自评（做了哪些事情，有哪些成果，为成果做了什么努力、哪些方面做得不足、哪些方面和其他同事有差距）；

3. 先肯定，后说不足：领导的评价包括——成果、能力、日常表现，要做到先肯定成果，再说不足，再谈不足的时候要有真实的例子做支撑；

4. 协助新员工制定目标和措施：让他做出承诺，监督检查目标的进度，协助他达成既定的目标；

5. 为新员工争取发展提升的机会：多与他探讨未来的发展，至少每 3~6 个月给新员工评估一次；

6. 给予新员工参加培训的机会：鼓励他平时多学习，多看书，每个人制订出成长计划，分阶段去检查。

第八阶段：全方位关注新员工成长（每一天）

1. 关注新员工的生活：当他受打击、生病、失恋、遭遇生活变故、心理产生迷茫时多支持、多沟通、多关心、多帮助；

2. 关心、表扬和奖励新老员工：记住部门每个同事生日，并在生日当天部门集体庆祝；记录部门大事记和同事的每次突破，给每次的进步给予表扬、奖励；

3. 新老员工的团队活动：每月举办一次各种形式的团队集体活动，增加团队的凝聚力。

本章小结

大学阶段是大学生由学校进入社会的重要过渡阶段，大学生的团队合作精神如何直接关系到学生个人的成长。不同于群体，团体从形成到结束往往要经历不同的发展变化阶段。准确的团队角色定位，是团队建设的重要砝码。大学生平时要注重培养团队合作意识、增强团队合作能力，努力使自己成为高效团队的成员，从而积极适应社会发展和国家建设的需要、充分实现个人价值、赢得完美人生。

思考练习

1. 团队的含义和特点是什么？
2. 团队的构成要素有哪些？

3. 融入团队的意义是什么？

4. 融入团队的途径是什么？

5. 团队合作的含义是什么？

6. 团队合作的基础是什么？

7. 团队合作的原则是什么？

8. 团队精神的内涵和作用是什么？

9. 培养团队精神的重要性是什么？

10. 培养团队精神的途径有哪些？

11. 你有没有协助他人？你是否关注整体目标？是否关注整体目标的实现？

12. 作为工作团队中的一员，你是不是从来不请教有关工作上的事，或是讨论本身的成绩？

13. 想想自己在平时的团队工作中碰到的最大问题是什么？

第九章

创新能力素养

第一节　创新能力概述

知识目标：

1. 了解创新能力的定义及四大形成要素。

2. 了解职业创新能力的特征。

3. 掌握创新思维的概念。

4. 了解创新能力的培养原则及方法。

技能目标：

1. 初步具备创新能力素养意识。

2. 学会将创新能力、创新思维应用到日常学习生活之中。

陕西创客玩出自己的世界　成为社会创新创业领军人

"创客"这个词来源于英文单词"Maker"，是指出于兴趣与爱好，努力把各种创意转变为现实的人，虽然这个词汇听上去很新鲜、很时髦，但实际上，在我们的身边就有一批这样的人，他们通过把自己的爱好、特长与生产生活充分链接，成为我们社会创新创业领域的一支生力军。

杨少毅是西安蒜泥科技公司的创办人，也是西安最早的创客之一。他告诉记者，他们公司研发的机器人已经是第四代机器人了，虽然还有很多不完善之处，但改进之后最终能够被市场认可。

杨少毅的创客之路是从 5 年前开始的，那时候他上大二。一个偶然的机会，他迷上了机器人，后来开始自己动手设计研发。虽然刚开始时的机器人作品粗糙，简陋，也不懂互动交流，但对于杨少毅来说，毕竟迈出了第一步。兴趣是最好的老师，经过一次次的失败与尝试，杨少毅设计的机器人越来越像样了，而且在研发的过程中他还掌握了很多人工智能方面的关键技术。2014年，从西安电子科技大学研究生毕业后，杨少毅和他的机器人项目赢得了投资人的青睐，获得了1 500万元的风险投资。

杨少毅说："当时我们就在考虑，我们能不能把我们的技术转成为对人们、对这个社会有用的东西，在这样一个前提下，我们就有了创业的念头。"于是，西安蒜泥科技公司很快就成立了，机器人自然是公司的招牌产品。虽然公司刚刚起步，还没有盈利，但在杨少毅看来，有技术，有爱好，再加上公司里汇聚起来的几十个来自各个方面的创客，成功只是时间的问题。杨少毅说："其实所有非常伟大的创造刚开始都没有一个明确的目标，创客就是这样一群人，有的人可能在里面做东西就是为了把自己家里的一些用具改得更好用，有些人在改好之后发现这个东西对更多人有用了，所以他需要把它作为产品出售出去。"

杨少毅认为，创客精神就是要认真地玩，而且要玩出点名堂来。他告诉记者，公司里招聘的员工都是创客，这一群人用60%的时间完成本职工作，帮助杨少毅打造机器人；剩下40%的时间，他们可以尽情发挥想象力，利用公司里的各种仪器，创造出自己感兴趣、能应用的东西。

西安创客数量众多　带领孩子进入科技世界

记者了解到，在西安，除了蒜泥公司这样吸引创客的科技公司，还有一种创客聚集的场所，就是创客空间。创客空间实际上是一种半公益性质的场所，它具备场地仪器和数据库等资源，创客们只需带着自己脑袋里的想法来到这儿，就可以做出半成品甚至成品了。如今，在西安，共有五、六家相对成熟的创客空间，汇聚了大批的创客，陕西众创空间就是其中一个。

西安不仅有供成年人施展拳脚的创客公司和创客空间，还有公司开始有意识地培养未来的创客，西安乐博士（中国）机器人公司设计了针对从小学到高中不同年龄段孩子的课程，通过对机器人软硬件编程等技能的学习，为孩子们打好作为一名创客的基础。

西安乐博士（中国）机器人公司总裁施农伟认识到："外国的创客群体都是在初中高中就开始有了，但在中国可能是大学生中才有，那我们就想说通过我们在中国做机器人教育的理念，可以通过教育把更多创客的元素，还有它的基础知识传递给更年轻的人。"

在国家推动大众创业、万众创新的时代里，创客无疑是市场中最活跃的细胞之一。对创客自身而言，创造产品和财富的过程，也是实现自我价值和精神追求的最好方式，我们希望这样爱"玩"的人越来越多。

经济的全球化带来了激烈的竞争与挑战，要想在这样的竞争环境下谋求科学技术的发展、社会各项事业的进步，就要靠不断创新。从个人发展来讲，当遇到纷繁复杂的工作状况时，很多人会惊呼："什么情况？""怎么回事？"但对于创新高手而言则是——"机会来了！"今天，一个人职业生涯的提升很大程度上取决于其是否善于创新，是否能够创造性地发现问题、分析问题，并最终很好地解决问题。在国家建设创新型社会的总体战略部署下，培养具有创新能力的高素质人才队伍，既是实施科教兴国和建设创新型国家的必然要求，也是提高个人自身综合素质的重要途径。

皮尔·卡丹曾坦率地说："创新！先有设想，而后付诸实践，再不断进行自我怀疑，这就是我成功的秘诀。"

讨论： 分析是什么让杨少毅走上了创客之路？

一、创新

（一）创新的由来

一般认为，创新概念于 1912 年由美国经济学家熊彼特在其著作《经济发展概论》中首次提出，其创新概念是指把一种新的生产要素和生产条件的"新结合"引入生产体系，它包括五种情况：引入一种新产品；采用一种新的生产方法；开辟一个新的市场；获得一种新的原材料或半成品的供应来源；实现一种新的工业组织形式。熊彼特的创新概念包含的范围很广，如涉及技术性变化的创新及非技术性变化的组织创新。到 20 世纪 60 年代，美国经济学家华尔特·罗斯托提出了"起飞"六阶段理论，将"创新"的概念发展为"技术创新"，并且把"技术创新"提高到"创新"的主导地位。

中国自 20 世纪 80 年代以来开展了技术创新方面的研究，具有代表性的是清华大学傅家骥教授对技术创新的定义：企业家抓住市场的潜在盈利机会，以获取商业利益为目标，重新组织生产条件和要素，建立起效能更强、效率更高和费用更低的生产经营方法，从而推出新的产品，新的生产（工艺）方法、开辟新的市场，获得新的材料或半成品供给来源或建立企业新的组织，它包括科技、组织、商业和金融等一系列活动的综合过程，这个定义是从企业的角度给出的。

进入 21 世纪，信息技术推动下知识社会的形成及其对技术创新的影响进一步被认识，科学界进一步反思对创新的认识：技术创新是一个科技、经济一体化的过程，是技术进步与应用创新"双螺旋结构"的共同作用催生的产物。

事实上，人类所做的一切都存在创新，如观念、知识、技术的创新，政治、经济、商业、艺术的创新，工作、生活、学习、娱乐等方面的创新。创新不仅仅是技术领域的事情，尽管技术创新对人类的生产、生活有决定性意义。

（二）创新的定义

创新，顾名思义，创造新的事物。创新一词出现得很早，如《魏书》中有"革弊创新"，《周书》中有"创新改旧"。同创新含义相近或相似的词有维新、鼎新等，如"咸与维新""革故鼎新""除旧布新""苟日新，日日新，又日新"。

而在英语中，Innovation（创新）这个词起源于拉丁语，包括三层含义：一是更新，就是替换原有的东西；二是创造新的东西，就是创造出原来没有的东西；三是改变，就是发展和改造原有的东西。

创新是指以现有的思维模式提出有别于常规或常人思路的见解为导向，利用现有的知识和物质，在特定的环境中，本着理想化需要或为满足社会需求，而改进或创造新的事物方法、元素、路径、环境，并能获得一定有益效果的行为。它是人类为了满足自身需要，不断拓展对客观世界及自身的认知与行为的过程和结果的活动。

二、创新能力

（一）创新能力的定义与形成

创新能力是在技术和各种实践活动领域中人们根据一定的目的任务，重新改造、组合原有的知识、经验、对象，不断提供具有经济价值、社会价值、生态价值的新思想、新理论、新方法和新发明的能力，属于智能范畴，同时也是个人综合素质的体现。

创新能力是经济竞争力的核心，因此，当今社会的竞争，与其说是人才的竞争，不如说是人的创造力的竞争。

创新能力的形成主要来自以下四大要素：

（1）遗传因素是形成人的创新能力的生理基础和必要的物质前提。它潜在决定着个体创新能力未来发展的类型、速度和水平。

（2）环境是人的创新能力形成和提高的重要条件。家庭、学校和社会环境的优劣影响着个体创新能力发展的速度和水平。

（3）实践是人的创新能力形成的最基本途径。实践也是检验创新能力水平和创新活动成果的尺度标准。

（4）创新思维是人的创新能力形成的核心与关键。创新思维的一般规律是：先发散而后集中，最后解决问题。

改革开放以来，我国创新能力有了很大提高，一些科学研究和技术创新在世界上占有了一席之地。但不可否认的是，我国创新能力和国际先进水平相比的差距较大。

【案例】　一些学校在创新方面已经迈出了可喜的步伐。例如，2014年由中国发明协会、江苏省科学技术协会、中国高等职业技术教育研究会等单位主办的第九届全国高职高专"发明杯"大学生创新创业大赛决赛在南京工业技术学院举行，为期三天的比赛共吸引了全国57所高职高专院校参与。经过网络、现场评审，苏州市职业大学电子信息工程学院汪义旺老师指导的参赛作品"便携式多功能环境参数检测仪"从520件发明制作类作品中脱颖而出，最终获得大赛发明制作类作品的一等奖。教育部职成司高职高专处林宇处长，江苏省委教育工委潘曼副书记等专家、领导出席比赛闭幕式，并为获奖选手代表颁奖。同时，苏州市职业大学还被中国发明家协会授予"全国高职高专院校创新发明教育基地"的光荣称号。

（二）创新能力特征

与普通人力资源相比，创新人才主要具有五大特质：

1. 善于发现问题

"提出问题，往往比解决问题更重要。"这是爱因斯坦从事科学研究的宝贵经验，发现问题需要有丰富的专业知识和敏锐的观察力，通过观察分析发现问题的存在，并进一步探究解决这一问题的方法，当问题得以解决之时，便是新事物、新技术诞生之际。阿基米德定律的产生正是因为阿基米德注意到一个每个人都会遇到却又习以为常的现象，即进入澡盆洗澡时，水往外溢而人的身体会感觉到被轻轻托起。这使他想到如果王冠为纯金，排出的水量应等同于同等重量的纯排出的水量，浮力定律由此被发现。机遇总是留给那些有思想准备，又勤于钻研的人。我们需要在实践中不断地进行培养和锻炼以形成和提高发现问题的能力。

2. 善于系统分析

物质世界是普遍联系的，事物不但与它周围的事物互相联系、互相作用，而且事物内部的各个部分之间总是处于互相联系和互相作用之中，构成一个开放的系统。我们把由相互联系的若干要素按一定方式所组成的具有特定功能、并同其周围环境互相作用的统一整体称之为系统。系统具有整体性、结构有序性和开放性。因此，要实现创新首先必须要对问题进行系统把握和全方位分析，只有对问题有全面的认识，才能有创新的元素和火花的出现。比如，手机原本就是用来通话、收发短信的，当网络技术、存储技术、播放技术、视频技术日趋成熟以后，科研人员就开始将通信技术和计算机技术，以及游戏技术融合起来，于是就产生了我们现在的智能手机。

3. 善于规划预测

所谓规划预测，就是通过发现问题，对问题的发展方向做出预测，并在此基础上规划出解决方案。这也就是我们常说的审时度势、精于算计、合理布局、运筹帷幄。例如，《田忌赛马》中提到，田忌经常与齐国众公子赛马，设重金赌注，孙膑发现他们的马脚力都差不多，马分为上、中、下三等，于是建议："今以君之下驷与彼上驷，取君上驷与彼中驷，取君中驷与彼下驷。"即用自己的劣等马对决对手的优等马、优等马对中等马，中等马对劣等马。三场比赛，田忌一场败而两场胜，最终赢得齐王的千金赌注。于是田忌把孙膑推荐给齐威王。齐威王向孙膑请教了兵法，视他为老师。可见，谋略在先，事半功倍。

4. 善于提出新创意

解决实践中面临的新问题，不仅需要周密的计划和安排，更重要的是要能够根据新的客观条件加入创新的元素，提出能够更为有效地解决问题的方案。

【案例】　在修建青藏铁路时，多年冻土被认为是"最难啃的一块骨头"，它的解决与否，直接决定着青藏铁路的成败，以往的办法是增加土体热阻，减少进入路基下部的热量，从而延缓多年冻土退化，在一定时间内起到保护冻土的作用。以中国科学院院士程国栋为代表的青藏铁路冻土攻关的科研工作者根据多年研究的成果，创造性地提出了主动冷却路基的思路，据此设计了多种工程技术措施用以保护多年冻土。除了在极不稳定的高含冰量冻土区采用造价昂贵的以桥代路，在其他地区主要采用块石路基，碎石护坡，利用块石、碎石孔隙较大的特点，使它们在夏季产生热屏蔽作用、冬季产生空气对流，改变路基和路基边坡土体与大气的热交换过程，起到较好地保护多年冻土的作用。此外，在路基两旁埋设高效导热的热棒，热桩，将热量导出，同时吸收冷量并有效地将冷量传递、贮存于地下。在路基中铺设通风管，使土体温度明显降低，并在通风管的一端设计、安装自动温控风门，当温度较高时，风门会自动关闭，温度较低时，风门自动打开，这样可以避免夏季热量进入通风管。在路基顶部和路基边坡铺设遮阳棚，遮阳板，有效地减少太阳辐射，降低地表温度，这些措施在建设中也得到了不同程度的运用，这些创新使得青藏铁路能够顺利竣工，更对我国高寒地区的工程建设具有重要的指导和借鉴价值。

5. 善于全面资源整合

要解决实践中遇到的难题，除了发现问题、系统分析、规划预测，然后提出创新的理论，更要尽可能地动员全部资源投入到创新活动中去。也就是说，光有发现和创意是远远不够的，要把创意变为现实、转化为生产力，需要物力、财力及人力资源的投入，只有整合好这些投入，才能将创新的理论付诸实践，最终解决好问题。

当然，并不是每一个创新人才都能完美地具有这五个特质，在现实生活中，创新能力表现为以下两大特征：

（1）综合独特性：我们在观察创新人物能力的构成时，会发现没有一个人的能力是单一的，都是几种能力的综合，这种综合是独特的，具有鲜明的个性色彩。

（2）结构优化性：创新人物能力在构成上，呈现出明显的结构优化特征，而这种结构是一种深层或深度的有机结合，能发挥出意想不到的创新功能。

（三）职业创新能力的意义

创新对一个国家、一个民族来说，是发展进步的不竭动力，对于一个企业来讲就是寻找生机和出路的必要条件。一个成功的企业必然是一个创新力强的企业，因为只有这样，这个企业才能够革除不合时宜的体制，在现有的条件下，创造出适应市场需要的新体制、新举措，走在时代潮流的前面，在激烈的市场竞争中获胜。职业创新能力对于个体来讲就是谋求事业发展，实现自我价值和精神追求的最好支撑，创新能力的综合独特性与结构优化性说明创新能力是一个人综合能力的体现。综合能力良好的人才必然是受企业欢迎的人才，也必然能够在工作中创造属于自己的天地。创造性人才在企业中越来越重要，这类人才能够创造性地完成工作，不会被困难吓倒，不会因为条件不具备而放弃努力。我们在寻找创新、开发、管理方面的人才时，必须考虑人才的创新能力。

第二节　创新思维训练

导入案例

互联网创新思维助企业食品安全升级发展

在互联网经济席卷全球之际，国际食品安全峰会也试图通过探讨生鲜农产品的电子商务销售模式来为食品行业注入新的发展动力。

据新希望集团的相关人士介绍，新希望集团早在 2013 年下半年就开始快速拓展线上、线下销售渠道，加快产品创新和营销创新，打造中国领先的集饲料、养殖、屠宰、深加工、销售、服务于一体的肉食供应平台，在营销模式和创新等方面已经走到了行业前列。

据了解，新希望集团目前正在通过自建消费终端、寻求第三方合作伙伴、搭建互联网营销平台的方式，实现肉食行业的全渠道 O2O 营销模式。在这一模式下，消费者可以通过互联网平台和新希望集团的线下终端全程了解、参与肉食品的养殖、加工和生产、销售过程。

对于传统肉食业的发展，只有通过创新管理体系，做到在以"用户"为中心的基础上，借助包括"互联网"等渠道在内的创新营销工具，才能实现中国肉食行业的升级发展，也更能保障食品安全。

讨论：创新思维对产业发展和营销模式有什么作用？

基于现实的社会环境，我们形成了一套固定的思维模式。这样的思维模式来源于我们日常生活的经验，可以帮助我们解决每天碰到的大部分的问题，同时却限制了我们的思想和行为。要知道，即使是真理，它的存在也是有特定的客观条件的。当客观情况发生改变时，真理就不再是真理了。微软公司总裁比尔·盖茨说："微软离破产永远只有 18 个月。"海尔集团总裁张瑞敏也说："永远战战兢兢，永远如履薄冰。"在这个日新月异、竞争激烈的时代，不创新，就只有挨打的份。而思维创新是实践创新的基础和前提，没有思维的创新就没有行动的创新。实践证明，有目的地学习创新思维方法，对于培养我们的创新能力有着事半功倍的作用。

创新思维是指以新颖独创的方法解决问题的思维过程，这种思维能打破我们的固定思维模式，以超常规甚至反常规的方法、视角去思考问题，提出与以往不一样的解决方案从而产生新颖的、独到的、有社会意义的思维成果。这种思维的本质就在于将创新意识的感性愿望提升到理性的探索上，实现创新活动由感性认识到理性思考的飞跃。

一、发散性思维

发散性思维又称辐射思维、放射思维、扩散思维或求异思维，是指大脑在思维时呈现的一种扩散状态的思维模式，它表现为思维视野广阔、思维呈现出多维发散状。可以通过"一题多解""一事多写""一物多用"等方式，培养发散思维能力。不少心理学家认为，发散思维是创造性思维的最主要的特点，是测定创造力水平的主要标志之一。

【案例】 我国"创造学会"第一次学术研讨会于 1987 年在广西南宁召开。这次会议集中了全国许多在科学、技术、艺术等方面的杰出人才。为开阔与会者的创造视野，大会邀请了国外一些著名的专家、学者，其中也包括日本的村上幸雄先生。他为与会者讲学，讲了三个半天，讲得很新奇、很有魅力，深受大家的欢迎。其间，村上幸雄先生拿出一把曲别针，请大家动动脑筋、打破框框，想想曲别针都有什么用途，比一比看谁的发散性思维好。会议上一片哗然，七嘴八舌，议论纷纷。有的说可以别胸卡、挂日历、别文件，有的说可以挂窗帘、钉书本，大约说出了二十余种，大家问村上幸雄："你能说出多少种?"村上幸雄轻轻地伸出三个指头。有人问："是三十种吗?"他摇摇头。"是三百种吗?"他仍然摇头。他说："是三千种。"大家都异常惊讶，心里想着："这日本人果真聪明。"然而就在此时，中国魔球理论的创始人许国泰先生给村上幸雄写了个条子，上面写着："村上先生，对于曲别针的用途，我可以说出三千种、三万种"。村上幸雄十分震惊，大家也都不太相信。许先生说："曲别针的用途我可以简单地用四个字加以概括，即钩、挂、别、联。我认为远远不止这些。"接着他把曲别针分解为铁质、重量、长度、截面、弹性、韧性、硬度、银白色等十个要素，用一条直线连起来形成信息的横轴，然后把要动用的曲别针的各种要素用直线连成信息的竖轴。再把两条轴相交垂直延伸，形成一个信息反应场，将两条轴上的信息依次"相乘"，达到信息交合……于是曲别针的用途就无穷无尽了。例如，曲别针加硫酸可制氢气、可加工成弹簧、做成外文字母、做成数学符号进行四则运算等。

上述案例告诉我们，发散性思维对于一个人的智力、创造力多么重要。那么，我们应该怎样培养自己的发散性思维呢? 那就是要勤于实践，注意有意识地训练自己的思维，使自己的思维处于异常活跃的状态。每当遇到问题时，应当尽可能赋予所涉及的人、物及事情整体以新的性质，摆脱旧有方法的束缚，运用新观点、新方法、新结论，反映出独创性。按照这个思路进行思维方法训练，往往能收到推陈出新的效果，使自己逐渐具有多方位、多角度、多方法思维的良好品质。

二、收敛思维

收敛思维又称"聚合思维""求同思维""辐集思维""集中思维"。其特点是使思维始终集中于同一方向，使思维条理化、简明化、逻辑化、规律化。收敛思维与发散性思维，如同"一个钱币的两面"，是对立的统一，具有互补性，不可偏废。在教学中，只有既重视培养学生发散性思维，又重视收敛思维的培养，才能较好地促进学生的思维发展，提高学生的学习能力，培养高素质人才。

【案例】　当听说中国正开发大庆油田时，日本人始终不明底细，于是就把摸清大庆油田的详细情况作为情报工作的重中之重。

首先获得突破的是日本三菱重工财团的信息专家。1964年4月19日，中央人民广播电台播出《大庆精神大庆人》的报道。第二天，《人民日报》又专门撰文报道。三菱重工的专家们据此判断，中国开发大庆油田确有其事，但他们还不清楚大庆的具体位置。在1966年7月的一期《中国画报》上，他们看到一张照片：大庆油田的"铁人"王进喜头戴大狗皮帽，身穿厚棉袄，头顶着鹅毛大雪，手握钻机刹把，眺望远方，在他背景远处错落地矗立着星星点点的高大井架。唯有中国东北的北部寒冷地区，采油工人才需要戴这种大狗皮帽和穿厚棉袄，专家们由此断定："大庆油田是在冬季为零下30摄氏度的地区，大致在哈尔滨与齐齐哈尔之间。"但具体位置仍然没有确定。同年10月，《人民中国》杂志第76页刊登了石油工人王进喜的事迹。事迹中说，以王进喜为代表的中国工人阶级，为粉碎国外反动势力对中国的经济封锁和石油禁运，在极端困难的条件下，发扬"一不怕苦，二不怕死"的精神，抢时间，争速度，不等马拉车拖，硬是用肩膀将几百吨采油设备扛到了工地。据此分析，日本专家认为，最早的钻井是在安达东北的北安附近，而且从钻井运输情况看，离火车站不会太远。在报道中还有这样一句话：王进喜一到马家窑，看到大片荒野时说："好大的油海，把石油工业落后的帽子丢到太平洋去。"于是日本专家从地图上看到：马家窑是位于黑龙江海伦市东南的一个小村，在北安铁路上一个小车站东边十多千米处。这样，日本专家就彻底清楚了大庆油田的确切位置了：马家窑是大庆油田的北端，大庆油田可能是在北起海伦的庆安、西南穿过哈尔滨市与齐齐哈尔市铁路的安达附近的南北达400千米的范围内。

搞清了位置，日本专家又对王进喜的报道进行分析。王进喜原是玉门油矿1259钻井队的队长，是1959年9月在北京参加国庆之后自愿去大庆的，从王进喜所站的钻台油井与他背后隐藏的油井之间的距离和密度可以断定，大庆油田在1959年以前就进行了勘探，并且大体上知道了油田的大致储量和产量。1964年，王进喜参加了第三次全国人民代表大会。日本专家认为，大庆油田不产油，王进喜肯定不会当选人大代表。因此，他们认为这时候大庆油田已经开始大量产油，但炼油规模又如何呢？1966年7月，在《中国画报》上发现了一张炼油厂反应塔的照片。根据反应塔上的扶手栏杆的粗细与反应塔的直径相比，得知反应塔的内径为5米。参考了《人民日报》刊登的国务院政府工作报告，他们进一步推算出大庆的炼油能力和规模、年产量等内容。到此，他们就比较全面地掌握了大庆油田的各种情况，揭开了当时尚未公布的一些秘密。

在对所获信息进行剖析和处理之后，根据中国当时的技术水准和能力及中国对石油的需求，三菱重工断定中国必定要大量引进采油和炼油设备。三菱重工立即集中相关专家和技术人员，全面设计出了适合中国大庆油田的设备，做好充分的夺标准备。不久，中国政府向国际市场寻求石油开采设备，三菱重工以最快的速度和最符合中国的要求设计设备，一举中标，获取了巨大的商业利益。西方石油工业大国对此目瞪口呆，惊诧不已。

俗话说：内行看门道，外行看热闹。很多时候，人们在信息量的占有上并无多大差别，但有些人能从中看出问题、抓住机会，而有些人却茫然无知、视若无睹。为什么会有这种差异呢？从思维的角度来分析，这是由头脑的内在思维观察结构的不同造成的。收敛思维能力较强的人，其思维观察结构严谨细密，在占有相同的信息量的情况下，对信息的提取率比较高。所以，我们平时一定要有意识地把所有感知到的对象依据一定的标准"聚合"起来，显示出它们的共性和本质。首先，要对感知材料形成总体轮廓认识，从感觉上发现其十分突出的特点；其次，要对感觉到的共性问题进行分析，形成若干分析群，进而抽象出其本质特征；再次，要对抽象出来的事物本质进行概括性描述；最后，形成具有指导意义的理性成果。

三、联想思维

联想思维是指人脑记忆表象系统中，由于某种诱因导致不同表象之间发生联系的一种没有固定思维方向的自由思维活动。联想思维的主要思维形式包括幻想、空想、玄想。其中，幻想，尤其是科学幻想，在人们的创造活动中具有重要的作用。

西安太阳集团李照森及其夫人发明的锅巴片，获得了国家专利，其生产技术已在十多个国家和地区获得专利权。太阳牌系列食品已成为风靡全国，跻身国际市场的名牌产品。仅1990年，西安太阳食品集团的食品销售量就高达25 000多吨，销售收入达15亿元。这一切都是源于一个偶然的机会。当时，李照森陪客人到西安饭庄进餐，发现人们对一道用锅巴做原料的菜肴极感兴趣，于是引发了以下联想："锅巴能作菜肴，为什么不能成为一种小食品呢？""美国的土豆片能风靡全球，作为烹饪大国的中国，为什么不能制成锅巴小吃打出国门呢？"接着他开始试制并成功开发出锅巴片，进一步投产，最终在市场中走俏。之后，联想进一步展开，他们想到既然搞成了大米锅巴，当然还可以用其他原料制作别样风味的锅巴。一时间，小米锅巴、五香锅巴、牛肉锅巴、麻辣锅巴、孜然锅巴、海味锅巴、黑米锅巴、果味锅巴、西式锅巴、乳酸锅巴、咖喱锅巴、玉米锅巴等各种风味的锅巴不一而足、琳琅满目。随着锅巴的畅销，类似于锅巴特征的食品也相继开发问世，如虾条、奶宝、菠萝豆、营养箕子豆等，这些风味多样的新产品使小食品市场五彩缤纷，也使西安太阳集团获利丰厚。李照森运用联想思维中的相似联想创新思维，从锅巴做原料的菜肴、美国的土豆片风靡全球，联想到将锅巴制成小食品投入市场，锅巴食品不但畅销全国，还打入了世界市场。

联想无任何框框，也没有止境，而且涉及的事物之间并不一定有逻辑关系。联想思维可以在创造活动中帮助人们摆脱习惯性思维的束缚并从众多的信息中获得有益的启发，产生新想法。联想无须合乎情理或逻辑，即使是"牵强附会"对自己也是有用的。联想是增加提取线索的主要手段，生动、奇特、夸张的形象则使联想更为牢固。人人都会发生联想，但高联想力并不是人人都具备的，只有经常地进行专门的联想训练，提高联想的速度与数量，才会提高联想力，为创造性思维打下基础。

四、逻辑思维

逻辑思维是指人们在认识事物的过程中借助概念、判断、推理等思维形式，能动地反映客观现实的理性认识过程，又称抽象思维。只有经过逻辑思维，人们对事物的认识才能达到对具体对象的本质规定的把握，进而认识客观世界。它是人的认识的高级阶段，即理性认识阶段。

逻辑思维是一种确定的而不是模棱两可的、前后一贯的而不是自相矛盾的、有条理有根据的思维。在逻辑思维中，要用到概念、判断、推理等思维形式和比较、分析、综合抽象、概括等思维方法，而掌握和运用这些思维形式和方法的程度，就是逻辑思维的能力。

在香港有一家经营黏合剂的商店，准备推广一种新型的"强力万能胶"，老板决定从广告宣传入手。但经过研究，老板发现几乎所有的"万能胶"广告都有雷同，于是，他想出一个与众不同、别出心裁的"广告"。把一枚价值千元的金币用这种胶粘在店门口的墙上，并告示说，谁能用手把这枚金币抠下来，这枚金币就奉送给谁，果然，这个广告引来许多人的尝试和围观，产生了"轰动"效应。尽管没有一个人能用手抠下那枚金币，但进店买"强力万能胶"的人却日益增多。

逻辑思维能力不仅是学好数学必须具备的能力，也是学好其他学科、处理日常生活问题所必需的能力。数学是用数量关系（包括空间形式）反映客观世界的一门学科，逻辑性强、很严密。逻辑思维强的人思维敏捷、严谨，数学计算能力、判断能力强，对事物的认识更客观，同时表现出较强的创新力。通过训练培养，提高个人逻辑思维能力，使自己的思维变得严谨和完整是十分必要的。平时，我们应该对陌生的事物多一份好奇，多在心里问问这是为什么，是什么原因导致的，必要时可以记在自己的随身小本子里面，这样才能让自己视野开阔、见识倍增。在遇到相似事物时，不应该着急下定论，而是要通过观察事物，认真区分它们的相同之处与差异之处。通过它们的共性，合理地将它们组合在一起；通过它们的差异性，有效地将它们隔离出来，进一步猜想或者归纳成为一个完整的知识块。这样可以有效地处理、加工和存储系统知识，积极锻炼逻辑思维里面的聚合思维。

五、辩证思维

辩证思维是指以变化发展视角认识事物的思维方式，通常被认为是与逻辑思维相对立的一种思维方式。在逻辑思维中，事物一般是"非此即彼""非真即假"，而在辩证思维中，事物可以在同一时间里"亦此亦彼""亦真亦假"，而无碍思维活动的正常进行。辩证思维指的是一种世界观。世间万物之间是互相联系、互相影响的，而辩证思维正是以世间万物之间的客观联系为基础而进行的对世界进一步的认识和感知，并在思考的过程中感受人与自然的关系，进而得出某种结论的一种思维。

塔河采油三厂辩证思维增厚"聪明油"

中国石化新闻网讯（马京林）报道：机采井加深泵挂可以提高产量，但泵挂太深，抽油杆也容易断脱；堵水可以封堵水窜通道、释放油层产能，但堵剂超量也会把油层堵死。这就是生产中的"辩证法"，就与做人的道理一样，凡事要掌握一个"度"。近期，西北油田分公司副总经理窦之林调研采油三厂增储上产工作后指出，采油三厂在 2012 年增储上产中用辩证法作指导，在落实措施上讲究一个度，拿了不少"聪明油"。

2012 年，塔河采油三厂在"比学赶帮超"活动中，树立科学意识，用辩证法指导原油生产，提高了油田开发效益。据统计，该厂当年已完修措施井 44 井次，初期平均单井次日增油能力达到 7.6 吨，目前单井日增油达 8.4 吨，累计增油 1.56 万吨。

用辩证法指导增储上产的思路源于实践中的反复探索。在低产低效井挖潜工作中，该厂对 TP106 井实施酸化压裂，进行储层改造，但压裂效果不理想。技术人员深入分析后认为，压裂效果不明显的原因是没有掌握好压裂液的用量，用量过少。随之，他们在返工后，进行了酸压，将压裂液总量由 772 立方米提升到 1 772 立方米，使 TP106 井的生产能力得以释放，TP106 井由低产井步入了高产井行列。这口井的实践使采油三厂的领导及技术人员认识到，上产措施的效益高低往往决定于措施科学与否，而措施是否科学往往决定于措施制定者是否有科学的辩证思维方式、能否准确把握措施制定与实施的科学"分寸"。

按照辩证施治这一思路，采油三厂对各类挖潜措施进行了科学改进。"堵水施工时间超出堵剂稠化时间的井，施工后期都要起压反洗，因此，要保证堵水施工效果，就必须根据施工需要调整好堵剂稠化时间。"他们深入剖析近两年实施堵水措施的 19 口井后发现了这一规律。在实施堵水措施时采油三厂合理调整堵剂稠化时间，准确把握堵剂稠化的时间"分寸"，从而提高了堵水效果，堵水的效率由 60% 提高到 75%。

辩证思维模式要求我们在观察问题和分析问题时，以动态发展的眼光来看问题，这是唯物辩证法在思维中的运用。辩证思维是客观辩证法在思维中的反映，联系、发展的观点，也是辩证思维的基本观点。对立统一规律、质量互变规律和否定之否定规律是唯物辩证的基本规律，也是辩证思维的基本规律，即对立统一思维法、质量互变思维法和否定之否定思维法。因此，我们应该在把握逻辑的前提下，充分从正反两面动态分析、看待所面临的事物。

第三节　创新能力培养

导入案例

"专利兄弟" 3 年获 23 项专利，有梦就去创造

安徽理工大学有一对大学生兄弟，在老师的指导下研究发明创造，3 年时间获得 23 项专利。他们说，有想法，有坚持，才能圆梦。

一提到雷管，大家都知道它是高危险品，一般人避之唯恐不及。但是在安徽理工大学，一对大学生兄弟偏偏就喜欢研究雷管，在他们从 2011 年开始接连获得的 23 项专利中，大部分都与雷管有关。

这对"专利兄弟"来自宿州，哥哥叫祝云辉，1989 年出生，学的是弹药工程与爆炸技术专业，弟弟叫祝二辉，1991 年出生，学的是应用化学专业。

"都是农村孩子，能考上大学就不错了，一开始根本不知道什么叫专利"，祝云辉说。上大学后，他跟随老师做课题，大二那年，在老师的指导下申请国家专利。"第一个专利是在 2011 年 11 月份获批的，和弟弟一起完成的，很兴奋"，祝云辉说。

"雷管作为炸药的主要引爆装置，已经应用得非常广泛，但雷管的安全问题一直备受关注，一不小心就有可能引发重大安全事故。"祝云辉说："我们发明的多种新型雷管解决了传统雷管的一些难题。其中，一种新型延期雷管可以精确到毫秒，并采用非金属延期体的设计，解决了过去的雷管使用铅芯延期体存在的环保效果差、成本高的问题。"

此外，在兄弟俩获得的众多专利里，还有会"唱歌"的电脑散热器、卡扣式纱窗等。

他俩设计的电脑散热器，采用传统的风扇和制冷器相结合的散热方式，在温度不高的时

候，该散热器可以用风扇散热，温度较高时通过制冷器散热。而且，散热器前端安装有微型音响，除了能够散热还具有音响效果，实现了散热器功能的多样化。

祝云辉说："现在大家看到的纱窗，纱和窗都是联系在一起的，但我们这种卡扣式纱窗，纱和窗相互独立，纱可以拿下来，不仅方便清洗，还能更换图案、颜色，这种纱窗除了可以防蚊虫，还具有装饰效果。"

仅3年时间，兄弟俩就获得了23项专利。这里面到底有什么奥秘？祝云辉笑了笑说："学校和老师鼓励年轻人有想法，给了我们很大帮助，兴趣是最好的老师，坚持才能圆梦。"

讨论：通过上述案例分析创新能力对"专利兄弟"发明创造的积极作用。

创新能力的培养是一个日益受到人们普遍重视的问题。早在20世纪50年代，美国就开始致力于创造性人才的培养工作，着眼国民素质，进行教育改革，突出技术教育，以提高国家的技术创新能力和竞争能力。半个多世纪过去了，创新能力培养依然是教育重点。美国前总统奥巴马就这样说过："如果我们不在'创新'上投资，不鼓励创新，那么美国就不可能担当起世界发展、全球进步的历史重任。"而在中国，我们也充分认识到"要加快知识创新，加快高新技术产业化，关键在人才，必须有一批又一批的优秀人才脱颖而出"。培养、提高大学生创新能力，已成为当前高校教育工作的首要任务。

一、基本原则

培养大学生创新能力涉及价值取向、教育改革、物质保障、社会机制及人文环境等方面，在具体的培养过程中，应遵循四条基本原则。

（一）个性化原则

每个人都是一个特殊的不同于他人的现实存在，没有个性，就没有创造。因此，培养大学生创新能力必须遵循个性化原则，因材施教，激发学生的主动性和独创性，培养其自主的意识、独立的人格和批判的精神。确立教育的个性化原则，首先要从"将全面发展与个性发展对立起来"的误区中解放出来，正确理解马克思主义关于全面发展的理论。其次要鼓励他们大胆质疑、逢事多问几个"为什么""怎么样"、自己拿主意、自己做决定、不依附不盲从，引导和保护他们的好奇心、自信心、想象力和表达欲，使他们逐步养成自主、进取、勇敢和独立的人格。最后就是要因材施教。教师要针对人的能力、性格、志趣等具体情况施行不同的教育，激发学生的求知欲和创造欲，在所有的环节中把批判能力、创新性思维和多样性教给学生，培养学生的创新精神。

（二）系统性原则

所谓系统是由相互联系、相互作用的若干要素，以一定结构组成的、具有一定整体功能的有机整体。根据一般系统论原理，一方面，培养创新能力是一个包括培养创新意识、创新精神、创新思维、创新方法等诸要素的有机整体，绝不能割裂开来；另一方面，培养创新能力，是一项庞大的社会系统工程，需要政府、学校、家庭、社会各方面的共同参与，不能再搞封闭式的教育。

（三）实践性原则

实践是人所特有的对象性活动，是人类的存在方式。培养创新能力，无论是培养的目的、途径，还是最终结果，都离不开实践。遵循实践性原则，就是坚持马克思主义的教育观和人才观，坚持创新是一种创造性的实践，坚持以实践作为检验和评价大学生创新能力的唯一标准。

（四）协作性原则

所谓协作是指由若干人或若干单位共同配合完成某一任务。创新能力不只是跟智力因素有关，非智力因素也在很大程度上影响着创造潜能的发挥。我们要培养学生乐观、豁达、开朗的性格，让他们学会与人相处、关心他人；还要让他们参加各种各样的集体活动，学会在一个有竞争的集体中工作，学会在与人的合作中创造。

二、培养方法

只要采取合适的方法，大学生的创新能力是可以大幅度提高的。在遵循四个基本原则的基础上，可以从五个方面加强对大学生创新能力的培养。

（一）尊重学生的个性发展与创造精神

学生不是消极的被管理对象，更不是知识灌输的容器，如果给予机会，他们每个人都将是具有创造潜能的主体、具有丰富个性的主体。因此，学校要重视学生的个性差异，注重学生的个性发展。为此，学校应该改革传统的教育教学管理体制。目前一些改革试点实行的学习过程多元化的管理模式，允许大学未毕业的学生进行自主创业，为他们保留一定时间的学籍，这都是为了激励那些敢于创新的学生。

（二）营造校园创新环境与创新氛围

学校创新环境的建设是创新人才培养的必要条件。学校应该充分利用第二课堂，定期举办各种学术讲座、学术沙龙和大学生科技报告会，出版大学生论文集，鼓励学生积极参加学术活动，对于不同领域的知识有一个大体的涉猎，进行不同学科之间的交流，从而学习他人如何创造性地解决问题的思维和方法，以强化创新意识；鼓励学生大胆创新，可以让他们参加教师的科研课题，也可以由学生自拟题目，并选派教师指导，并对学生的科研课题进行定期检查和鉴定，这样可以培养学生的毅力和责任心，拓展学生的视野，有效发挥他们的创造才能；建立激励竞争机制，举办各种形式的竞赛活动，对在创新方面成绩突出的学生进行表彰和奖励，对获得国家级或省（部）级创新成果的学生，应按相关规定给予奖励。

（三）构建合理的课程体系、开设专门的创新课程

创造能力的基础在于丰富的知识储备和良好的素质，仅仅掌握单一的专业知识是不够的。因此，在加强学生基础教育的同时，培养和发展学生包括观察力、记忆力、想象力、思维力、注意力在内的综合智力就显得非常重要。大学教育中要注重文、理渗透，适当增加科技教育和艺术教育，改变专业划分过细、学生知识面狭窄的现状，使课程之间互相渗透，打破明显的课程界限；要增加选修课的比重，允许学生跨系、跨专业选修课程，使学生依托一个专业，着眼于综合性较强的跨学科训练；要开设创新课程，从某一学科，如思维科或心理学、方法论的角度，来探讨创造性思维的问题并使学生掌握有关创新方法；有意识地给学生布置一些综合性大作业或小论文，对学生进行一些科研创新的基本训练，再加以必要的教师指导和辅导，使学生初步掌握科研创新的方法和途径。

（四）改进教学方法、转变培养模式

兴趣是最好的老师。学生如果对所学知识产生了研究创新的浓厚兴趣，就会产生强烈的求知欲，就会如饥似渴地去学习和钻研。因此，教师在课堂教学中首先要解决的问题就是如何调动和激发学生对科研创新的兴趣。这就需要教师把过去以"教师单方面讲授"为主的教学方式转变为"启发学生对知识的主动追求"，充分调动学生学习的自觉性和积极性。在教学方式上，根据"可接受原则"，教师应该选择真正适合大学生的教材，着重培养学生获取、运用、创造知识的意识和能力，努力挖掘每一个学生的潜力，培养学生的创新意识，激发学生的创造积极性。

（五）改进考试方式

考试不仅要考查学生对知识的掌握，更要考查学生创造性地分析问题、解决问题的能力，以此培养学生的创新意识和创新能力。因此，在考试方式上，我们可以进行适量的开卷考试，并允许学生发表不同的见解，对那些有创造性见解的答卷要给予鼓励，力争把学生的精力引导到对问题的分析和解决上来。而在考试内容方面，我们要尽量减少试卷中有关基本知识和基本理论方面需要死记硬背的内容，尽可能地安排一些没有统一标准答案、需要学生经过充分而深入的思考才能够做出解答的探讨性问题，或是安排一些综合性较强、需要学生运用所学知识经过反复、仔细的分析思考才能做出回答的问题，这样的考试才有利于培养学生的创造性思维和创造能力，并对他们起到一种重要的导向作用。

国际竞争力的提高迫切需要作为综合国力重要方面的国民素质的提高，而国民素质的提高则迫切需要创新精神和创新能力的提高。因此，即将踏入社会、成为未来主人的大学生应该充分利用大学学习资源，在认真完成相关课程之余，积极参与第二课堂学习，参加社团活动、校内外竞赛，努力培养以开拓精神和求实精神为主体的创新精神，丰富知识储备，加强综合智力开发，提高自己的创新意识和创新能力，成为高层次、高素质的创造型人才。

知识拓展

自从蒸汽机开启了18世纪第一次产业革命，英国的制造业、建筑业、航海业等都开始使用机器，并获得快速发展，很快成为当时世界头号资本主义强国。19世纪末到20世纪上半叶，电机和化工又引发了第二次产业革命，使人类进入了电气化、原子能和航空航天时代，19世纪才完成统一的德国，抓住了这次产业革命的机会，迅速崛起成为世界强国。

20世纪下半叶，如火如荼的信息技术引发的第三次产业革命，使社会生产和消费从工业化向自动化、智能化、知识化时代转变，生产力又一次得到很大提高，劳动生产率再次得到很大飞跃。美国利用第二次和第三次产业革命的机会，迅速发展成为世界上唯一的超级大国。面对当今科技经济发展的新趋势，不仅发达国家，而且主要的发展中国家，都做出了类似的战略选择，即把科技创新作为国家战略：从过去主要关注对自然资源的争夺扩大到对知识资源和人力资源的争夺；把科学技术知识作为一种重要的战略资源；以培养和增强自主创新作为国家的基本战略；不断加大政府财政投入，超前部署和发展战略技术，大力培植发展自身的技术能力。

提高创新能力的 20 个技巧

创新其实就是寻找解决问题和处理问题的新途径。这不是仅限于艺术家、音乐家或作家的一种技能。如果你想要提高自己的创新能力，下面这些技巧可以给予你帮助。

1. 全身心投入

第一步就是要全身心投入地去发展创新能力。不要放弃你的努力。设定目标，争取别人的帮助，每天花点时间发展你的创新能力。

2. 变成一个专家

发展创新能力的最好方法之一就是成为这一领域的专家。通过对课题的深入理解，你能够更好地去思考关于问题的新颖的或者创新的解决方案。

3. 奖励你的好奇心

发展创新能力的一个常见的障碍是：感觉好奇是一种胡思乱想。当你对某事感到好奇时，不要斥责自己，而是奖励自己。给自己一个机会去探索新的课题。

4. 认识到有时创新本身就是奖励

奖励自己很重要，但同样重要的是发展内在的动力。有时，创新的真正奖励在于其过程本身。

5. 乐于冒险

当开始发展你的创新技能时，为了提升自己的能力你必须愿意承担风险。你的努力可能不会每次都成功，但依然会增强你的创新才能和发展未来可用的技能。

6. 建立自信

对自己能力的不自信会抑制你的创造力，这就是为什么建立自信是如此重要。记录下你已经取得的进展，表扬自己做出的努力，并且总是设法来奖励你的创意。

7. 为创新投入时间

如果你不为创新投入时间，你将无法发展自己的创新才能。每周安排一些时间，集中花在某些类型的创意项目上。

8. 克服阻碍创新的消极态度

在美国国家科学院报上发表的 2006 年的一项研究指出，积极的情绪能够提高你创造性的思考能力。据这一项研究报告的主要作者亚当·安德森博士说："如果你正在做需要有创意的工作，或者在一个智囊团，你会想在一个有好心情的地方。"着重消除那些可能会损害你发展创新能力的消极想法和自我批评。

9. 克服失败的恐惧

担心你可能会犯错或者你的能力将会失败，这会阻碍你的进步。每当你发现自己有这样的感觉，提醒自己：错误只是过程的一部分。虽然你可能偶尔会在创新的道路上跌倒，但是你最终会达到自己的目标。

10. 激发新思路的头脑风暴

头脑风暴是一个在学术界和专业领域常用的技术，但它也可以作为开发你的创新能力的强有力的工具。目标是在一个相对较短的时间内产生尽可能多的想法。首先把你的判断力和自我批评放一边，然后开始写下相关的想法和可能的解决办法。接下来，重点明确和细化自己的想法和办法。

11. 认识到大多数问题都有多个解决方案

处理问题的时候，尝试寻找各种解决方案。不要简单地依赖你最初的想法，花时间去思考其他可能的办法来处理这种情况。这个简单的举动对于培养你解决问题的能力和创造性思维都是一个很好的方式。

12. 记创新日记

开始写日记，记录你的创新过程，跟踪你的创意。日记是反思你已完成的工作并寻求其他可能解决办法的一种非常好的方式。日记可用于保存想法，以便以后可能成为未来的启示。

13. 创建一幅脑图

脑图（思维导图）是将各种想法联系起来并寻求问题的创新性答案的好方法。要创建一幅脑图，首先写下一个中心议题或者单词，然后围绕中心词链接相关的因素或者想法。虽然类似于头脑风暴，但这种方法允许有分支的想法，并提供了一种非常直观的方式，能看到这些想法是如何相互关联的。

14. 挑战自己

当你已经有了一些基本的创新技能，接下来重要的是不断地挑战自己，以进一步提高自己的能力。寻找更困难的解决方法，尝试新的事物，避免总是使用你在过去使用的相同的解决方案。

15. 尝试"六顶帽子"技巧

"六顶帽子"的方法是指从六个不同的视角来看问题。通过这样做，你可以产生更多的想法，而不是像以往那样只从一两个视角看问题。

＊红帽子：带着情感看问题。你有什么感受？

＊白帽子：客观地看问题。事实是什么？

＊黄帽子：使用积极的观点。这个解决方案的哪些部分行得通呢？

＊黑帽子：使用消极的观点。这个解决方案的哪些部分行不通呢？

＊绿帽子：创造性的思考。其他变通的想法有哪些？

＊蓝帽子：广泛的思考。最好的整体解决方案是什么？

16. 寻找灵感的源泉

绝不要期望创新能偶然地产生。寻找新的灵感来源，这将给你提供新的思路，并激励你给出问题的独特的答案。读一本书，参观一个博物馆，听你自己喜欢的音乐或者与朋友进行一次热烈的辩论，利用任何最适用于你的策略或方法。

17. 为创新创造机遇

除了寻找灵感，你还需要为创新给自己创造机会。这可能包括接手一个新项目，或者在你当前的项目中寻找新的工具。

18. 考虑替代方案

当解决一个问题时，利用"如果……"假设来考虑每种可能的方案。如果你使用一种特别的方案，会出现什么结果呢？通过预先注意这些替代方案，你就能更好地构想出有创造性的解决问题的方案。

19. 创建流程图

当你正在开发一个新项目，首先创建一个流程图来追踪该项目从开始到结束的全过程。

根据流程图寻找各种途径或者可能发生的一系列事件。一个流程图可以帮助你将最终产品直观化，消除潜在的问题，产生独特的解决方案。

20. 尝试"滚雪球"技巧

你有没有注意到一个好的想法常常直接引出另一个好想法？这就是常说的"滚雪球"技巧。当你正在为你的项目构思的时候，你可以使用"滚雪球"技巧。如果这个想法不是很适合你现在的工作，那就把它放一边，等待日后的工作使用或者在未来的项目中实施。

本章小结

这些年来，随着市场经济和世界经济一体化的逐步发展，大学生就业出现了深刻变化。相当一部分的大学生在"以市场为导向"进行自主择业时表现出创业能力不足。从工作经验来讲，大学生普遍是从学校进入社会，根本谈不上什么工作经验。不过，从实际的应聘过程来看，大学生在校期间的社会实践、创业活动，特别是科技创新的活动对于应聘成功具有积极作用。一方面是用人单位非常重视大学生的创新能力；另一方面则是相当部分的大学毕业生创新能力不足，从而造成求职困难。

加强对大学生创新意识和创新能力的培养，已成为当前推进素质教育的重要课题。我们的目标是培养高素质、创新型的大学生，因此，必须对我们的学生进行创新教育，引导他们训练创新思维、提高创新能力。

问题与思考

1. 什么是创新？什么是创新能力？
2. 创新能力的特征是什么？
3. 创新思维有哪些？
4. 请说说你对思维导图的了解。
5. 我们应该如何培养创新能力？

参 考 文 献

[1] [美] 戴安娜·苏柯尼卡，等．职业规划攻略 [M]．边珩，译．北京：化学工业出版社，2014．

[2] 鲁宇红．大学职业生涯规划与就业指导 [M]．南京：东南大学出版社，2008．

[3] 姚金凤．大学生职业发展与就业 [M]．苏州：苏州大学出版社，2011．

[4] 仇洪博．优秀员工的行为准则 [M]．北京：中国商业出版社，2014．

[5] 魏涞．责任——优秀员工的第一行为准则 [M]．北京：石油工业出版社，2009．

[6] 陈仲宁．敬业是最好的投资——你的敬业价值百万 [M]．北京：电子工业出版社，2011．

[7] 丁川．敬业就是硬道理 [M]．北京：中国长安出版社，2008．

[8] 李良婷．百年北大——讲授给青少年的人生智慧 [M]．北京：华夏出版社，2010．

[9] 杨燕绥．新劳动法概论 [M]．北京：清华大学出版社，2008．

[10] 沈哲恒．一本书读懂社会保险法 [M]．北京：中国法制出版社，2011．

[11] 张钢成．劳动争议纠纷诉讼指引与实务解答 [M]．北京：法律出版社，2014．

[12] [美] 德鲁克．21 世纪的管理挑战 [M]．朱雁斌，译．北京：机械工业出版社，2009．

[13] [美] 阿代尔．时间管理 [M]．邓敏强，等，译．海口：海南出版社，2008．

[14] 杨俭修．职业素养提升 [M]．北京：高等教育出版社，2011．

[15] [美] A·班杜拉．自我效能：控制的实施 [M]．缪小春，等，译．上海：华东师范大学出版社，2007．

[16] 曾仕强．情绪管理 [M]．厦门：鹭江出版社，2008．